K.G. りぶれっと No.21

ボーダーをなくすために
── 視聴覚に障害がある学生への学習支援

関西学院大学総合政策学部ユニバーサルデザイン教育研究センター
関西学院大学教務部キャンパス自立支援課 KSC コーディネーター室　［編］

関西学院大学出版会

はじめに——総合政策とユニバーサルデザイン教育

関西学院大学総合政策学部は、「人と人との共生」および「人と自然との共生」を目指して、一九九五年四月、神戸三田キャンパスに開設されました。二〇〇七年三月には九回目の卒業生を送り出し、四五九名が社会に旅立ちました。また、二〇〇七年現在、聴覚障害の方一名が在学中です。

私たちは、二〇〇四年度からこうした障害がある学生の方々を対象に、本格的に学習支援を始めました。正直に言えば、経験も設備もなく、手探りの作業を続けた四年間でしたし、試行錯誤自体はいまだに続いています。その流れの中で、総合政策学部ではユニバーサルデザイン教育研究センターを二〇〇四年九月に開設しました。さらに大学の機関として二〇〇六年四月にキャンパス自立支援課KSCコーディネーター室が設けられ、この二つの機関は協力して活動を行っています。

ユニバーサルデザイン

ユニバーサルデザイン（UD）は、できるだけ多くの人が利用可能であるように施設・建物や道具・家財、ソフトウェア等をデザインすること。一九八五年にR・メイスが提唱。バリアフリーデザインが「障がい者」を前提としているのに対して、より一般的に民族や文化、性、年齢、能力などの差異を問わず、利用できる生活環境をめざします。

3

バリアフリー

英語の Barrier free に由来する言葉。「身体障害者が社会生活を営むうえで、支障がないように施設を設計すること。また、そのように設計されたもの」（『広辞苑』）。現在ではさらに広義に、各種の障がい者を含む生活弱者に対する物理的・精神的障壁を取り除くことや、取り除かれた状態を指します。

本書では、これらの経緯について報告としてまとめるとともに、「障害がある学生への学習支援」という課題をめぐる多様なステークホルダーの方々にノウハウを公開することで、さらに新たな支援策を考えるきっかけにしたいと考えています。その意味で、本書の内容はけっして完成されたものではなく、次のステップに進むための踏み台、たたき台と思って下さい。

さて、私たちが学習支援に取り組み始めたのは二〇〇二ー〇三年頃ですが、当時の日本の大学の現状は、ハード（教室、設備類等）とソフト（支援のためのシステム・スキル等）の両面で充分とは言い難い状況にありました。と言うよりも、その現状を自覚することさえ難しかったのです。関西学院大学では「身体障害をもつ学生の受け入れに関する基本方針（一九八三）」を定めていましたが、その基本は「本人の自助努力と大学の側面支援」であり、制度的な授業保障を提供するものではありませんでした。したがって、我々は制度的な裏付けを持たないまま、一連の学習支援に着手した形になりました。それは、この課題が、環境問題での「予防原則」や企業経営での「リスク・マネジメント」のように、「起こりえる最悪の事態を想定して、どのような問題が生じても対処できるように、事前に配慮する（佐野・吉原、二〇〇四）」ものだと感じた

からです。

その一方で、当時、すでにいくつかの大学で学習支援のシステムが整備されつつあり、全国的なネットワークも構築され始めていました。これらの流れの中で総合政策学部では、九五年の開学以来の教職員と学生のコラボレーションという姿勢を活かしながら、教職員・学生が主体的に支援する環境をめざしてきました。その目標は、(1)障害がある者の視点に立った学習・研究支援体制の具体的方策や、現場での実施方法を確立すること、そして、(2)「人と人との共生」という教育理念にふさわしく、包括的な人権教育の一環として位置づけることでした。

同時に、これらの施策をとる理由について、多様なステークホルダーの間に理解と合意形成が必要かと思います。それは、まず「人間の多様性」を認めながら「人と人との共生」を実現することです。さらにつけ加えれば、障害がある方にも理解できるように工夫された教育は、他のすべての学生にとっても理解しやすいものであるはずです。それは、今流行の言葉である「ファカルティ・ディベロップメント（以下、FDと略）」そのものである、ということに帰着するかと思います。

ステークホルダー
利害関係者と訳されますが、本文中の例では、法人、大学、教員、職員、一般の学生、サポーター＝学生スタッフ、利用学生およびその保護者等が含まれます。

ファカルティ・ディベロップメント（FD）
（大学教育での）組織的な教育体制を構築する一環として、個々の教員の授業内容・方法を不断に改善するため、全学あるいは学部・学科全体で、それぞれの大学の教育理念・教育目標や教育内容・方法について組織的な研究・研修を実施する取り組みのこと。

本書では、そうした基本姿勢にもとづき、これまでの経緯をまとめながら、今後の活動への展望を述べることにしたいと思います。なお、本書では、「障害」という言葉について、「人を意味する場合に『害』という漢字を用いることに抵抗がある」との意見を尊重して、文脈によって「障害」と「障がい」を使い分けます。

関西学院大学総合政策学部ユニバーサルデザイン教育研究センター
関西学院大学教務部キャンパス自立支援課KSCコーディネーター室

目次

はじめに 3

第1章 障害とは何か？ そして「総合政策」としての位置づけ
  障害とは？ 11
  学習支援を「総合政策」として位置づける 13

第2章 PCノートテイクの実践について
  本格的な支援に着手する前に 21
  ノートテイク法について(1) スタッフ募集と連絡網 24
  ノートテイク法について(2) 三人でおこなう 25
  どのぐらいの情報量が実際に伝わったか？ 33
  利用学生と学生スタッフからのフィードバック 36

第3章 教材用ビデオテープへの字幕付け作業について ――効率性と正確さのトレードオフ
  作業の大まかな流れ 43
  著作権について 49

第4章　教材点訳のシステムについて 53

　　点訳作業の流れ　56
　　点字について　58
　　点訳ソフトによる作業について　62
　　図表について　63
　　まとめ　64

最後に　これからの学習支援に向けて ── 取り組むべき課題 69

　　全国の流れ ── 他大学での活動　71
　　解決すべき諸問題　74

Appendix1　PCノートテイク・スタッフマニュアル　i
Appendix2　著作権法　xi
Appendix3　点訳マニュアル　xiii

第1章

障害とは何か？ そして「総合政策」としての位置づけ

表 I-1　日本学生支援機構が推奨する支援策（http://www.jasso.go.jp/tokubetsu_shien/s_menu/service_soft.html）を参考に、神戸三田キャンパスでまとめた指針案（一部抜粋）

●はレベル1（整備が必須）、○はレベル2（標準）、△はレベル3（整備が望ましい）

		視覚	聴覚・言語	肢体不自由	病弱	発達障害他
大講義		●座席配慮			△定期検診・通院配慮	△テキストデータ化
		●教材点訳（全盲）	●ノートテイク	●教室階数配慮		△サポート
		●教材拡大（弱視）	○手話通訳	○ノートテイク		△講義の録音
		●講義内容録音	△ビデオ字幕	△代筆		
		●テキストデータ化	△PC持込許可			
		△対面朗読				
		△ノートテイク（板書）				
		△ガイドヘルプ				
小講義（ゼミ等）		●教材点訳（全盲）	●ノートテイク	●教室階数配慮	△定期検診・通院配慮	△テキストデータ化
		●教材拡大（弱視）	●座席配慮	●ノートテイク		△サポート
		●講義内容録音	○手話通訳	○ノートテイク		△講義録音
		●テキストデータ化	△ビデオ字幕付	△代筆		
		●座席配慮	△PC持込許可			
		△対面朗読				
		△ノートテイク（板書）				
		△ガイドヘルプ				
演習・実技		●体育実技配慮				△サポート
		○語学特別クラス設置・代替措置		△代筆		
定期試験		●問題の点訳	●注意事項等文書伝達	●時間延長・別室受験	△解答方法配慮	●時間延長・別室受験
		●解答の墨訳		●解答方法配慮		
		●問題拡大（弱視）				
		●時間延長・別室受験		△代筆		
		●解答方法配慮				
その他		●Webページでの学内生活案内	△学内生活介助・支援			
		△ガイドヘルプ				
		●インターンシップ等の受け入れマニュアル整備・就職支援の項別相談会				
		●安全対策・非常時マニュアル				
		●支援スタッフの養成講座				

障害とは？

本書で主に紹介するのは、我々がこれまで扱ってきた聴覚障がい者のためのPCノートテイク法（2章）とビデオ字幕付け作業（3章）、そして視覚障がい者のための点訳システム（4章）です。皆さんもお気づきでしょうが、「障害」はさらに多くの人たち、四肢の機能障害、発達・学習障害等がある方々も含んでいます。それゆえ、ここではまず「障害」とは何か、それぞれのタイプにふさわしい支援は何か、という話から始めたいと思います。

さて、障害者基本法という法律では、第二条で「この法律において『障害者』とは、身体障害、知的障害又は精神障害（以下『障害』と総称する者をいう」）と定義しています。この障害者基本法は社会生活に相当な制限を受けるその他の権利利益を侵害する行為をしてはならない」と書き加えられました。したがって、障害がある方の「学ぶ権利」を不法に制限してはならないことになります。

それでは、大学で支援の対象とすべき障害には、どんな種類に分けられるの

障害者基本法

障害者の自立と社会参加支援等のため、基本的理念と国・地方公共団体等の責務を増進することを目的としています。第2条で、「障害者」を定義するとともに、第3条で障害者の個人的尊厳と生活保障、活動への参加機会を認め、障害を理由に差別等の権利利益を侵害する行為を禁止しています。

日本学生支援機構

教育の機会均等に寄与するために学資の貸与、その他の修学の援助を行うとともに、大学等にも支援を行っている独立行政法人。事業の一環として、障がい学生修学支援が位置づけられています。

11　第1章　障害とは何か？　そして「総合政策」としての位置づけ

表 I-2　聴覚障害の分類の例

軽度難聴	30〜50dB	一対一の会話には不自由しない、会議の場では聞き取りが少し困難。
中度難聴	50〜70dB	会議の場での聞き取りが困難になる。1mくらい離れた大きな声はわかる。
高度難聴	70〜100dB	40cm以上離れると会話語がわからない。耳に接しないと会話語が理解できない。

でしょうか。日本学生支援機構では、以下の五つのタイプに分けています。(1)視覚障害、(2)聴覚・言語障害、(3)肢体不自由、(4)病弱(内部疾患等)、(5)発達障害、その他。もちろん現場では、さらに個別に障害の程度に応じて対応していかなければならないのは言うまでもありません。

それでは、どのような支援が必要なのでしょうか。表I-1は、日本学生支援機構が推奨する各種支援のリストをベースに神戸三田キャンパスでまとめた支援方法の指針案です。表の中で、●とあるのはレベル1(最低限、整備が必要)、○はレベル2(標準)、△はレベル3(整備が望ましい。あるいは、状況に応じて整備が必要)です。実にさまざまな障害があり、その種類と程度に応じてきめ細やかな対策が必要なことがおわかりいただけるかと思います。残念ながら、現在の時点では、これらの支援策のすべてを達成することはできていません。

個々の障害をさらに細かに定義してみましょう。現実の世界は、我々が思っていたよりも複雑でした。聴覚障害を例に取りあげると、医学的には音圧の単位(dBデシベル)で表示します。つまり、○—三〇dBの音が聞こえる方は聴者(健聴者)、三〇—五〇dBでは軽度難聴者、五〇—七〇dBで中度難聴者、七〇—

12

デシベル

電力・電圧・電流・エネルギー・圧力・音の強さの比を表す単位レベルの十分の一の意。

ろう者とろう文化

現在、幼児期に聴覚を失い、日本手話を使用している方が「ろう者」と自称されることが多いようです。また、「ろう文化」とは、ろう者による手話をベースにした生活文化を総称する言葉です。さらにろう者の集団をデフ・コミュニティと呼ぶこともあります。これらの概念は欧米において、マイノリティとしてのろう者の人権を主張する過程で生まれたものです。

一〇〇dBで高度難聴者、そして一〇〇dB以上の方をろう者と分けます。

それでは、法的なレベルではどうでしょうか？ 身体障害者福祉法では両耳の聴力が一〇〇dBの方の障害等級を2級、両耳の聴力レベルが九〇dB以上の方を3級、「両耳の聴力レベルが八〇dB以上であるか、両耳による普通話声の最良の語音明瞭度が五〇％以下」の方を4級としています。このように医学と法的なレベルには微妙な差があります。現実の社会では、障害がある人とのボーダーをなくすために「支援」を行う際、どこかでボーダーを引いて分類・定義＝「線引き」しなければなりません。そのボーダー自体が、分野ごとに食い違ったりするのです。さらに文化的視点から、ろう者の社会（デフ・コミュニティ）では手話をベースとした独自の文化（ろう文化）が存在するという指摘もあります。こうしたさまざまな背景を理解しないと、本当の意味での「人と人との共生」は実現しないのです。

学習支援を「総合政策」として位置づける

さて、「総合政策」という視点から、「障害がある学生に、どのように支援体

第1章 障害とは何か？ そして「総合政策」としての位置づけ

補聴器は聴覚を完全に保障するものではなく、個人的な条件や会話の環境条件等で効果も変わります。したがって、聴覚障がい者が補聴器を装用している場合も、配慮が必要です。

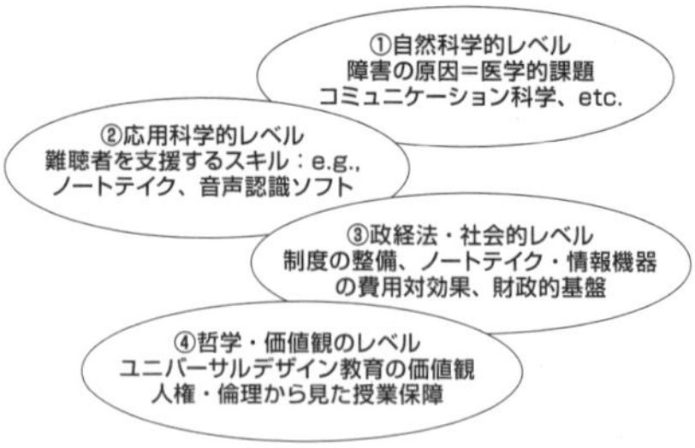

```
①自然科学的レベル
 障害の原因＝医学的課題
 コミュニケーション科学、etc.
 ②応用科学的レベル
  難聴者を支援するスキル：e.g.,
  ノートテイク、音声認識ソフト
  ③政経法・社会的レベル
   制度の整備、ノートテイク・情報機器
   の費用対効果、財政的基盤
   ④哲学・価値観のレベル
    ユニバーサルデザイン教育の価値観
    人権・倫理から見た授業保障
```

図Ⅰ-1　聴覚障害をめぐる問題の階層性

制を整えるか」そして、「それぞれ専門が異なる教職員は、現実の問題解決にどのようなアプローチをとるか」について考えてみましょう。

ここでは、環境問題について階層的なアプローチを提唱した気候学者の住明正（一九九三）にならい、具体的な問題として「聴覚障害」をとりあげて、次の四つのレベルを措定して、それぞれの課題を考えてみます。

(1) 自然科学のレベル　原因の究明や治療法等があげられるでしょう。たとえば、聴覚の仕組みは非常に複雑で、原因や程度もさまざまです。原因は、①伝音性難聴、②感音性難聴、③両者の特徴を有する混合性難聴に分かれ、治療法や補聴器の効果等も異なるそうです。また、基礎研究として「コミュニケーション」の研究も重要です。音声認識ソフト等は、日本語の発音、音韻・文法構造、単語の連関性等について基礎的研究なしには不可能です。

(2) 応用科学のレベル　支援法（ノートテイク、点訳等）の開発や、それに用いる機器やソフトの開発があげられます。複数のサポーターによるPCノートテイクは、各授業の目的・形式・性格等によって多様な対応をせまられるはずです。

(3) 社会科学（法、経済、社会、政策）のレベル　まず、学習支援の制度的枠

14

組み作りがあげられます。障害がある学生が毎年継続して入学する大学では、担当部署を設置する例も多くなりましたが、「何年かに一度、一〜数名の聴覚障がい学生が在籍するだけの場合、大学独自で支援体制を作ることには困難が多い。複数の大学がグループを作って対応したり、学外の専門的な機関からのノウハウや人材の提供を受けるといった新たな体制が必要になる」かもしれません（日本の聴覚障害教育構想プロジェクト、二〇〇四、文章の一部を改変）。

さらに、財政的な裏付けの問題もあります。具体的な費用には私立大学等経常費補助金特別補助等が考えられますが、これも大学によって対応／位置づけが異なるようです。なお、私たち自身は、①学習支援の活動が大学全体のFDの発展に貢献すること、②一般学生に対して目に見える形でのボランティア活動が広く教育効果を持つこと等を考慮すれば、対象学生への費用対効果を超えた利益を、大学ならびにステークホルダーにもたらすはずだと考えています（これはもちろん、私たちの個人的意見で、大学全体等の組織的合意に達したものではありません）。

また、法的なレベルも重要です。海外では、ADA法など、早くから法的整備が進んでいます（安藤、二〇〇一）。一方、現実の学習支援においては、情

ADA法（Americans with Disabilities Act：障害を持つアメリカ人法）

一九九〇年に施行され、教育における障がい者への差別を法的に禁じています。イギリスでもDDA（Disability Discrimination Act：障がい者差別禁止法）に教育に関する条項が追加されました。

第1章　障害とは何か？　そして「総合政策」としての位置づけ

バリアの除去

佐野（藤田）・吉原ら（二〇〇四）は、①施設・設備等の物理的バリア、②制度上の社会的バリア、③意識の中の心理的バリア、そして④情報取得のバリア等の除去をあげています。

報管理（ノートテイカーの守秘義務等）や、関連するルール・倫理面の整備も必要になってきます。

(4) 哲学（価値観・倫理等）のレベル 最後に、学習支援をささえる理念・思想的基盤です。広島大学で活動している佐野（藤田）・吉原ら（二〇〇四）は、障がい者をめぐるバリアの除去という具体的な活動ももちろん大事だが、さらに重要なものは「障害の有無にかかわらず、すべての学生が平等、公平、かつ快適に学び合い、競い合い、助け合える修学環境を作り出すことである」と指摘しています。つまり、障害がない学生にとっても「こうした大学環境こそが、本来のあるべき大学（さらには大学外の一般社会）の姿である」という自覚を持たせ、「すべての人をユニバーサルに受け入れることができる環境を良いものとする価値観を確立する」ことこそが究極のテーマなのです。

こうした階層的な問題整理をベースに、各教員には自らの専門にあわせてこの難しい課題にそれぞれ対処することを期待したいと思います。同時に、学生も含めて、これらのテーマが優れて「総合政策」的課題であること、さらに理論と実践を体験できる機会にほかならないことを自覚することが望ましいと言えるでしょう。このように考えれば、「高等教育のユニバーサルデザイン化」

は、単に視聴覚や機能に障害がある学生に対する個別的問題にとどまらず、大学と学生、あるいは社会との関わりもカバーする大きな課題になるはずです。

第2章 PCノートテイクの実践について

図Ⅱ-1　PCノートテイクの現場

本格的な支援に着手する前に

前章でも触れたように、総合政策学部では二〇〇三年度に、聴覚障害がある新入生一名を迎えることが決まりました。歴史が浅い本学部にとって初めてのケースでしたが、関西学院大学の本部に問い合わせても、聴覚障害がある学生に対して、別段の配慮や体制は整えられていないとのことでした。

入学前におこなった本人と高校の指導教諭の方々からのヒアリングでは、①全難聴で、補聴器等が使えない。②手話は学習していない。③高校まで口話法で勉強してきたが、この時、入学後に学生ならびに我々が取り組まなければならない諸課題について予想／自覚がまったく足りなかったことを、率直に認めなければなりません。また、障がい児教育を取り巻くさまざまな問題や（日本の聴覚障害教育構想プロジェクト、二〇〇四）、すでに先行している諸大学の試み等にも知るところが少なかった点です（佐野・吉原、二〇〇四等を参照）。

口話法

「口話法」とは、読唇法によって、音声言語で意思伝達をおこなう教育方法。日本（あるいは欧米世界の）「ろう教育」はこの口話法と手話等の間を揺れ動いた歴史があります。

手話

手指の動きを中心に、頭や上体の動きと顔の表情、視線、口型等で表現、視覚で受容される言語です。音声言語とは異なる独自の文法と語彙の体系を持ちます。したがって、ジェスチャー等とは基本的に異なります。

PEPNet-Japan
「日本聴覚障害学生高等教育支援ネットワーク」の略。日本で聴覚に障がいをもつ学生への修学支援のために、筑波技術大学を中心に組織されたネットワーク。事務局がおかれている筑波技術大学をはじめ全国の一六大学・機関の協力により運営されています。高等教育支援に必要なマテリアルの開発や講義保障者の養成プログラム開発、シンポジウムの開催などを通して、聴覚障害学生支援体制の確立および全国的な支援ネットワークの形成を目指しています。
（同ネットワークのHP‥http://www.pepnet-j.com より）

実際には、入学直後から、口話法では大学の講義をフォローできないことが、すぐに明らかになりました。大教室での講義は、高校までの教科書主体の教育と異なる上に、講義法もまた障がい者への配慮が十分ではありません。さらに、演習等のように、不特定多数の者がしばしば同時発話するような環境では、視覚に依存する口話法では、議論に追いつくことは不可能です。コンピュータ演習でも、講師の発声による指示と、視覚による画面の読みとりを同時におこなうことが暗黙の条件となっているため（そのことを健常者が無自覚な点こそが問題だったのですが）、聴覚障がい者には支援なしには齟齬をきたします。

この年度は、とりあえず必修の講義を対象に、無償ボランティアとTA（ティーチング・アシスタント）制度等によるノートテイクを試行しました。しかし、本格的な制度の整備が急務であることは誰の目にも明らかでした。まず、スキルとしては、総合政策学部が重視する情報教育を活かす点からも、PCノートテイクによる支援が適当と思われました。一方、組織については、スキルの習得と業務上の規則（守秘義務）等から無償ボランティアでは限界があり、有償化は避けられないこと、そして、全体を統括するコーディネート・システムの整備が必須と思われました。こうしてようやく二〇〇四年秋学期から

本格的な運用が始まります。

なお、全国的に聴覚障がい学生の支援をすすめているPEPNet-Japanでは、「講義で先生の話が聞こえない／聞き取りにくい」以外にも、以下のような問題点があると指摘しています。私たちの学習支援では、これらのすべてをカバーすることはいまだに難しいことも付け加えなければなりません。

(1) 友達と話の輪に入りにくい　学生生活では、友達との出会い、互いのネットワークの広がりがとても大切であることは、誰でも理解してもらえると思いますが、友達同士の会話でも、細かな話題になかなかついていけず、友人関係の広がりが乏しくなりがちです。

(2) ゼミやサークル等でみんなの議論をフォローしにくい　上級生になるほど、ゼミでの討論等は重要性を増しますが、これが障がい学生には難しい。特に不特定多数の人がフリーでディスカッションする状況では、サポートがあっても積極的に議論に参加することはなかなか困難です。

(3) 口頭や放送などでの連絡がわからない　試験や休講等の情報を口頭だけで伝えられたり、校内放送だけでは、内容を把握できません。もちろん、ふつうの電話は使えません。時には、（試験等に関して）大きな不利益を被ることも

23　第2章　PCノートテイクの実践について

(4) 非常時の情報が得られない　非常ベルや緊急放送を理解できず、逃げ遅れるなど、危険にさらされる可能性があります。

考えられます。

ノートテイク法について(1)　スタッフ募集と連絡網

それでは、現在、総合政策学部で実施しているシステムを紹介しましょう。

まず、新学期が始まる数ヵ月前、前学期の定期試験前後にスタッフ募集をおこないます。新規の希望者には講習会をひらいて、スキルやルールの理解に努めます。なお、スタッフは有償ボランティアと位置づけられ、作業時間に応じて謝礼を支給しています。

次に、障害がある学生（以下、利用学生と呼びます）の希望に応じて、履修予定表を作成します。これを登録スタッフに提示し、互いにスケジュールを調整して、暫定的に担当科目を決定します。なお、スタッフはその授業の既習者が優先です。また、スタッフがサポートと同時に、その授業を履修するのは原則禁止です。とはいえ、現実には（とくに三年次以降の授業等で）既習者が就

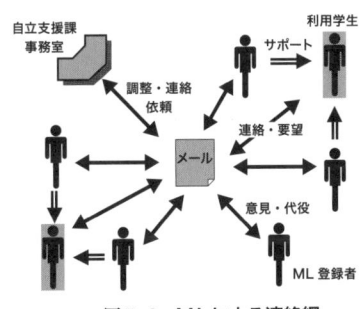

図Ⅱ-2　MLによる連絡網

職活動等のため、キャンパスに来ることが少ない科目も多く、そのようなケースに限り、同時履修も認めることにしました。優先順位は①科目の既習者、②その科目を既習していないが、履修していない者、③同時履修者となります。

利用学生や登録スタッフ自身の履修が最終的に決定するのは学期開始から約一週間後で、それまで微調整が続きます。

スタッフ登録後、コーディネーター、スタッフ、利用学生間でPCによるEメールのML（メーリング・リスト）をつくります（図Ⅱ-2）。連絡は基本的にこのMLでおこないますが、利用学生／スタッフ双方の急病・急用、休講等に対応するため、携帯電話のMLも整備しておきます。とくに午前中の授業では、交替役を探すのが困難なことが多いので、できるだけ早めの連絡を心がけるよう周知しておく必要があります。

ノートテイク法について⑵　三人でおこなう

私たちが二〇〇五年度から採用している方法は、三名のスタッフ（PCノートテイクに二名、手書きサポートに一名）がチームを作るというものです。P

25　第2章　PCノートテイクの実践について

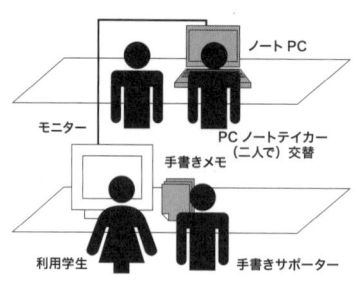

図Ⅱ-3 PCノートテイクの体制

C担当者が交替で入力した文章をモニターに出力するほか、手書きサポーターが利用学生の隣に座って、モニターからの情報を補足します（図Ⅱ-3）。

なぜ、このような方法を採るかというと、PC入力の利点を活かしながら、その欠点をできるだけ補うためです。PC入力の利点としては、①手書きに比べて多くの情報をリアルタイムで伝えられる。②情報をコンパクトな媒体に記録できる。かつ③情報を容易に加工できる、等があげられます。したがってPC入力は理想的な目標として、「余分なところや雑談なども含めた全文筆記」を目指しています。これは、聴覚に障害がある方は授業内容だけではなく、「他の人がなぜ、ここで笑ったのか？」などの付加的な情報も把握できないことが多いためです。しかし、現実には全文筆記を一〇〇％達成するのは不可能に近く、PCノートテイカーは講師の話にあわせて、適宜、「要約筆記」的に文章をまとめる能力も要求されます。なお、入力は原則として学部所有のPCを使い、マイクロソフト社製のワードと辞書機能にジャストシステム社製のATOKを使用しています（スタッフによっては、使い慣れた私物のPCを使う場合もあります）。

一方、PC入力の欠点として、④モニター画面のみに集中すると、レジュメ

26

column 1　PCノートテイクに携わって

　私は2年生の春学期から約3年間、主にPCノートテイクに携わってきました。きっかけは聴覚障害への関心より、ボランティア全般に関する興味からでした。PCが得意な方なので、自分のスキルを活かせるかもしれないと考えたのも理由の一つです。

　当初は研修制度も定期的なミーティングも整えられていませんでした。それでもいくつかの授業で異なるスタッフとペアを組むと、技術に個人差があり、「講義にタイピングが追いつかない時の切り抜け方」や「利用学生が見やすい文字の大きさ、一行あたりの文字数」等、さまざまなノウハウがあることに気づきます。優れたノウハウの技を盗む一方で、新人には経験をもとにアドバイスする。そんなことをするうち、スキルを共有することの必要性を感じるようになりました。

　また、授業のスタイルによっても異なる対応が必要です。ゼミでは発話者が多く、「誰がどの発言をしたのか」区別する必要があります。そこで、「佐藤／おはようございます」というように、発話者の名前の後にスラッシュを入れてから、発言内容を入力しました。フィールドワーク授業では、利用学生が教室内外を移動するたび、スタッフもノートPCを抱えながらフォローします。このような変則的な授業への対応策等、学生スタッフ間で共有する必要があります。そこで数名の有志で、こうした問題について現場での成功例やトラブル、スキルの工夫、利用学生が求めている入力設定等をリスト化して、マニュアルを作成しました。その後、幾度かの改訂を経て、現在でも手引き書として新人スタッフに利用されています。

　ハード面では、当初利用していたPCが変則的なキー配列でミスタイプが多く、標準キー配列のPCの購入をお願いしました。ワープロソフトも、効率が優れたジャストシステム社製「ATOK」を導入して、変換ミスを減らしました。この結果、スタッフの多くから「入力がしやすくなった」と評価され、情報保障のクオリティの向上に貢献しました。

　こうした現場の意見を生かした制度の整備が成功した背景に、①スタッフの「より良い支援を利用学生に提供したい」という熱い想いに加え、②「教職員の方々の協力」があったからだと考えています。学習支援に求められるものは、利用する学生や授業スタイルで異なり、決定的な「答え」があるわけではありません。今後も、学生スタッフの皆さんにはスキルの研鑽に加えて、ノートテイクそのもののあるべき姿を模索し続けていただきたいと思います。本書を通じて学習支援に興味がわいた人がいれば、ぜひ門戸を叩いて下さい。同時に、先生方もこうした状況をご理解いただき、事前の教材資料の提供や、講義でゆっくりと話す等の配慮をお願いします。

　　　　　　　　吉田貴司（総合政策学部学生・PCノートテイク担当）

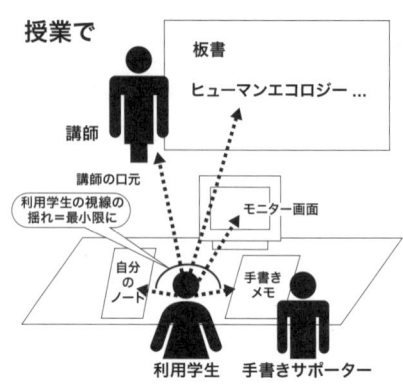

図Ⅱ-4　利用学生の視線の揺れ

や板書と見比べることが難しい。⑤モニターには図表や数学の式に関する情報が伝わりにくい、等があげられます。これらの対策として、手書きサポーターが併用されているわけです。この場合、手書きサポーターは主に「要約」的な情報提供を心がけることになります（31頁の表Ⅱ-1）。

手書きサポートは講義のスタイルによって、少しずつ変わり、主に四つのタイプに分かれます。

(1) 講義のみ　PCの内容を箇条書きでフォローします。講義内容の全体図を把握し、簡潔にまとめて伝えることを心がけます（図Ⅱ-5）。

(2) レジュメがある場合　レジュメと授業の進行度を合わせることを心がけます。簡単な説明や関連する用語を書き込んだりします。

(3) パワーポイントを用いる場合　用語や図を見逃さないようにする。コピーがある場合は、空欄に講義の内容を補足します。

(4) 資料や記事を使う場合　授業のどの箇所の関連記事なのかをメモします。読み上げる場合は、そこを指でなぞります。

次に、筆記の際のコツを紹介しましょう。まず、①利用者がノートを見やすい位置に座ります（自分が右利きなら、利用者の右に座る）。

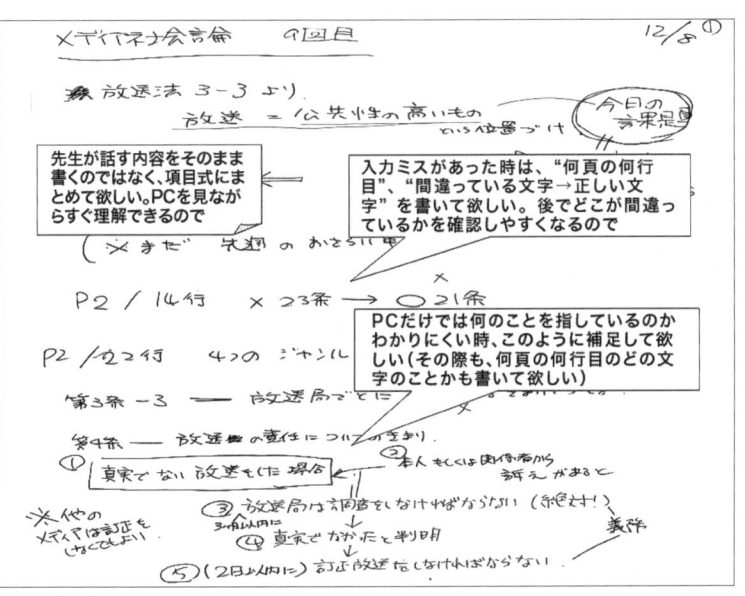

図Ⅱ-5 実際の手書きメモ

模範的な例として、ノートテイカーの講習会で提示されたもの。
吹き出しは利用学生からのコメント・要望。

次に、②ノートの一枚目に講義名と日付を書き、毎ページの右肩に番号をふります。③文字は大きく、わかりやすく書いて下さい。④矢印や丸などを使い、関連事項をわかりやすく示しましょう。⑤PCの誤字や脱字、訂正等は別の用紙を用意して、そちらに書きます。⑥教員が強調した部分は、赤ペンで下線を引くなどして、情報を追加します。⑦黒板に書かれたことはノートにも書きましょう。⑧授業で使う図・グラフ・表などはノートに写し、講義に沿った説明を書き足します。⑨PCまかせにしないことが大切です。PCが授業の内容を充分フォローしていても「より詳しく、よりわかりやすく」を心がけます（表Ⅱ−1）。

さらに、PCが突然使用不可能になる場合もあります。授業中に突然PCの電源が落ちたり、PCがフリーズしたり、日本語入力がうまくいかなくなったりする場合です。でも、授業は止まりません。そんな時は、手書きサポーターがPCの代役を務め、授業内容を利用者に伝えます。PCの復旧はPCノートテイカー二人にまかせ、手書きサポーターが授業内容をフォローすることに専念することになります。

30

表Ⅱ-1　手書きサポーターがするべきことは3つ

1	講義内容をわかりやすく	●講義内容をまとめる 手書きサポーターは、講義の内容をわかりやすくまとめ、要点をおさえたノートをとる。箇条書きにしたり、図に描いたりして、わかりやすさを重視すること。
		●内容に補足を加える 講義の中で、教員が強調する部分を利用学生に伝える。①重要事項に○をつける。②関連事項は線で結ぶ。③具体例は書き加える等で補足説明する。
		●図やグラフ等を写す 黒板の図や、プレゼンテーション・ソフトで映される資料等は全てメモにうつす。教員は「ここ」や「あの部分」などの指示語を使って説明するので、それにそってメモにうつした図を指差したり、補足を書き加えたりする。
2	PCをフォロー	●PCの誤字脱字 PCの打ち間違いは別紙に書いて修正する。後からデータを直せるよう、ページ数と行数を書いておくこと。
		●PCで省略された内容を補足 PCが省略した講義の詳細をメモで書き足す。どの部分の補足なのか、どこまでが講義で、どこからが雑談か、講義内容の進行はどうなっているか等、PCノートテイクでは省略されがちな部分をフォローする。
		●利用学生がわからない部分を説明する 利用学生の質問は手書きサポーターが積極的に対応。講義とPCを両方把握していないと対応できない場合も多い。メモだけに集中せず、講義にもPCにも満遍なく気を配る。
3	リアルタイムに伝える	●教員の指示をすばやく伝える 「8ページを開いて」「プリントを出して」「手をあげて」等の指示を即座に利用学生に伝えるよう心がける。該当のページを開いたり、プリントを出す、肩をたたくぞでPCよりも早くフォローができる。
		●説明している箇所を指差す 配布物等がある場合、講義でどの部分を説明しているかを指で指し示す。
		●教員が読み上げている箇所を指でなぞる 教員が配布物などを読み上げている場合、指差すだけでは不十分。読み上げられている箇所を同じスピードでなぞる。その場合、利用学生の配布物ではなく、自分が持っている配布物を見やすい位置においてなぞること。

column 2　ノートテイクを担当して　〜「わかりやすく」vs.「正確さ」〜

　私は大学2年生の時から、主に手書きサポートを担当しています。現場の意見を取り入れた手書きサポートマニュアルを作成するなど、利用学生が快適に思うサポートを心がけてきました。その一方で、最近、ノートテイクは「わかりやすく」するべきか、それとも「正確に」するべきか、悩んでもいます。

　ノートテイクが始まったばかりの頃は、PC入力が講義に追いつけず、手書きサポートが内容を要約することがよくありました。しかし、最近では、PCのスキルが向上して、講義内容をそれほどフォローしなくてもよくなりました。その場合、手書きサポートは授業の内容をうまく要約することなのか、それとも講義を細部まで忠実に再現することに専念するべきなのか、に迷ってしまうのです。

　利用学生には「わかりやすい」サポートが重宝されるでしょう。一方で、講義内容をまとめすぎると、障がい学生が自分自身で調べたり、考えたりという大切な過程を邪魔してしまう、という意見もあります。ある大学では、教授が話す言葉をそのまま100%書き取ることが優先され、サポーターの主観を排除するようにしていると聞きました。原則として、健聴学生と同じ条件になるように、教授の言い間違えや、わかりにくい表現もそのまま伝えるのだそうです。

　それを聞いた時、私にはできそうにない、と思いました。何より利用者から「これはどういう意味？」と質問された時に「自分で調べて」と冷たく突き放すことが憚られたのです。ノートテイカーが3人もいると、利用学生は友達と一緒に授業を受けることが難しくなります。隣の人に話しかけても答えてもらえない。そんな状態で、情報の伝達だけでは翻訳機械に囲まれているような気持ちになるだろうと思います。それを避けたかったので、私はなるべく利用学生に添うことを心がけました。質問に積極的に答え、手書きのメモに注釈を入れ、時には雑談もしました。結果的に「わかりやすい」サポートをしてきたことになります。それで本当に良かったのかどうかはわからない、というのが私の正直な気持ちです。

　現在の技術では、聴覚に障害がある学生が健聴学生と全く同じ状態で講義を受けることは難しいと思います。どんな質が高いサポートでも、教室で目立ってしまうことの居心地の悪さ、友人と一緒に授業を受けられない不便さ、決してなくなることはないタイムラグへの苛立ちは消せないでしょう。これらを補うためには、情報伝達の正確さと速さはもちろん、利用学生の気持ちを汲み取るサポートが必要だと思うのです。

　当事者ではない私たちが忘れてはいけないのは、利用学生ありきのノートテイクだということです。それが頭にあれば、利用学生の気持ちに近いサポートができていくと思います。

坂本季実子（総合政策学部学生・手書きサポート担当）

どのぐらいの情報量が実際に伝わったか？

PC入力記録とビデオ撮影の二つのデータがそろっている「政策トピックス B：手話入門」での記録を直接比べたものが表Ⅱ−2です。単純な比較ですが、モニターに記録された文字数が五九〇文字で、ビデオから再生した同一部分は一一二四文字となり、五二・五％の文字が再現されています。一方、再現されなかった部分の中には、発言の繰り返しや、あまり本質的ではない部分も含まれており、こうした部分を省くことで、内容を巧みに要約している部分も目につきます。

その一方で、表Ⅱ−2に下線部で示したように、大きくまとまって欠けている文章もあります。これらは、ノートテイカーが話のテーマの展開についていけなくなったけれども、あまり重要ではないと判断して、あえてまとめて省いたところのようです。

るなって言うのでもイイですよ。ないですか？
　実際に使われているのはこれが（メインですね、これが）ほとんどです（と思います）。ノートテイクと~~いうのと~~要約筆記（というのはまあ意味）は~~ほとんど~~同じで（す）、大学の中では（ノートテイクという言い方をしています。さっきの講義保障と情報保障という関係とほとんど同じですが）一般社会では要約筆記と（いう言い方をしていますが）~~いわれ~~、大学の中（だけ）~~では~~ノートテイクとい~~われてま~~（う言葉を使います）。（まあ今は大学の中だけではなくて、小学校、中学校でも支援、支援員という制度ができていて、支援が必要な子供たちに対してノートテイクを使っています。やっているところも少しだけあります）

　ほかには、例えば、音声の変換ソフトって聞いたことありますか？（うんうんうんって）うなずいてる人が多いですね。声（を、マイク）で吹き込んだ~~言葉~~（声）を（機械で変換して音声）認識して（くれるとパソコンの）画面に（表示され）~~映してくれる~~ものです。（実際に技術が100%完璧かどうかという、まあ）事前準備が必要（ですね）~~だそうです~~（らしいです）。

　もう一つは遠隔（地手話）通訳というのがあります。（または遠隔地パソコン通訳というのがあります）なにかというと大学の中にはな（いんですよ）~~で~~、どこか遠いところに情報センター（みたいなもの）~~があって~~、（を作ってそこで）（大学の　たとえばこの）教室のうえにカメラ~~か~~（を設置して、または）マイクを設置して、先生がしゃべる（という）のを（それを録画なり　撮って情報センターに）おく~~て~~（ります）、センターで（聞いた）~~の~~人がパソコンにう~~って~~（ち込むと、それをまた）送り返（す）して~~くるというものです~~。（表示させるという方法を試行している例があります。）

　（でも実験ですが、実用化はまだされてはいません）（5年くらい前から）少しずつ進んでる話（と聞いていま）~~です~~が、~~実現してません~~（実際は難しいのです）というのも先生は教室の中で（あちこち）~~異動~~（移動）しますよね。あれ、とか、これ、とか。（というようにやってますし）プリントをつか~~ったりします~~（いますから、「じゃあこの辺を読んで」という時に、遠隔地にいる人たちは状況がわからない。音だけ聞いていますから、何だろうということになってしまう。そういう問題があるらしいです）。機材を設置するのにお金がかか~~る~~（りますし）（将来的には何かつかえる）かもしれません。

　ともあれ（三つですね）歴史的にこういう三つがあると。（誰でも）ノートテイクはほぼ誰でも始められますね（字がかければ）。きれいな~~じの~~ほうがいいですけど、（あまり美しいという字ではなく）早く書けるという場合は（ほとんど）それで良いという考え方です。きれいに書いていたら実際（難しい）遅くなります。（また漢字も）全部（手で）漢字で書いていたら、おそくなるのでまとめて（要約して）書きます。

表Ⅱ-2　ＰＣノートテイク記録と、ビデオテープからの再現記録との比較

(1) 実際のＰＣノートテイクでモニターに映った文字（誤字・脱字・改行等もそのまま）

ほかに何か思いつく人いますか？手を挙げてください。
メインは確かにこれらです。
ほかには？
聞いたことあるなって言うのでもイイですよ。
ないですか？
実際に使われているのはこれがほとんどです。
ノートテイクというのと要約筆記はほとんど同じで、大学の中ではほとんど同じです。
一般社会では要約筆記といわれ、大学の中ではノートテイクといわれてます。
ほかには、例えば、音声の変換ソフトって聞いたことありますか？
うなずいてる人が多いですね。
声で吹き込んだ言葉を認識して画面に映してくれるものです。
事前準備が必要だそうでｓう。
もう一つは遠隔通訳というのがあります。
なにかというと大学の中にはなくて、どこか遠いところに情報センターがあって、
教室のうえにカメラかマイクを設置して、先生がしゃべるのをおくって、
センターの人がパソコンにうって送り返してくるというものです。、
少しずつ進んでる話ですが、実現してません。
というのも、先生は教室の中で異動しますよね。
あれ、とか、これ、とか。
プリントをつかったりしますし。
機材を設置するのにお金がかかるかもしれません、
ともあれ歴史的にこういう三つがあると。
ノートテイクはほぼ誰でも始められますね
きれいなじのほうがいいですけど、早く書けるという場合はそれで良いという考え方です。
きれいに書いていたら実際遅くなります。全部漢字で書いていたら、おそくなるので
まとめてかきます。

---

(2) ビデオでの再現による修正：（　）がビデオ資料にもとづく復元による補足、二重取り消し線はノートテイクの原稿を修正した箇所を指す。下線部についてはノートテイクで大きく省かれていた部分である（本文を参照）。

　　ほかに何か思いつく人いますか？（これ以外で）手を挙げてください。（まあ）メインは（これらです）確かにこれらです（これらがメインですが）ほかには？　聞いたことあ

35　第2章　PCノートテイクの実践について

利用学生と学生スタッフからのフィードバック

では、利用している学生はどのように感じているのでしょうか。二〇〇五年度の利用学生二名のアンケートでは、一六科目中一一科目で「三名とも是非必要」、一科目で「PCは二名で充分だが、手書きの人もいれば良い」、四科目が「PCの二名で充分」というものでした。アンケート結果では、PC入力はおおむね「基本的に問題はない」という回答でしたが、手書きサポートについては、スタッフによりばらつきがあり、スタッフにノートテイク・マニュアル等での主旨が必ずしも充分に伝わっていない場合もありそうでした。また、学生同士が議論する場面が多い演習科目では、現行方法に限界があることもわかりました（同様の傾向は先行する大学でも指摘されています）。一方、支援スタッフとの意思の疎通の問題や、欠席した場合のバックアップ体制については、大きな問題は起きなかったようです。ところで、担当の教員にはレジュメ等を事前に受け渡しいただくようにお願いしてありましたが、三科目について「時々、事前に配布されず、授業で困った」という回答がよせられました。したがって、教員の協力はかならずしも万全とは言えなかったようです。

一方、ノートテイカーからの回答では、現行の方法に関しては、有効回答二九例のうち一七例で「三名とも是非必要」、六例が「PCの二名で充分」でした。なお、上記の利用学生からの回答と照らし合わすと、科目によっては利用学生とノートテイカーの間に多少のずれが認められました。

一方、ノートテイカーによるPC入力についての自己評価では、一二名のうち「八〇―一〇〇％ぐらいメモできたと思う」が四名、「六〇―八〇％ぐらいで、多少のミスがあっても、基本的情報はほぼ伝えられた」が七名、「四〇―六〇％ぐらいで、時々、基本的な重要な情報を伝えることができなかった」が一名でした。

もちろん、本方法が最善というわけではなく、今後も、試行錯誤が続くことを付け加えなければいけません。講演会等のイベントでは、複数のPCからの連携入力を可能にするソフト（たとえばIP talk）が用いられていることが多いと聞いています。総合政策学部では、①IP talkを使用する場合、事前に訓練などが必要なこと、②IP talkを習熟した学生ボランティアを相当数確保することが困難であること、③IP talkを使用するための

機材の数の確保や配置等で実際の運用が難しいこと等を考慮して、今のところ導入を見合わせています。

PC入力についてのもう一つの問題がデータ管理です。現在は、PCに入力された通訳データについては、(同時履修者の場合を除き)自分／他の学生用にコピーすることを禁止しています。利用学生については、授業後、個人のUSBフラッシュメモリー等にコピーすることにしています(第三者への譲渡はもちろん厳禁です)。また、手書きサポートでのメモ紙は、利用学生が希望する場合は渡して、それ以外は破棄します。当然のことですが、ノートテイカーは、医師やカウンセラーと同様、職業上知り得た情報、とくに利用学生のプライバシーに関することを第三者にもらしてはいけないという守秘義務が課せられています。

column 3　利用学生としての感想・要望・提案

【感想】

　私は小学校から高校までは一般校に通っていましたが、ノートテイクによるサポートはもちろんありませんでした。先生方や友達が協力してくださったおかげで、授業にはなんとかついていくことができました。しかし、先生の雑談や、授業中にみんなが笑ったりしている時に、なぜ他の人が笑っているのかわからず、ただ授業を受けているだけで、取り残されているような感じがしました。

　大学で初めてサポートを受けました。今までは授業がつまらないと思っていましたが、講義内容を理解できるようになって授業を受けることが楽しくなりました。授業において、他の学生の意見も聞け、視野が広がったような気がします。また、学校内で行われる発表会やシンポジウムも聴講でき、知識の幅が広がっていることを感じています。もしサポートがなかったら、授業内容を理解することもできず、単位を取ることも難しいだろうと思います。サポートの関係者の皆様には感謝したい限りです。

【要望】

　先生方には、講義でビデオを利用する際に、必ずビデオに字幕をつけさせていただけるように、ご協力をお願いしたいと思います。ビデオに字幕がついていない場合は、PCノートテイカーに内容を打ってもらっています。しかし、すべて打ってもらうには限界があります。また、PCノートテイクのモニターとビデオが流されるスクリーンの両方を見ていると、時々内容がわからなくなることもあります。ビデオの内容を把握できるようにするためには、字幕が必要です。

　パワーポイントを利用する際も、パワーポイントとモニターを同時に見ながらノートをとるのは大変な作業です。内容を把握できないこともあるので、パワーポイントの資料を事前に渡していただくと助かります。

【提案】

　パソコンを利用する授業の中では、先生の利用するパソコン画面をスクリーンに映し出し、解説するという形式があります。その際にもスクリーンとモニターの両方見ていますが、集中も落ちてしまい、内容を把握できなくなります。その場合、PCノートテイクのモニターの隣にもう一つモニターを準備していただき、そのモニターに先生の利用する画面を写し出すようにしていただきたいと思います。そうすれば、視線の移動が少なく、内容を把握しやすくなります。

　　　　　　　　　　　　　渕田尚子（総合政策学部メディア情報学科学生）

第3章

教材用ビデオテープへの字幕付け作業について

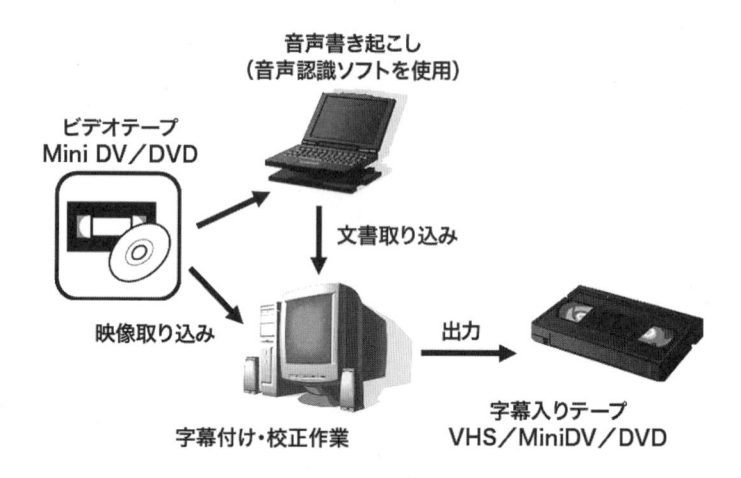

図Ⅲ-1　ビデオテープの字幕付け作業の概念図

　カノープス社製のビデオ編集ソフト EDIUS を搭載した専用 PC を中心に、S-VHS とデジタルビデオ［DV］のダブルデッキを備えたビデオデッキとテレビモニタを接続したシステムを使用しています。また、キャプチャ時に復唱した音声を、別のノート PC にインストールした音声認識ソフト（アスキーソリューションズ社製ドラゴンスピーチ 7）でテキスト・ファイル化しています。

表Ⅲ-1　作業工程表

(*作業時間は上映時間45分のVHSテープを想定)

工程	作　業	作業時間*
1	教材ビデオをDVテープにダビングする。	45分
2	画像を専用PCに取り込む（キャプチャ）。同時に音声認識ソフトでテキスト・ファイルを作成する。	45分
3	工程2で作成したテキスト・ファイルを校正する。	5時間
4	プロジェクト・ファイルに字幕付けをおこなう。	3時間
5	字幕付けしたプロジェクト・ファイルを校正する。	5時間
6	プロジェクト・ファイルをDVテープに出力する。	45分
7	DVテープからVHSテープ／DVD等に変換する。	45分
計		16時間

本章では、聴覚障害の方への学習支援の方法として、教材用ビデオテープの字幕付けについて紹介します。これはどの大学でも指摘されていることですが、ビデオ教材を使用する際、ナレーション等をノートテイクするのは非常に困難です（英語のビデオでは不可能と言ってよい）。そのため、字幕付け用にPCシステム（カノープス社製EDIUS Pro 3）を導入しました（図Ⅲ-1）。

そのシステムを簡単に説明すると、ビデオテープをPCに取り込む（キャプチャ）する際、再生される音声を作業者が復唱し、それを別のPCの音声認識ソフトでデジタル・データ化して、字幕文の原型を作成するというものです。その文を校正・編集した後、映像ファイルにはりつける。この一連の作業で、時間的な効率性を向上させます。これは、「テープ起こし」の作業を省力化するのがねらいです。作業に用いたファイルを保存しておけば、修正作業がいつでも可能なことも大きな利点です。

作業の大まかな流れ ── 効率性と正確さのトレードオフ

さて、具体的な作業について順を追って説明しましょう（表Ⅲ-1）。

図Ⅲ-2　作業中のPCのスクリーン（1）

◀左上は字幕の文章を入力したテキスト・ファイルの画面、右上は編集結果の画面が再生されているタイムライン・モニタ（レコーダーともいう）、下半分は時間軸上に素材クリップやタイトル・クリップを配置するタイムライン・ウィンドゥが開いています。

［工程1］　教員より教材ビデオを受け取ります。たいていはVHSテープなので、これをデジタルビデオテープ（以下、DVテープと略称）にコピーします。以下、教材の上映時間を四五分と想定した場合のこの作業に四五分を要します。以下、教材の上映時間のめどを（　）内に示します。

［工程2］　PCを起動、EDIUSを立ち上げて、ビデオデッキのDVテープから映像ファイル（.avi形式）として「キャプチャ」します。この時にPCに取り込まれた未編集の映像ファイルを「素材クリップ」と呼びます。さらにこの作業時に再生された音声を、作業者が復唱します。この復唱された音声を音声認識ソフトによってテキスト・ファイルに変換します（四五分）。

［工程3］　EDIUSを操作して、素材クリップを作業用の画面（タイムライン・ウィンドウと呼びます）上にいくつかの素材クリップを並べます。編集作業の開始です。タイムライン（時間軸）上にいくつかの素材クリップを並べて、一つの映像作品にまとめる作業全体を「プロジェクト」、編集中のファイルを「プロジェクト・ファイル」と呼びます（図Ⅲ-4を参照）。次に、プロジェクト・ファイルを再生して、工程2で作成したテキストファイルの文章を校正します。これには相当の時間が必要です（台詞が多いと、四五分のビデオ・ファイルに四―五時間程度が必要）。

44

◀タイトル・クリップの作成・修正のため、タイトル作成画面を開いている画面。

図Ⅲ-3　作業中のＰＣのスクリーン（2）

校正と同時に、文章を一行二〇文字程度×二行程度にまとめ、句読点を半角スペースに変換します。この作業でとくに注意を要するものとして、①人名や地名等の固有名詞、②叫び声や悲鳴、擬態語、③数値、④専門用語等があげられます。発話以外の発声や音、あるいはＢＧＭ等もここで文字化します。

［工程4］ＥＤＩＵＳを再び起動させ、工程3で作成したテキスト・ファイルを、字幕（タイトル・クリップ）として、画面にはめ込んでいく作業＝狭義の「字幕付け」が始まります。通常二行、二〇文字程度に調整された文章を「タイトル・クリップ」として、発声・音のタイミングにあわせながら、タイムライン・ウィンドウの所定の位置に貼り付けます（図Ⅲ-3）。こうした作業を模式化したのが図Ⅲ-4です。この図全体が「プロジェクト・ファイル」となります。およそ一時間の作業で一五〜二〇分程度のビデオテープに字幕付けできるので、四五分のビデオ教材では約三時間が必要です。

［工程5］「プロジェクト・ファイル」を再生させて、字幕の誤記を再度チェックするほか、字幕と音声の同調を調整します。ビデオの内容によりますが、四五分のビデオの場合、校正に五時間程度を見こんでいます。

［工程6・7］校正が終わった「プロジェクト・ファイル」からビデオデッキ

45　第3章　教材用ビデオテープへの字幕付け作業について

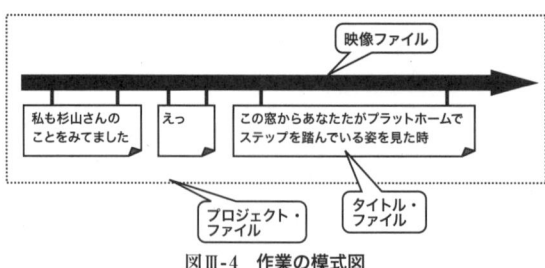

図Ⅲ-4 作業の模式図

"紐"のように直線的に進行する素材クリップの下に、テキスト・ファイルの文字を染め抜いたのれんのように、タイトル・クリップをぶら下げていく作業とお考えいただきたい。

実例として、図Ⅲ-5を見てください。図aはパネル・ディスカッションでの発話を字幕化したものです。また、図bはナレーションを字幕にしたものです。発話がはっきりしない場合や、子どもの歓声や悲鳴等は工夫を凝らす必要があります。さらに、会話以外の音も、内容と関連する場合、できるだけ字幕化します(図c)。音楽は、個人の主観が大きく働くことと、手間を考えて、擬音を避けて、BGMが目立つような場合、(♪音楽♪)、あるいは(♪オープニング・テーマ♪)等の字幕を入れるにとどめました。

このように四五分のビデオの字幕付けに、約一六時間、まる二日の作業が必要です。もちろん、作業時間は教材の内容で左右されます。職業的なアナウンサーによるナレーションでは作業が楽ですが、一般の方々の発話が多いと、聞き取りにくかったり、文法的な乱れもあり、相当の時間を割く必要があります。また、番組の中でかなり早口で解説されたり、議論がかわされるような場合、通常の番組よりもはるかに手間がかかることも珍

に出力して、DVテープにコピーするのに四五分、DVテープをさらにVHSテープ等にダビングするのに四五分かかります。こうして、ようやく担当の教員に渡すことができます。

46

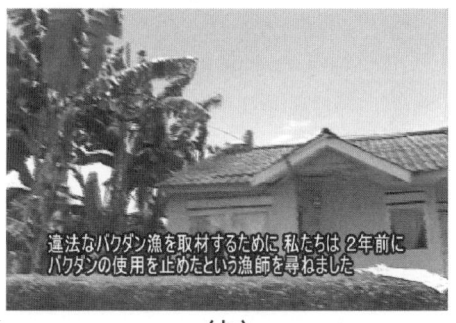

図Ⅲ-5 字幕化の実例
　上から（a）パネル・ディスカッションでの発話、（b）ナレーションの字幕化、（c）発話以外の音（この場合は爆発音）。

第3章　教材用ビデオテープへの字幕付け作業について

しくありません。

基本的方針として、全発話を省略することなく再現するとともに、字幕と実際の発話のタイミングを極力あわせました。当初は、すべての音声情報を字幕化できるかどうか危ぶみましたが、実際には、ほとんどの発話をスムーズに画面に入れることができました。一方、英語のビデオでは、日本語に比べて読みとるスピードが遅いので、字幕の掲示時間を発話の前後にも延ばして、学生への便宜を図っています。英語教材はネィティブ・スピーカーによるテキスト化が必須です。二〇〇六年までに字幕付けした三六本中、三本が英語教材でしたが、担当教員のＳ・ロス教授が音声認識ソフト(ドラゴンスピーチ7・プロフェッショナル)で英語文字に変換した文章を使いました。

なお、字幕の字体はＭＳ ＵＩゴシックの黒の縁取りがついた白い字で、二二ポイントを基本とします。一画面に二行×一六—二〇文字程度を目安としますが、適宜、サイズで調整したり、やむを得ない場合は三行で表記する場合もあります。

著作権

「知的財産権の一つ。著作者がその著作物を独占的に利用しうる権利。その種類は著作物の複製、上演、演奏、放送、口述、展示、翻訳、映画の上映等を含む」(『広辞苑』)。たとえば、授業の内容は講師の著作権が認められます。また、聴覚障がい学生のためにビデオ作品に字幕付けをしたり、視覚障がい学生のために点訳する場合は、以下の著作権法上の制約を受けます。

著作権について

ビデオの字幕付けには著作権の問題がつきまといます。総合政策学部では基本的に教材作成として、「教育を担任する者及び授業を受ける者は、その授業の過程における使用に供することを目的とする場合には、必要と認められる限度において、公表された著作物を複製することができ」(第三五条)、かつ「放送され、又は有線放送される著作物について、専ら聴覚障害者の用に供するために、当該著作物に係る音声を文字にしてする自動公衆送信(略)を行うことができる」(第三七条の二)にそって運営しています(二〇〇七年一〇月四日の朝日新聞によれば、文化審議会の著作権分科会法制問題小委員会が聴覚障がい者向けに、映像の字幕付けについて許諾が不要になるように、二〇〇八年度に法改正する方針であるそうです)。

現在、作成したビデオ教材は、VHSテープとDVテープ、さらにPCのHD内にmpeg形式のファイルで保管しています。こうしたテープ/ファイル等の教材を、しかるべき形でアーカイブ化するとともに、必要とする教員・障害がある学生へ提供するシステムを構築するべきでしょう。電子情報としてサー

バーに蓄積するとともに、必要とする教員・学生に配給するシステムも考えられます。ただし、あくまでも現行の著作権法（Appendixの2）の範疇で対処しなければならないのはいうまでもありません（前掲のように、二〇〇八年度以降、法改正される可能性があります）。

column 4　何のための字幕付け？

　私が関わっているのは、字幕付けの一連の作業のうちのごくわずかな部分、「文字起こし」と「プロジェクト・ファイルに字幕を付ける」作業のみです。それでも、多くのことに気づかされます。そもそも講義内で使用されているビデオの字幕付けの作業というものが存在しているということ、そして、その作業が思っていたよりも遙かに膨大な時間と労力が費やされていることも、この仕事に参加するようになって初めて知ったことでした。

　文字起こしで使う音声認識ソフトは、音声を耳で聞いて手で PC に入力するよりも確かに短時間で、便利ですが、多くの誤変換が生じます。しかも「会話」や「方言」等はほとんど認識してくれません。そうした変換ミスを正していくわけですが、聞き間違いや、校正の際の打ち間違え、変換ミスも生じる上に、そのミスに気づかないまま、字幕付けの段階になって気づいて校正した経験もあります。また、テープに出力してしまってからミスに気づくこともあると聞きます。しかし、誤変換等をそのままにしていては、誤った情報を伝えてしまうことになります。単語がちょっと欠けている箇所を「まぁ伝わるだろう」とそのままにしてしまっては、何のために字幕付けがあるのか、意味がないのではないかと思います。

　私は、これまでふだんの生活で「音がない」世界など考えることがありませんでした。ビデオも、「映像を見ている」と思いこみ、耳にする音や声、言葉に気づきませんでした。しかし実際に字幕付けをするうち、音や言葉が映像に劣らず、いやそれ以上に多くの情報を伝えていることに気づきました。字幕が無ければ、我々が「音」として認識しているものは、聴覚に障害を持つ方には伝わらないのだ、と。ノートテイクでさえ、すべて100％正確に打ち出すことができないのだから、伝えられる情報も限られたものになってしまうのではないか？　彼ら／彼女らには、どんな世界として映っているのだろう？　はたしてどれだけの情報が伝わっているのだろう？　と疑問を持つようになりました。

　そんな中で、私は、字幕付けは唯一、可能な限りの音声情報を「文字化する」という形で伝えることができる媒体なのだと思います。であればこそ、できうる限りの時間を費やして字幕を付けていくべきでしょう。「まぁいいか」、「ノートテイクがあるから大丈夫だろう」という姿勢では、また「自分には関係ない」というような態度では、せっかく整えられてきた障がい学生への情報保障が形だけのものになってしまうのではないかと思います。そもそも何のために行っていることなのか？　どうしたら利用する人々にとって一番良いのか？　ビデオの字幕付けは、一見障がい学生とのつながりが見えにくい、地味なサポートではありますが、色々なことに気づかされ、かつさまざまなことを考えていかなければならない仕事なのだと思います。

北山睦美（総合政策学部学生・字幕付けサポートスタッフ）

第4章 教材点訳のシステムについて

(a) 結び文字 (b) 針文字

(c) コハゼソロバン (d) 通信玉

(e) ブライユ当時の点字盤

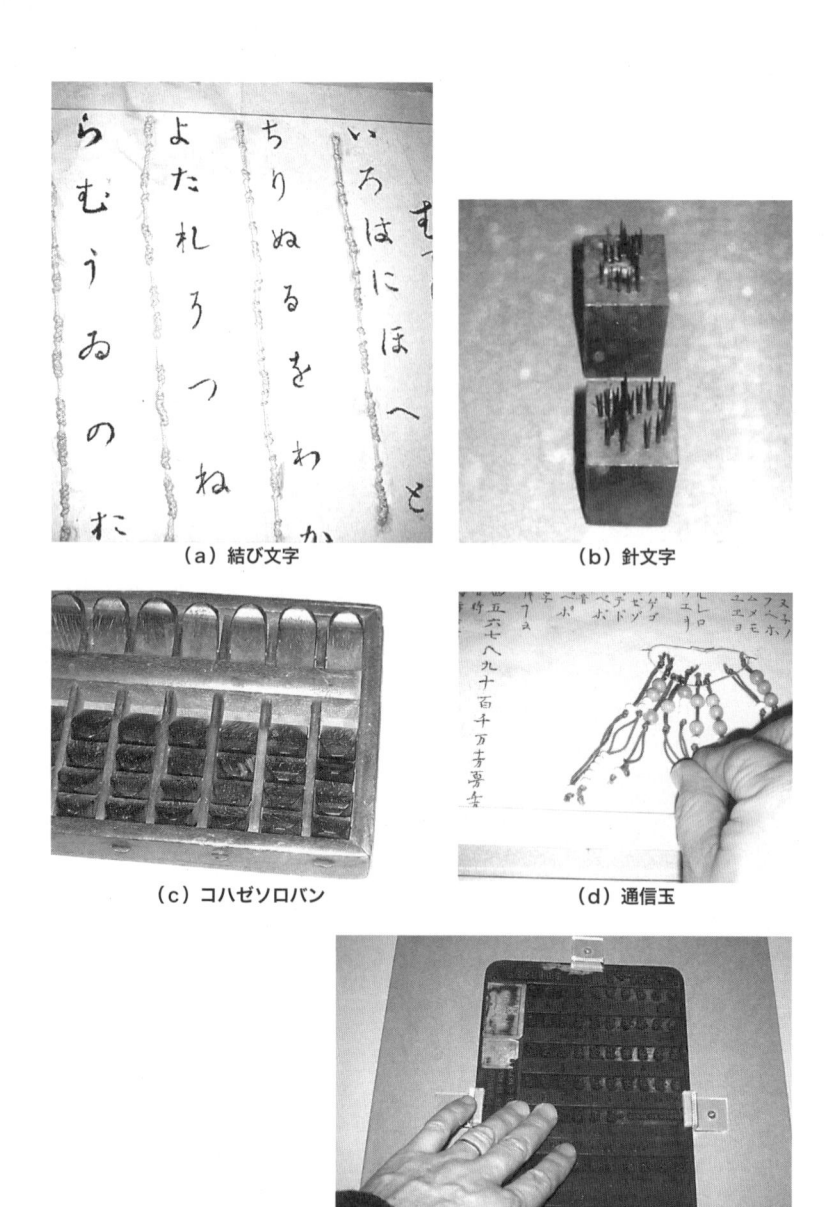

図IV-1　点字以前の日本で視覚障がい者のために考案された文字類、算盤、そしてブライユ当時の点字盤
（国立民族学博物館「さわる文字さわる世界」展から）

視覚障害

視覚系のどこかに障害があって、見るのが不自由又は不可能な状態を指します（日本学生支援機構のHPより）。障害の程度によって、視覚がまったくつかえない盲と、文字の拡大や視覚補助具等による支援が可能な弱視に大別されます。また、見える範囲が狭い視野狭窄、視野欠損、光をまぶしく感じる羞明、明るいところではよく見えるのに、夜や暗いところでは見えにくくなる夜盲等の状態も含まれます。

本章では、視覚障害の方のための教材点訳システムを紹介します。先に触れたように、総合政策学部は二〇〇五―〇六年度に全盲学生一名を受け入れました。聴覚障害と同様、受け入れ時は何のノウハウもない、白紙に近い状態でした。

実は、この学生の方からは、入学より半年前、二〇〇四年の夏のオープンキャンパス時に、短大からの編入の希望をうかがっていました。このため、他大学（同志社大学と京都精華大学）への視察・ヒアリングや、その学生が通学していた短期大学でのヒアリングをおこなう時間的余裕ができました。このように、障害がある方を受け入れるには、事前の準備期間があればあるほど、入学されてからの支援がスムーズで、結果的に、そのほうが事務的にも効率良く対応できます。ヒアリングをもとに各種の機材・ソフト等を購入するとともに、ノートテイク制度の始動にあわせて、点訳も学生による有償ボランティアをベースとしたシステムで運営することにしました。

一方で、受け入れ当時も、現在も、総合政策学部では点字を指で読める人、あるいは点字盤等を使って打てる人はいません。したがって、楽譜等の特殊な点訳では対応不可能で、学外の組織にアウトソーシングすることもしばしば

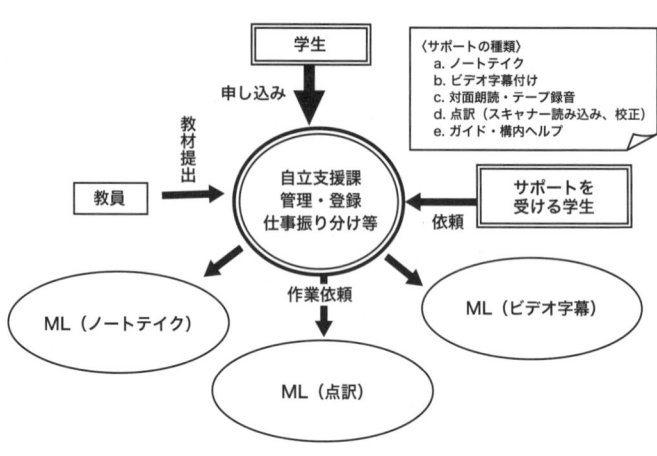

〈サポートの種類〉
a. ノートテイク
b. ビデオ字幕付け
c. 対面朗読・テープ録音
d. 点訳（スキャナー読み込み、校正）
e. ガイド・構内ヘルプ

図Ⅳ-2　サポート体制

りました。いずれにしても、利用学生と絶えず連絡を取りあい、調整を重ねた二年間でした。

点訳作業の流れ

点訳でも、まず、学生スタッフを中心とした運営・連絡システムを構築することが必要であり（図Ⅳ-2）、そのためにMLを整備しました。基本的機能はノートテイクのものと同じですが（二五頁参照）、情報過多を避けるため、利用学生はMLに登録せず、利用学生からの依頼はMLに投稿する一方、返信は利用学生個人へ送るというシステムをとりました。

それでは、具体的な作業を時間の流れにそって紹介しましょう（図Ⅳ-3：Appendix3の点訳マニュアルⅡ-2も参照）。学期が始まる前の休暇中に、利用学生が履修する予定の授業について、担当教員から教科書やレジュメ等を提出していただきます。紙媒体で提出された場合はスキャナで読みとり、デジタル・データで受け

56

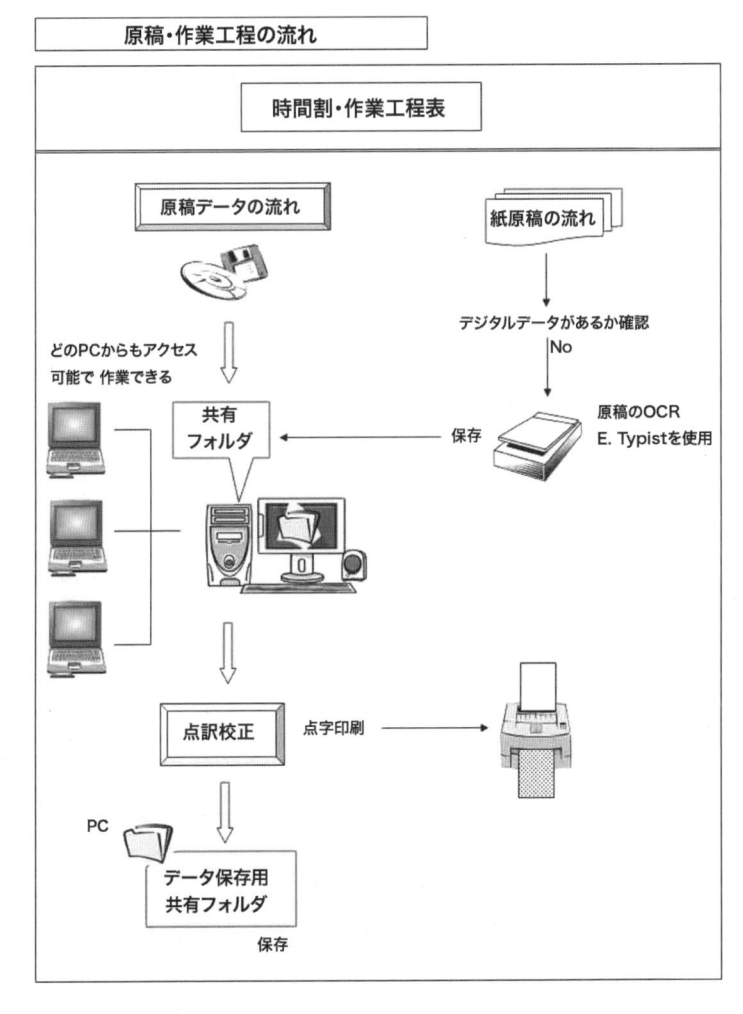

図Ⅳ-3　点訳システムの流れ

第4章　教材点訳のシステムについて

取った場合は、そのままPCに入力、点訳します。PCのハードディスクには共有フォルダを設け、授業ごとにフォルダに分けてデータを入力します。とくに重要なポイントは、複数のスタッフによる共同作業のため、進行状況のチェックと作業開始時の引き継ぎを確実にすることです（点訳マニュアルのⅡ－3）。スタッフは作業開始時に、履修科目ごとに時間割・作業工程表を確認し、次の授業分の点訳が済んでいるかどうか、作業の引き継ぎ書でチェックします。また、「校正」は綿密なチェックが必要です。点訳ソフトで変換した原稿では、異なるスタッフが二回校正することで、ダブルチェックしました。校正には、予想外に時間を要するので、教科書等は学期前の休暇中から、点訳を進めることが肝要です。授業開始後も、教員からはできるだけ早めに配布資料等の提出をお願いしています。また、可能な限り紙媒体ではなく、デジタル・データでの提出を要望しています。

点字について

点字は、パリの訓盲院教員であったルイ・ブライユが一八二五年に信号用暗

◀左列の３点を上から「①の点」、「②の点」、「③の点」、右列の３点を同じく上から「④の点」、「⑤の点」、「⑥の点」と呼びます。

図Ⅳ-4　点字の模式図

号を参考に考案したもので、彼の死後、一八五四年にフランスで公式文字として認められました。縦３点×横２列の凸点の組み合わせによる６点で、１カラム（１文字）を構成する文字です（図Ⅳ－４）。なお、「カラム」は「マス」とも呼ばれています（当山、二〇〇二）。

ブライユは二の六乗＝六四組の組み合わせのうち、まったく凸点がない一つを除いた六三組を配列して、アルファベット・数字・句読符・楽譜等を定めました（当山、二〇〇二）。日本では、東京盲唖学校教員の石川倉次がブライユの点字を基本に、かな文字にあわせた点字を翻案して、一八九〇年に文部省に採用された後、符号やかな遣いについて改良され、今日に至っているとのことです。なお、点訳作業では、通常の文字を、点字に対して「墨字（すみじ）」と呼びます。

私たちも実際に作業にたずさわって初めて知ったことですが、点字で日本語を表記する際、次のような特徴を理解しないと、意味が通じない文章になりかねません。

(1) 漢字がなく、すべて「かな」による表音文字です。

(2) 長音を表す「う」は「ー」、「私は……」と述べる時の助詞「は」は「わ」になる、等、通常の「かな」とはやや異なる特殊な表記をしなければなりま

59　第４章　教材点訳のシステムについて

分かち書き
「文を書く時、語と語の間に空白を置くこと。またはその書き方」(『広辞苑』)。点字は、通常の文字（点訳の世界では「墨字（すみじ）」）と異なり、表音文字であるため、西洋語のように、語と語の間にスペースを置くことで、単語の区切りを明確に示す必要があります。

(3) 漢字を用いないため、理解しやすいように、文節ごとにスペースを入れなければなりません（分かち書き）。

(4) 六三組の情報しかないので、「数字」や「アルファベット」は「かな文字」と重複せざるを得ません。このため、「数字」では「数符」を、アルファベットでは「外字符」、「外国語引用符」、「大文字符」等を前に置くことでそれぞれ区別します。

(5) 桁数が多い場合の数値の表記、箇条書き、括弧の扱い等さまざまな点に注意を払わなければなりません。

(6) 実際の印刷では、ページレイアウト、とくに見出しのレイアウトが重要です。このため、点訳マニュアルⅢ-2に示すルールが必要でした。また、個々の利用学生と相談して、個人を対象としたローカル・ルールを作る場合もあります。このため、利用学生と学生スタッフ、そして対応教職員間で絶えず情報を交わす相互コミュニケーションが欠かせません。

ところで、先にも触れたように、受け入れ当時も、そして二年を経た現在で

60

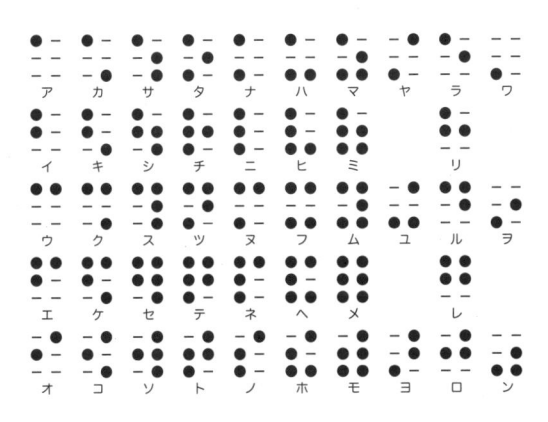

図Ⅳ-5　50音図

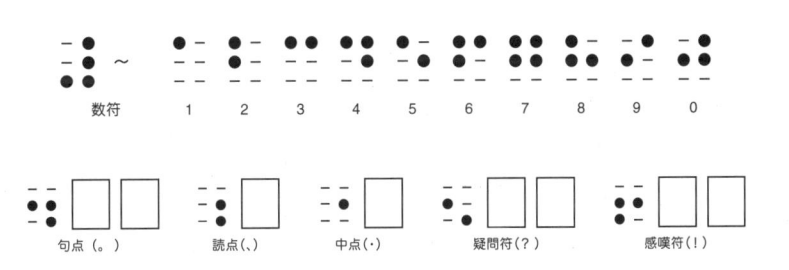

図Ⅳ-6　数字（上）と日本語の句読点（下）

61　第4章　教材点訳のシステムについて

も、総合政策学部には指で点字を読解できる者は一人もおりません。このため作業では、点字を読めない・専門知識もない一般の職員や学部生・院生でも可能なサポート方法を模索することになりました。その結果、「点訳」という翻訳部分はソフトにまかせたうえで、校正等を綿密におこなうことで「わかりやすい点訳」になるように修正する作業を学生スタッフが担当するというシステムになりました（図Ⅳ-3）。

点訳ソフトによる作業について

図Ⅳ-3に示すように、紙媒体のデータはスキャナとOCRソフトによるデジタル・データ化などの工程を経るため、作業はかなり煩雑です。その上、校正ミスが生じる危険性が多いことも否定できません。一方、デジタル・データは、そのまま点訳ソフト（EXTRA for Windows ver.4）で変換できるので、便利ですし、ミスも少なくなります（点訳マニュアルのⅡ-1）。EXTRAを起動すると、三分割された画面が表示されます（図Ⅳ-7）。画面のメニューバーを操作して、目的のファイルを読み込むと、同時に点訳処理

図Ⅳ-7　EXTRAの画面

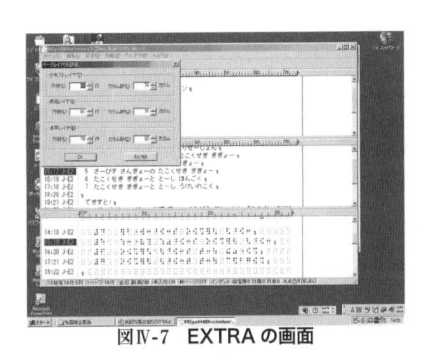

されて、上の画面から、①読み込んだ墨字のデータ（書式なし）、②墨字を分かち書きにした点訳用の文書データ、そして③点字が表示されます。校正では、①の画面を原稿と比較して、修正・削除・補足します。ついで②の画面で分かち書きの適否や、単語の途中での改行の有無等を確認・訂正します。

私たちが使っていた点字プリンタでは両面印刷も可能なので、まず、片面印刷か両面印刷かを決定します。③の点字画面で、単語の途中での改行等を確認・訂正します。表等も、ここでレイアウトを調整します。その後、ファイル名を付けて保存し、プリンタを設定して印刷します（点訳マニュアルのⅥ-1参照）。

印刷時も配慮が必要です。

図表について

簡単な図やグラフは、点図エディタ（Braille Figure）というソフトで作成できます。この図は点字も入力できるのでわかりやすいのですが、複雑な図の作成は困難です。また、図が巨大になりがちで、授業中での扱いが難しくなるので、点図エディタで作成した図を貼り合わせるのはA四判で四枚までと決め

第4章　教材点訳のシステムについて

図Ⅳ-8 視覚障がい者用地球儀と点字でできたアラスカの地図
（国立民族学博物館「さわる文字さわる世界」展から）

ました。一方、通常の図やグラフは点図エディタでも作成が困難です。また、写真については適切な方法はありません。したがって、レジュメに図やグラフが出てきた場合、基本的に文章で説明することになります。

なお、授業中にサポートしてくれる学生がいる場合、「レーズライター」という薄紙をボールペンでひっかき、その浮き上がった線で図形を示すという方法をとることもありました。誰でも速記できるし、わかりやすいのですが、文字（点字）を入れることができません。写真も、サポーターが口頭で説明するほかはありませんでした。

表についても同様に作成上の問題があります。表Ⅳ-1に示すように、各セルに仮記号を付け、そのセル毎の内容を別途文章で説明するため、多大な時間と手間を要します。また、横長の表はしばしば紙をはみ出すなど、表記に苦労しました。

まとめ

これまで述べてきたように、総合政策学部でおこなってきた点訳による学習

64

表Ⅳ-1　表を文章化する場合のセルの仮番号

A	B	C
1	B-1	C-1
2	B-2	C-2
3	B-3	C-3
4	B-4	C-4

　支援システムは、点字を読める者がまったくいない状態で、十分な準備期間もなく、手探りで進めてきたものです。点字が読めない学生スタッフ（教職員も同様ですが）に対しては、点訳マニュアルをもとに、点字の基本的な成り立ち、「墨字」（点字と比較して一般の文字をこう呼ぶ）と点字の情報伝達の表し方の違いなどをコーディネーターが説明し、「見えない人に見えている情報を伝えるには、どう表したらよいか？」を念頭において、作業をしていただきました。

　学生スタッフは、これまで点字を使う全盲学生と関わりを持つこと自体がほとんど稀であり、こうした自覚を持つこともまずなかったと思います。したがって、まず「盲者はどんなふうに外界からの刺激を認知・理解しているのか？」という感覚を理解することが重要になってきます。一方で、利用学生に渡す点字がはたして適切に翻訳されたものかどうか、一〇〇％の保証を約束することはできなかったことも認めなければなりません。このように「点字がまったく読めない」状態でのサポートは、学生・教職員スタッフにとって不安が残り、望ましいものではありません。この対策としては、点字の養成講座等を開設して学生スタッフを充実するとともに、点字がわかる教職員スタッフの採用等が必要でしょう。

第4章　教材点訳のシステムについて

その一方で、現行システムは、全面的に点訳ソフトに依存しながらも、全盲学生の履修授業（週二〇コマ）の教材すべてを点訳することを目標に、①点字を読めない者でもすぐにできる、②量がこなせる、③継続サポート可能な作業負担であった、という点で現実的な対応であったという評価は下せるかもしれません。

column 5　点訳スタッフの立場から

　私は、点訳サポートを始めるまで視覚障害の方に会ったことすらありませんでした。もちろん私は点字を読むことができないので、利用学生の方（以下、Aさんと呼びます）にとって読みやすい点字資料に校正するのは難しく、思わぬことで、自分では良いと思っていたことが、利用学生にとって読みにくい結果になることも度々ありました。

　たとえば、A4判1枚分の資料を点字印刷すると、内容にもよりますが、「墨字」原稿の約3～4倍になります。講義の中には、文献をほぼ一冊分使うこともありますが、点字印刷では膨大な量になってしまうのです。そうなると、目が見える者にとっては簡単な、ページを探す作業も、容易なことではありません。

　始めた頃は、講師の方が「…ページを開いて」と言っても、点字資料では何ページ目にあるのか、すぐに探しだすことが困難でした。もちろん、点字資料には「日本語資料のページの変わり目」とページ数が記載されています。しかし、それは文章中に記るされているだけなので、Aさんはパッと必要なページを開けないのです。私がこれに気づいたのは、実は、Aさんと同じ講義を受けていた時です。PCに向かって点訳しているだけでは不十分で、利用学生の声を聞くことこそが、あたりまえながら、一番重要なことだと感じます。

　同様の問題は、点図ソフトで作図する際にも経験しました。たとえば、散布図を描くため、ソフトで一つ一つの点を画面に散らせて、どのように広がっていくのかを表現しようとしました。しかし、Aさんは点を一つ一つ読んで、まずその点が文字なのか、それとも図なのか判断しなければなりません。もし図であったら、一つ一つの点をすべて触り終えて初めて、図だと判断して、その全体像を把握するのです。そのために点図は一見わかりやすいようでも、実は理解しづらいのです。また、何枚もの紙を貼りあわせた大きな図は、講義中に机の上に広げようとしても困難なことも、Aさんと話して初めて気づかされたことです。

　思い込みで作業をすることがいかに危険なことか、そして自分がそれに気づきもしていなかった、そんなことがたくさんありました。数だけこなしていれば、作業に慣れることはできるかもしれません。しかし、当然、それは利用学生の方に適したものになるとは限りません。利用学生とサポートスタッフとの交流、反省の機会を設けること、つまりコミュニケーションが大事なのだとつくづく感じます。私たちのサポートの内容も、利用学生とコーディネーターの方々、そして私たちサポートスタッフとの連係を通じて、反省すべき点は多いものの、少しずつ良いものに改良されていったのではないかと思います。同時に、私自身も学生生活の中でとても大事な、新しい体験ができて、自分にとっても成長する機会であったと感じます。

　　　　　　　　　初山仁美（総合政策学部学生・点訳サポートスタッフ）

最後に

これからの学習支援に向けて —— 取り組むべき課題

全国の流れ ── 他大学での活動

広島大学で障害がある学生への支援にたずさわっている佐野（藤田）・吉原（二〇〇四）は、高等教育のユニバーサルデザイン化について「すべての人間がその能力に応じて等しく教育を受ける機会を保障するために、多様な学生を受け入れ、誰にとっても学びやすい情報、および物理的・社会（制度）的・心理的なバリアフリーの就学環境を構築する」と指摘しています。現在、日本の大学においても、急速な流れとなっている高等教育における授業保障は、先述したような「大学環境のあるべき姿」あるいは「人権意識に基づいた改革」にもとづくものであればと思わざるにはいられません。その一方で、昨今、一般社会からの大学への評価は急速に変化しつつあるようですが（たとえば、古沢、二〇〇一等）、こうした「学習支援」が外部評価基準の一つとして取り上げられるような状況になっていくことも予想されます。

一九九〇年代以降、それぞれの大学はさまざまな道筋をたどりながら、独自の路線を歩んできたようです。たとえば同志社大学では、一九七五年度に教務

課に点訳担当者を配置、一九八六-九八年に視覚障がい者用PC機器等を整備、二〇〇〇年から「障がい学生支援制度」をスタートさせましたが、制度的な問題が必ずしも整備されないままであったようです（たとえば、ボランティアは登録制度のみで、養成やコーディネート等は整備されていませんでした）。それが、二〇〇三年度、支援制度の抜本的な見直しがおこなわれ、有償ボランティア（アシスタントスタッフ）制度を整備したのです（秋山・亀井、二〇〇四）。現在は、有償支援としてはノートテイカー（手書きの要約筆記）、パソコン通訳（IP talkを用いたPCノートテイク）、手話通訳、ならびにそのコーディネート等が、無償ボランティアとしてはビデオ字幕付け、ガイドヘルプ、朗読、テキスト・ファイル文字校正、代筆・代読等があります（同志社大学学生課、二〇〇四）。

また、立教大学では一九九四年、事務組織を中心に「身体しょうがいしゃ支援ネットワーク」が発足。入学試験から就職活動・卒業までをカバーしています。主な支援は、①点訳補助（外部機関への取り次ぎ）、②対面朗読、③ノートテイク（要約筆記）、④パソコン通訳、⑤四肢障がい者のための移動介助、⑥その他（e-ラーニング等）があげられています。

広島大学でも、一九九七年の教養教育の全学実施にともなう改革の一環として、障がい学生支援が本格化しました。全盲・高度難聴の学生が同時に入学したのを契機に、二〇〇〇年より入学前から卒業にいたる全学的支援システムを構築しています（佐野・吉原、二〇〇四）。さらに、そのシステムの特徴は、①情報の提供・交換のネットワーク、②リスク・マネジメント（とくに早めの準備を心がけるタイム・マネジメント）、③学部間をまたがるチームワークシステムの存在です。こうした活動ならびにボランティア学生の育成の拠点としては、総合科学部に「ボランティア活動室」が設けられ、システム全体の運営のコアとなっているようです。

各大学の対応を比較すると、いくつか傾向が存在するようです。まず、規模が大きい総合大学では学部間の壁が高く、学習支援活動のネックになるきらいがあるように思われます。とくに、キャンパスが複数に分かれている場合も、円滑な運営に支障をきたすことがいなめません。かえって小規模校において、トップ・マネジメントの判断で迅速な対応ができたと思われるケースもありました（大阪女学院短期大学でのヒアリング）。さらに立地条件（都心部では、学外からのボランティアを受け入れやすい）、内部条件（障がい者教育等をカ

73　最後に　これからの学習支援に向けて

バーする部局、あるいは教員が存在する）等によってさまざまな状況に分かれます。同志社大学や広島大学の例では、全学的保障システムの整備について、①システム・人員・機材・財政的基盤と同時に、②システム全体を動かすコーディネート・システムが重要であることを示しています。とくに、広島大学は積極的にユニバーサルデザイン化を進めていますが、その中心として、教養的教育を担当している総合科学部に「ボランティア活動室」を設置して、全体を統括するシステムを構築しています。日本の大学教育からいったん排除されかけた「教養系課程」が、こうした運用システムのコアとして働いていることは、大学の教学システムの今後を見直す意味でも重要かもしれません。

解決すべき諸問題

さて、障害がある学生への学習支援では、現在でも多くの問題が残されていますが、我々のささやかな活動からも、多くの課題が浮かび上がってきました。

まず、あらためて感じるのは、授業の種類ごとに、異なるサポートが要求されることです。とくに、基礎演習や研究演習等のディスカッションでは、複数

74

の発話がかわされるため、通常のスタイルでは対応しきれません。このように、授業内容と障害の種類・程度にあわせてきめ細かな対応が必要と思われます。したがって、全学的なシステム整備も重要ですが、同時に個々の障がい学生の実状に対応したサポートの手配をおこなう体制作りも欠かすことはできず、大学＝学部相互のデュアル・システムの円滑な運用が必要です。さらに、教員も、サポートシステムが完備されれば、それでよしとするわけではなく、目の前の障がい学生に対応する教育（それは必然的に一般の学生に対するFDの向上にもなるはずです）をめざすように努力すべきかもしれません。もちろん、効率性を求めて、使用した教材等をアーカイブ化して、大学内で共通に再利用できるようなシステム作りも今後必要になってくると思われます。

教育法の観点からも、対応すべき課題が多いようです。たとえば英語コミュニケーションの授業で、聴覚障害の方のリスニングにノートテイクを使うのは基本的に問題があるでしょう。そうすると、代替として英語のリップ・リーディングをあてるべきか、あるいは英米の手話をあてるべきか（実は英国と米国では手話が異なるそうですが）、考えなくてはいけないかもしれません。このような諸問題は、先行する他大学（愛媛大学、四国学院大学、仙台大学、長野大

学、日本福祉大学）等ともほぼ共通するようです（日本学生支援機構、二〇〇四）。

学生スタッフについても、学年が進行すると卒業・就職活動等で活動できなくなる者が多くなります。このため、スタッフ確保や、サポートスキルの蓄積・伝承のシステムを整備する必要があります。この「組織の維持」と「スキルの継承」をいかにスムーズに、かつ学生スタッフに過度の負担をともなわず実現させるかが、一つのカギになりそうです。

その一方で「学習支援」が、大学に関与するさまざまなステークホルダー（教員、職員、学生等）にもたらす効果として、以下のような諸項目があげられるでしょう。

(1) すでに何度も繰り返していますが、障がい学生への対応の結果、一般学生に対するFD自体も向上すること等、波及効果は意外に大きいものがあると考えられます。ハンディキャップを有する者にも理解できる講義内容・教材の準備・使用機器の改善は、障害をもたない学生にとっても、その理解を十分に助けるものとなるでしょう。

(2) 情報機器の活用・開発等の面において、情報系教育の活性化につながりま

76

す。理工学部・他大学との共同研究も考えられます。このように、研究・教育方法の開発という面から、潜在的な価値が大きいと思います。

(3) とくに関西学院大学の場合、人権教育、キリスト教主義教育の見地からも、ユニバーサル化を進めることは生きた教材となるでしょう。障がい者に対する授業支援体制の整備にとどまらず、「人と人との共生」を教育理念として掲げる総合政策学部として、支援体制自体を包括的な人権教育の一環として位置づけることを目標としたいと思います。

(4) 一方で、我々学習支援スタッフも含めて、点字あるいは手話等についての基礎知識が乏しいことがあげられます。つまり、視聴覚障害がある方々が育んできた、相対的には圧倒的にマイノリティであるが、少なからぬ数の人々が使用している点字・手話文化への理解、共感こそがまず求められます。そればある意味で、異文化体験、異文化コミュニケーションであり、そしてそれは無意識のうちのマジョリティ(この文章の読者の大半を占める人たち)に自省を迫るものでなければなりません。この意味では、現在、開講している要約筆記・手話講座については、本来、少数のサポートスタッフ養成のために開かれているものですが、人権教育も含めて、単なる養成講座を超える

77　最後に　これからの学習支援に向けて

表V-1　障害者雇用促進法で定められている雇用すべき障害者の割合

民間企業（従業員56人以上）	1.80%
特殊法人、国、地方公共団体	2.10%
都道府県等の教育委員会	2.00%

　価値を持つものなのかもしれません。

　さらに将来的には、校舎・教室の整備・設計にあたって、これらの支援活動を考慮にいれたものが望ましいと思います（教室のユニバーサルデザイン化）。そして、本書では触れることができなかった四肢の不自由な学生、発達障害等の学生への対応も今後の大きな課題です。

　一方で、私達がまったく白紙の状態から出発した現状を考えると、ノウハウ等の蓄積、とくに多様な授業形態や学生からのニーズにあわせた支援方法のノウハウを蓄積するセンター的存在、それはおそらく単一の大学のレベルを超えた、地域コンソーシアム的なものが必要になってくると思います。とくに、すべての学習支援を通じて痛感するのは、専門家の不足です。各種の支援に通じた専門家の育成＋支援システムの確立こそ、たとえば社会福祉系の学部、あるいは学校教育に携わる学部、さらには情報系学部・学科に期待されることではないでしょうか。

　そしてもう一つの大きな課題は、教育を受けた障がい学生を社会におくりだしていくシステムの整備です。いわゆる「就職」です。関西学院大学では、キャリアセンターを中心に、各種の障害をもつ学生の就職活動にも適切な指導をめ

障害者雇用促進法

障がい者の雇用義務制度に基づき障がい者の雇用の促進、職業の安定をめざす法律。雇用義務制度とは、事業者に対し、障がい者雇用率に相当する人数の身体障がい者・知的障がい者の雇用を義務づけることです。障がい者の雇用に伴う事業主の経済的負担の調整を図る納付金・調整金制度、各種助成金制度もあります。また、障がい者本人に対しては、職業リハビリテーションの実施をうたっています。

そして活動してきました。その一方で、従来の大学では障害がある学生の就職活動に特別な対応をとることはほとんどありませんでした。「必要があれば相談にのる」あるいは「障害者向けの求人があれば、その情報を提供する」等の一般的対応がほとんどです。ということは、学生の自主性にまかせていたわけですが、障がい者の立場からは、その活動にさまざまな制約があることは当然です。また、受け入れに消極的な態度をとる企業があることも否定できません（日本学生支援機構のHPから、文章を一部改変）。

そうした状況に変化をもたらしたのが、障害者雇用促進法です。この法律では、事業者に対して、障がい者雇用率に相当する人数の身体障がい者・知的障がい者雇用を義務づけています。具体的には、表V-1のような比率（障害者雇用率、法定雇用率）で障害がある者を雇用することが義務づけられました。

このようにして、障がい者の方にも、雇用機会が次第に増加する傾向にあります。また、厚生労働省はハローワークの出先機関として、学生職業センター等を設けて、障害がある学生の相談に対応しています。一つの大学だけではなかなか十分な支援がおこなえない場合、こうした学外の諸機関を積極的に利用することが重要になってくるでしょう。

最後に、我々ユニバーサルデザイン教育研究センターの活動については、二〇〇四―〇五年度関西学院大学共同研究（一般研究B）「聴覚障害者に対する学習支援体制に関する研究」、二〇〇六―〇七年度「大学における視聴覚障がい者に対する学習支援スキルの開発研究」による補助をいただきました。また、同志社大学、京都精華大学、大阪女学院短期大学の職員の方々にはヒアリング等についてご協力をいただきました。また、実際の活動において、総合政策学部の教職員の方々、また数多くの学生スタッフの方々にご協力いただいています。記して、感謝の意を表したいと思います。

　　　　高畑由起夫（総合政策学部教員）
　　　　細見　和志（総合政策学部教員）
　　　　渡部　律子（総合政策学部教員）
　　　　久保田哲夫（総合政策学部教員）
　　　　窪田　　誠（総合政策学部教員）
関西学院大学総合政策学部ユニバーサルデザイン教育研究センター

井垣　伸子（総合政策学部教員）

中條　道雄（総合政策学部教員）

関西学院大学教務部キャンパス自立支援課KSCコーディネーター室

星　かおり（関西学院大学職員）

源田　信子（関西学院大学職員）

学　生

吉田　貴司（関西学院大学総合政策学部4年・PCノートテイク入力担当）

坂本季実子（関西学院大学総合政策学部4年・手書きサポート担当）

渕田　尚子（関西学院大学総合政策学部3年・利用学生）

北山　睦美（関西学院大学総合政策学部2年・字幕付け担当）

初山　仁美（関西学院大学総合政策学部4年・点訳担当）

文献およびオンライン情報

秋山なみ・亀井伸孝、2004『手話でいこう』ミネルヴァ書房。
安藤房治、2001『アメリカ障害児公教育保障史』風間書房。
同志社大学学生課、2004『障がい学生支援制度』『同スタッフ活動マニュアル』同志社大学。
古沢由紀子、2001『大学サバイバル』集英社。
京都精華大学教務課、2004『障がい学生支援の流れについて』京都精華大学。
Newell, A. F., 2004「英国の高等教育における障害のある学生の支援」佐野（藤田）眞理子・吉原正治（編）、2004『高等教育のユニバーサルデザイン化』大学教育出版、pp. 139-146。
日本の聴覚障害教育構想プロジェクト、2004『日本の聴覚障害教育構想プロジェクト（中間報告）』
佐野（藤田）眞理子・吉原正治（編）、2004『高等教育のユニバーサルデザイン化』大学教育出版。
関根千佳、2004「障害のある学生の受け入れに関する制度の国際比較」佐野（藤田）眞理子・吉原正治（編）、2004『高等教育のユニバーサルデザイン化』大学教育出版、pp. 147-156。
白澤麻弓・徳田克己、2002『聴覚障害学生サポートガイドブック』日本医療企画。
住明正、1993『地球の気候はどう決まるか？』岩波書店。
吉川あゆみ・大田晴康・広田典子・白澤麻弓、2001『大学ノートテイク入門』人間社。
立教大学身体しょうがいしゃ（学生・教職員）支援ネットワーク、2005『教職員のための身体しょうがい学生支援ガイドブック』立教大学。
当山啓、2002『改訂版　点字・点訳基本入門』産学社。

オンライン資料

国立大学協会第 3 常置委員会、2001『国立大学における身体に障害を有する者への支援等に関する実態調査報告書』
　（www.kokudaikyo.gr.jp/active/txt6-2/h13_6.html）
　（2005 年 12 月 21 日閲覧）
「長野大学障害学生サポート制度」
　（http://www.nagano.ac.jp/cumpuslife/index.html
　（2005 年 12 月 21 日閲覧）
日本学生支援機構、2004『ノートテイクによる授業保障』
　（http://www.jasso.go.jp/tokubetsu_shien/notetake.html）
　（2005 年 12 月 21 日閲覧）
「筑波技術大学ホームページ」
　http://www.tsukuba-tech.ac.jp/（2005 年 12 月 21 日閲覧）
「IPtalk」http://iptalk.hp.infoseek.co.jp/（2006 年 1 月 11 日閲覧）
「PEPNet-Japan」http://www.pepnet-j.com/（2007 年 10 月 3 日閲覧）

Ⅵ-2　電子データの点訳

　EXTRA for Windows ver.4 は、下記のファイル形式をサポートしているので、点訳は、データをインポートして、Ⅵ-1　紙媒体のデータの点訳の（2）からと同じ作業でできます（ファイル形式は省略）。

Ⅵ-3　OCR 作業の流れ（省略）

Ⅶ　点訳スタッフとしての守秘義務等

Ⅶ-1　守秘義務

　点訳スタッフは、翻訳者と同様、業務の過程において知り得た情報を第三者に漏らしてはいけないという守秘義務が課せられています。とくに、学生のプライバシーの問題にかかわることで、業務中に知ったことについて漏らしてはいけません。

Ⅶ-2　著作権

　著作権法の関係で、点訳の元原稿、原稿データ、点訳データをサポート室の外に持ち出したり、スタッフが個人的に保有することは、コピーも含めてできません。

(5) 日本語の場合は、真ん中の画面の点字用データで、漢字の読みが間違っていないか、単語の途中で改行されていないか、分かち書きが適切かを確認し、間違いがあればそこで訂正します。

(6) 次に、画面上のメニューバー「設定」の中の「ページレイアウト」をクリックし、原稿の内容によって片面印刷か両面印刷かを判断し、点字レイヤの行数を片面の場合は22行、両面の場合は18行に設定して下さい。なお、1行あたり32カラムと決まっています。

(7) 1番下の点字データ画面で、単語の途中で改行されていないかを確認し、間違いがあればそこで訂正して下さい。ここでレイアウトを調整します。

(8) 全て校正が終わったら、名前を付けて保存して下さい（これらのデータは3つとも同時に1つのファイルとして保存されます。拡張子は.exf）。

(9) 点字専用の用紙をプリンタに設定します。設定後プリンタの電源を入れて下さい。なお、用紙設定の時は必ず電源を切って下さい。

(10) 画面上のメニューバー「ファイル」の中の「点字印刷設定」をクリックし、片面印刷か両面印刷かを確認して下さい。このとき、プリンタの機種が「Dog-Multi」、プリンタ名が「Generic／Text Only」と設定されているか確認して下さい（稀に変わっていることがあります）。用紙のサイズやページレイアウトは設定済みなので、ここでは変える必要ありません（片面22行32カラム、両面18行32カラム）。

(11) メニューバー「ファイル」の中の「点字印刷」をクリックし、必要なページを印刷して下さい。

(12) 両面印刷の場合は、まず奇数ページだけが印刷され、その後裏面に偶数ページが印刷されます。用紙は手で裏返さなければなりません。その時も必ずプリンタの電源を切って下さい。

ダ内に保存します。
(19) Word を立ち上げ、保存したテキストファイルを開いて体裁を整え、プリントアウトします（印刷設定画面のプリンタ名を（14）と同じに設定する）。

Ⅵ　EXTRA での点訳作業の流れ

Ⅵ-1　紙媒体のデータの点訳

(1) OCR ソフトの e.Typist を立ち上げ、スキャナで文書原稿を取り込み、テキストデータに変換し、テキスト形式で名前を付けて保存します。
(2) 点訳ソフトの EXTRA for Windows ver.4 を立ち上げます。3 分割された画面が表示されます（図Ⅳ-7）。
(3) 画面上のメニューバー「ファイル」の中の「インポート」をクリックし（もしくは「インポートアイコン」をクリック）、先ほど名前を付けて保存したファイルを指定します。データが読み込まれ、読み込みと同時に点訳処理されます。目的とするファイル名が見当たらない場合は、「ファイルの種類」が保存したファイルの形式になっていないことがあるので、切り替えます。
(4) 画面上に、読み込んだデータ（書式なし）、点字用の文書データ（分かち書き）、点字が上から順に表示されます（図Ⅳ-7）。1番上のインポートしたデータを元原稿と比較し、不要な部分を削除したり補足しながら、文字化けや単語の途中で改行されていないかを確認し、間違いがあればそこで訂正します。
注意）点訳の場合は情報のみが必要です。文字飾りやレイアウトされていると、かえってわかりにくい場合がありますので、それらを考慮しながら校正、変更して下さい。

して下さい。
(8) BMTERMの画面はここで終了して、閉じます（ケーブルもはずしてかまいません）。
(9) BESを立ち上げ、保存したファイルを開きます。この際、開く形式を「環境」か、「ファイル」か聞かれるので、「環境」を選んで下さい。
(10) ファイルが開かれ、点字のみが現れます。ここで「F4」キーを押すとカタカナ墨字が併記されます。英語の場合は、「Shift+F4」を押すと英語に変換されます。
(11) 利用学生にファイル内容に間違いがないか、文章がすべて受信されているか確認して下さい（最初と最後の数行の文章を読み合わせる）。
(12) 閉じる時は必ず上書き保存して下さい。この時点で利用学生は教室を退出してかまいません。
(13) 英語の場合は「名前をつけて保存」からテキスト形式で保存します。Wordを開き、保存したテキストファイルを開け、体裁を整えます。
(14) Wordのプリンタの設定をクリックし、墨字用プリンタ名を指定します。
(15) 日本語の場合は一度BESファイルを閉じ、ブレイルスキャンを立ち上げ、BESファイルを開きます。
(16) 「テキスト編集」をクリックして「漢字に変換」、「スペースをとる」をクリックします。
(17) 漢字の間違いがないか文章の前後から判断し、明らかにわかる場合は訂正して下さい。不明確な場合はひらがなのままおいておきます。
(18) メニューバー「ファイル」からプルダウンし、「墨字テキストで保存」をクリックし、名前をつけて、「Volunteer」の共有フォル

(3) 日本語の場合は、漢字の間違いがないか確認します。
(4) レイアウトを整えます。
(5) ファイルからプルダウンし、「エクスポート」を押します。
(6) 保存ファイルの形式を聞いてくるので、「BES」を選択し、「Volunteer」の共有フォルダ内の該当する授業科目のフォルダへ保存します。

注意1）資料の量が膨大だったり、時間がなく、やむを得ないときは3と4の工程を省略して下さい。

注意2）テキストデータで渡して、音声読み上げソフトで読み上げることも可能です。しかし、日本語の場合は読み間違えなどが多くなり、正確には伝わらないというデメリットがあります。

V-2　ブレイルメモのデータを墨字にする方法

　授業内試験の解答・アンケートなどを提出する時にこの作業が発生する場合があります。

(1) 点字プリンタにつながっているPCを「administrator」のアカウントで立ち上げる。
(2) 利用学生のブレイルメモを立ち上げ、通信スピードを9600に設定してもらう。
(3) 利用学生のブレイルメモとPCを9ピンクロスケーブルでつなぐ。
(4) PCのスタートメニューから「BMTERM」のアイコンをクリックする（接続できていればデータ受信、送信等の選択画面が表示される。通信不良ならエラーメッセージがでる）。
(5) 「受信」をクリックすると、ブレイルメモの中の情報がすべて見ることができます（番号順、あいうえお順に並んでいる）。
(6) 受信するファイルデータをクリックして下さい。
(7) 保存の場所、保存ファイル形式を聞いてくるので、とりあえず「Volunteer」の共有フォルダ内にBES形式で名前をつけて保存

区切って下さい。基本的には、「ね」とか「さ」を入れて、自然な文章になるようにして下さい。また、「ね」等の箇所をスペースにして下さい。

例：「学期末の試験はあと1週間後に迫った」は下記のように読んで、(ね)のところをスペースにする。

→「がっきまつの(ね)しけんわ(ね)あと(ね)1しゅーかんごに(ね)せまった(んだよ)」

参考)「と」を接続詞として使う時は、自立語なので区切る。

例)「あたりわ　しずまりかえった。と、とつぜん・・・」

(2) 自立語内部に自立可能な成分があれば区切って下さい（「自立語内部の切れ続き」という）。基本的に、2拍以下の語は続け、3拍以上の語は区切ります。但し、漢字2文字の語は2拍でも区切るものが多いようです。

例：　「総理大臣」→「そーり　だいじん」
　　　「都市国家」→「とし　こっか」
注)　「総理府」「副総理」などは区切らない
例外)「総理府令」→「そーりふ　れい」

V　デジタル・データの受け渡しにおける注意事項

　資料の量があまりにも膨大な時は、点字で印刷したものは持ち運びにくいので、デジタル・データで渡します。「BES」という点字ファイル形式にすると、ブレイルメモで読めるので大変便利です。

V-1　BES形式にするには
(1) 原稿のデータがないときはOCRで読み取り、校正します。
(2) EXTRAを立ち上げ、原稿データをインポートします。

いところで、改行しなおして下さい。
(2) 単語の途中で改行しないで下さい。
(3) 日本語は、特に漢字の読み方に間違いがあるので、注意して下さい。特に人名に関しては読み方のチェックを必ずおこなって下さい。わからないものは必ず自分で調べるか、キャンパス自立支援課スタッフへ確認することをお願いします。その場でわからない専門用語等は、各担当教員へ問い合わせます。
(4) 英語で、ハイフンで改行して続けてある単語は、ハイフンを削除してつなげて下さい。
(5) ローマ数字は、英語と同じ表記でわかりにくいので、文章の内容に差し支えなければアラビア数字に変えて下さい。
(6) 2重括弧など特殊な記号は、意味上で支障なければ、削除したり、括弧や違う文字に変えて下さい（2重括弧等は4カラム、特殊記号は6カラム等と不要にスペースをとるため）。
(7) 英語の点字も墨字と同じく「,」（カンマ）の後は1スペース開けますが、「'」（アポストロフィー）の後や「,」（カンマ）、「.」（ピリオド）の前にスペースを開けないで下さい（EXTRAでは文章をインポートした時にスペースが挿入される場合があるので、必ず削除するように注意して下さい）。

注意) 下線、太字、イタリック体などを示す点字は存在しますが、6点入力ができないと打てません。また、挿入するには点字が読めないとできないので、間違いを避けるため使用していません。

Ⅳ 分かち書きに関するルール

(1) 自立語の前は区切り、付属語は前に続けて下さい。仮名点字では、意味を把握しやすいように、適当な所でスペースを入れて文章を

Ⅲ-5　図表等の場合
(1) まず、表のタイトルの番号にハイフンがある場合、点字ではアンダーバーを用いて下さい。それから、表Ⅳ－1に示すように、各セルに仮記号を付けて、そのセル毎に書かれた内容を別途文章で説明して下さい。
(2) 図・グラフ・写真などの場合ですが、
　　① 図・グラフ・写真などは内容によっては、文章で説明することになります。
　　② 簡単な図及びグラフは、レーズライターを用いると誰でも速記できるし、分かり易いのですが、文字（点字）を入れることができません（レーズライターとは、薄紙にボールペンでひっかくと、ひっかいたところが立体的に浮き上がることで図形を示すもの）。
　　③ 簡単な図及びグラフは点図エディタ（Braille Figure）で作成すると、文字も挿入できてわかりやすいようです。
注意）点図エディタで作成したものに関して、張り合わせ可能ページは合計4枚までとする。
参考）プロに頼むと立体コピーで作成してくれますが、経費がかなり高くなります（1枚数千円）。
(3) 線の使い分けですが、以下のように打つと線の表記になります。
　　実　線　　ううううううううう
　　点　線　　あああああああああ
　　中太線　　れれれれれれれれれ
　　太　線　　めめめめめめめめめ

Ⅲ-6　校正上の注意
(1) 提出されたデータやスキャンしたデータは、原文のレイアウト上、文章に改行が入っています。校正時に削除し、意味の区切りの良

Ⅲ-4　箇条書き・下線・記号等
(1) 文頭に来る箇条書きの括弧（　）については以下のようにして下さい。なお、□は1カラムをあらわします。
英語の場合は括弧の前後に1カラム空けて下さい。
　　例：(1) Abcde　　　　→　　　　□ (1) □ Abcde
日本語の場合は括弧の前後に2カラム空けて下さい。
　　例：(1) あいうえお　　　→　　　　□□ (1) □□あいうえお
(2) 文中の（　）に関しては、日本語も英語も括弧前のスペースは不要ですが、閉じ括弧の後には1カラムが必要です（分かち書きの関係で自然に入る）。しかし、閉じ括弧の後に「を」、「に」、「で」のような助詞がきた場合は、スペースを入れずに続けて下さい。
　　例：あいうえお（　）を、かきくけこ
　　　→あいうえお（　）を、□かきくけこ
(3) 文頭にくる中点・は不要です。主に使われている例としては、箇条書きの際に文頭に用いられる事が多いのですが、2カラム空けて頭をそろえておけば、箇条書きだとわかるので不要です。
　　例：　・あいうえお　　　→　　　□□あいうえお
(4) 文頭など箇条書きのコロン（：）やセミコロン（；）は不要です。
　　例：TASK1：Abcde のような場合は、「：」は必要なし。
(5) 下線は決まり記号に置き換えて下さい　　→□（記号「」）□
　　例1：あい<u>うえ</u>お　　　→　　　あい□（1「うえ」）□お　　とする。
　　　　　　　1
　　例2：<u>The managers</u> inform, issued <u>weekly</u>, is <u>helpful</u>.
　　　　　　　　A　　　　　　　　　　　　B　　　　　C
　　→　□□(A「The managers」)□inform,□issued□(B「weekly」),□is□(C「helpful」). とする。

　　　　場合「1～2」というように記入します)。

　　　　四行目：ここからルールにそって見出しや本文に入ります。

注意) EXTRA では、点字のページ数は自動的にヘッダーに入るように設定されています。

(3) タイトルのレイアウトですが、

　　大見出し（タイトル）：8 カラム空けます。

　　中見出し（章）：6 カラム空けます。

　　小見出し：4 カラム空けます。

(4)（点字画面で）見出し（タイトル）が二行に渡る時は、最初の行より 1 カラム下げて続けて下さい。

　　大見出し：8 カラム空けてタイトルを入れ、2 行目にかかる時は 9 カラム空けて続けて下さい。

　　中見出し：6 カラム空けてタイトルを入れ、2 行目にかかる時は 7 カラム空けて続けて下さい。

注意) 大見出し、中見出しと続く場合、それぞれの間に 1 行のスペースを空ける必要はありません。

Ⅲ-3　ページの付け方

(1) 原本のページ表示については、2 枚目からデータのページ数は、通常必ず 2 カラム空けて一番左上に入れて下さい（途中には入れない）。数字だけで P は不要です。複数になる場合は、「1～2」と記入して下さい。

(2) 原本がパワーポイントの場合は、ページを左上に入れるのはもちろんの事ですが、途中ページが代わる毎に 1 行空け、その次の行の文頭から 2 カラムを空けて、数字のみ記入して下さい。次の本文との間は 1 行空けなくてもかまいません（なお、ページとページの間は 1 行空けて下さい）。

Ⅲ　点訳校正の注意（Aさんサポート用のローカル・ルールも含む）

Ⅲ-1　点字の基本構成
(1) 点字は、6点で1カラム（1文字）を構成します（図Ⅳ-4を参照）。
(2) 文字の全角・半角の区別はありません。
(3) 点字は、もともとアルファベットから発明され、英語の点字は、1アルファベット1カラムで表す「Grade1」と、頻繁に使用する単語を略字化した「Grade2」があり、一般的に大学で学ぶレベルの人は後者を修得しています。Aさんも後者を使用しています。
(4) 数字、英語、英語の大文字を表すには、文節の初めにそれらを表す記号が入ります。したがって、基本的に6つの点で日本語、数字、英語、大文字、小文字を表すことになります。
(5) 日本語点字には、漢字がありません。従って、すべてひらがな（カタカナ）で表記します。しかも、音で表記するため、長音を表す「う」は「ー」、私は「は」は「わ」、そこへの「へ」は「え」などと特殊な表記をします。
(6) また、読みやすいように文節ごとにスペースを入れますが、これを「分かち書き」と呼びます。

Ⅲ-2　印刷・見出しレイアウト
(1) 基本的に、文章は両面印刷、図表は片面で印刷します。ページレイアウトについては、両面時は18行に、片面時は22行に設定します。
(2) 授業名、日付の入れ方ですが、
一行目：8カラム空けて授業名を入れます。
二行目：8カラム空けて日付　同じ行に2カラム空けて授業回数を入れます。
三行目：原本のページ（数字だけでPは不要です。複数になる

に合いそうにない時は1回の校正でよい)。校正・印刷をしたら、そのチェック欄に自分の名前を記入して下さい。印刷までできていない場合は、「新しいレジュメ・校正中」の箱の中に原稿があるはずなので、続きの校正をして下さい(具体的な校正方法はⅥ. EXTRA での点訳作業の流れを参照)。

(4) 印刷を終えたら、1枚ずつ切り離し、ホッチキスで左綴じにするか、紐で綴じて下さい。

(5) 授業名や資料名を点訳の一番上に必ず記入して下さい。

(6) 119号室(UD 教育研究センター)の棚にある授業ごとの箱に入れて下さい。

(7) 点訳・校正・印刷の終了したデータ及び原稿データは、共有ドライブの「0特別対応授業準備」フォルダ内の、「Aさん06秋」内の各授業名フォルダへ移動して下さい。

(8) 校正は済んだが、印刷が済んでいないファイルは共有ドライブの「校正済み」フォルダへ入れておいて下さい。印刷が済んだら7の作業(各授業名フォルダへ移動)をして下さい。

(9) 点訳を終えた紙原稿は、「印刷済み」の箱に入れて下さい。

Ⅱ-3 引継ぎのノート

(1) 授業ごとに作業の引継ぎ書があります。授業ごとに、1つのファイルに仕切られています。校正途中のものがあれば、引継ぎ内容を書いて作業を終えて下さい(このノートをもとに作業の引継ぎをおこなうので、必ず記入して下さい)。

Appendix 3

点訳マニュアル

（2006年度秋学期用；内容の一部は省略あるいは改編）

I　キャンパス自立支援課の部屋の構成・決まりごと（略）

II　点訳サポートの流れ・決まりごと

II-1　配布資料の入手（キャンパス自立支援課）
(1) 授業担当者から配布資料をデジタル・データ、もしくは紙媒体でキャンパス自立支援課が入手します。
(2) デジタル・データの場合は、点訳サポート用のPCに移動します。「Volunteer」という共有フォルダには、2006年度利用学生の履修している各授業名のフォルダがあり、それぞれデータを入れておきます。
(3) 配布資料原稿（紙媒体）は、キャンパス自立支援課の「新しいレジュメ・校正中」の箱に入れておきます。

II-2　点訳の流れ（サポートスタッフ用）
(1) キャンパス自立支援課の部屋にあるデスクトップのPCをたちあげ、IDとパスワードでログインします。
(2) PCの前の壁に貼ってある「Aさん（2006年度利用学生の仮名）時間割・作業工程表」を見て、次の授業分の点訳ができているか、必ず確認をして下さい。
(3) 作業工程表内の左に「○」があれば、資料があることを示します。点訳の校正は2回、別の人が行なうようにして下さい（授業に間

（点字による複製等）
第37条　公表された著作物は、点字により複製することができる。
2　公表された著作物については、電子計算機を用いて点字を処理する方式により、記録媒体に記録し、又は公衆送信（放送又は有線放送を除き、自動公衆送信の場合にあつては送信可能化を含む。）を行うことができる。
3　点字図書館その他の視覚障害者の福祉の増進を目的とする施設で政令で定めるものにおいては、専ら視覚障害者向けの貸出しの用に供するために、公表された著作物を録音することができる。
（平12法56・1項一部改正2項追加3項一部改正）

（聴覚障害者のための自動公衆送信）
第37条の2　聴覚障害者の福祉の増進を目的とする事業を行う者で政令で定めるものは、放送され、又は有線放送される著作物について、専ら聴覚障害者の用に供するために、当該著作物に係る音声を文字にしてする自動公衆送信（送信可能化のうち、公衆の用に供されている電気通信回線に接続している自動公衆送信装置に情報を入力することによるものを含む。）を行うことができる。（平12法56・追加）

Appendix 2

著作権法

(本書に関係する第35条と第37条を抜粋)

(学校その他の教育機関における複製等)

第35条　学校その他の教育機関※1（営利を目的として設置されているものを除く。）において教育を担任する者及び授業を受ける者は、その授業の過程における使用に供することを目的とする場合には、必要と認められる限度において、公表された著作物を複製することができる。ただし、当該著作物の種類及び用途並びにその複製の部数及び態様に照らし著作権者の利益を不当に害することとなる場合は、この限りでない。

2　公表された著作物については、前項の教育機関における授業の過程において、当該授業を直接受ける者に対して当該著作物をその原作品若しくは複製物を提供し、若しくは提示して利用する場合又は当該著作物を第38条第1項の規定により上演し、演奏し、上映し、若しくは口述して利用する場合には、当該授業が行われる場所以外の場所において当該授業を同時に受ける者に対して公衆送信（自動公衆送信の場合にあっては、送信可能化を含む。）を行うことができる。ただし、当該著作物の種類及び用途並びに当該公衆送信の態様に照らし著作権者の利益を不当に害することとなる場合は、この限りでない。

※1　構造改革特別区域法（平成14年法律第189号）第12条第2項に規定する学校設置会社の設置する学校を含む。

　（平15法85・見出し1項一部改正2項追加）

2　PCノートテイクの基本的スキル

　PCノートテイクは筆記ノートテイクより、単位時間あたりの文字数が増えますが、しかし全発声の記録は困難です。したがって、早く・正しく・読みやすく書くためには以下の原則を心掛けて下さい。

①必ずしも必要でない敬語、丁寧語等は文末にそのまま書かず、省略する。

②「　」、（　）、？等の記号をうまく利用する。

③画数が多い漢字は略字やカタカナを使う。とくにわからない人名や地名、あるいは用語がでたら、カタカナ表記に統一して下さい。

④使用頻度が高い用語は略称／記号を使う（使う場合は、事前に、利用学生と相談して決めて下さい）。

⑤PCノートテイクでは単語登録をしておくことを薦めます。

⑥一つの段落を長く書くと、障がい学生が読みにくくなる傾向があります。段落はきりのよいところで、数行で短く切って下さい。

（一部略）

3　手書きサポートのスキル

①位置：筆記では、障がい学生から見やすい位置に紙を置いて下さい。その際、腕等で文字等が見えなくならないようにご注意下さい。

②用紙にページ番号を付ける：また、用紙の右肩に通し番号をふる等、工夫して下さい。

③文字の大きさ等も配慮して下さい。先生が強調した部分や、「試験に出る」等の部分は、赤ペンで下線を引いたり、「試験に出る」と書く等、情報を追加して下さい。

④板書等の際に、利用学生が理解しにくいことがあれば（先生が言葉で説明しながら板書する場合、あるいは説明がわかりにくい場合）、適宜、メモで説明するようにして下さい。

（以下、略）

筆記した紙は、利用学生が希望する場合は、渡して下さい。利用学生が持ち帰りを希望しない場合は、破棄して下さい（個人的に保管しないで下さい）。

5　守秘義務

　（前述しましたが）ノートテイカーは、医師やカウンセラーと同様、職業上知り得た情報を第3者に漏らしてはいけないという守秘義務が課せられています。とくに、利用学生のプライバシーの問題にかかわりますので、作業中に知ったことについて漏らしてはいけません。

V　ノートテイクのスキル

1　（手書きの要約筆記も含めた）一般的な注意

　正しく書くためにはまず講義のテーマをとらえることが重要です。どんなテーマについての講義なのかを念頭におきながら、講師が何を言いたいのかをつかんで下さい。具体的には、

①5W1H（いつ、どこで、誰が、なぜ、何を、どうやって）をつかむ。
②教科書やハンドアウトに目を通して講義の流れや専門用語を頭に入れておく。
③特に、固有名詞などはとっさに思い出せないこともありますので、ご注意下さい。

　基本的に、自分の入力／筆記速度の範囲内で的確に構文化された意味が通る文章を伝えることが、技術的な目標となります。

て下さい。筆記用具はご自分のものをご使用下さい。

Ⅳ　ノートテイク時のルール

1　通訳者に徹して下さい

　ノートテイカーは通訳者であって、受講生ではありません。したがって、講師もしくは（グループ・ディスカッション等で）他学生から意見を求められるようなことがあっても断って、講義に参加しないで下さい。ただし、同時履修者の方はこの限りではありません。

2　連絡なしの欠席等の場合

　講義開始後30分たっても、利用学生が連絡なしに欠席している場合は、ノートテイカーの方は退席してかまいません。この場合は事務室に連絡して下さい。また待っている間の講義内容をノートテイクする必要はありません。

3　居眠り等の場合

　講義中利用学生が居眠りや授業に関係のないことをしている時は、ノートテイクをする必要はありません。

4　データ（通訳データ）

　（前述しましたが）通訳データについては、(同時履修の方を除いて）ファイルを自分用（あるいは他の学生用に）コピーすることは厳禁です。授業終了後、PCのデスクトップに保存して下さい。それから、利用学生の方から、通訳内容を保存するためのUSBフラッシュメモリー等を受け取って、コピーの上、利用学生にお返し下さい。同時履修の方は、ご自分用に保存されてかまいません。

(2) PC ノートテイクの場合、セッティングに時間が必要です。休み時間に教室を移動する時にセッティングに時間をかけることができない場合が多いので、コンセントや席の確保などについて確認しておいて下さい。主なチェック項目として以下があげられますが、とくに画面の設定などについては、利用する学生の方と充分に打ち合わせて下さい。

 ① 教室の場所と待ち合わせの確認
 ② 席の確保と机の広さ
 ③ 電源の位置の確認と延長コード・延長ケーブルの必要性
 ④ (利用学生が) 見やすく疲れない画面の角度と輝度
 ⑤ (利用学生が) 見やすく疲れない書体、サイズ、文字色
 ⑥ 一行当たりの文字数
 ⑦ 1画面当たりの行数
 ⑧ 段落の長さ(行数)

フォントや行間設定、文体について、利用学生に質問して、できるだけ統一して下さい。

例えば、今学期に利用予定のAさん(仮名)は、明朝体、12サイズを希望しています。一方、同じく利用予定のBさん(仮名)は、ゴシック、16サイズ、太字を希望しています。なお、16サイズですと、ページ設定で用紙を横置きにしないと、すぐ改行することになるので、ご注意下さい。また、語尾を「～です、ます」「～である」のどちらを使うかも、利用学生の方に尋ねて、統一して下さい。

事前準備としてPCをセットする場合、周囲の人がケーブルや電源コードにひっかかる可能性についてご注意下さい。

(3) 消耗品

手書きサポートに使用するPC用紙は、事務室入口付近に置いてあります。手書きサポーターは、授業前に事務室から取っていっ

が複雑なため、利用学生の方がモニターと板書の双方をフォローできない場合が出てくることがあります。このようなケースでは、利用学生の便宜を優先して、板書の内容をわかりやすい形で書いてあげて下さい。

3　配置等
　PCノートテイカーは、利用学生から少し離れて、互いに交替しやすい位置に座って下さい。交替はだいたい15分をめどに、お願いします。
　手書きサポーターは、利用学生の隣に座って下さい。右利きの方は、利用学生の右横にすわって下さい。左利きの場合は、左側に座って下さい。その際、利き手以外の腕で字や図表が隠れないように気をつけて下さい。また、筆記作業においては、用紙の使い方や文字の大きさなどを再度確認し、可能な限り利用学生のニーズにこたえられるよう努めて下さい。とくに、利用学生から見やすい位置に用紙を斜めに向けるなど、腕等で紙が見えないということがないように、気を付けて下さい。
　手書きサポートの実際の作業では、まず用紙の右肩に通し番号を付けて下さい。先生が強調した部分や試験に出るといった部分は、赤ペンで下線を引いたり、「試験に出る」と書くなど目立つようにして下さい。

4　事前準備
(1) 機器類は、事務室においてある場合と、前の授業で使用したセットを移動する場合があります(下記参照)。その日の機器類の配置・移動について、あらかじめフロー・チャートを用意いたしますが、ノートテイカーの皆様にも、前の時間帯での機器の使用状況などを事前に確認の上、準備に支障がないようにお願いします。

Ⅲ　ノートテイクの実際

1　基本的な方法とチーム構成

　総合政策学部では、PC ノートテイクと手書きサポートの組み合わせという方法をとっています。まず、入力用の PC と表示用のモニター各1台を用意して、ノートテイカー2名が交替制で入力した文章をケーブルでモニターに出力します。さらに、手書きサポーター1名がそれを補足します。したがって、計3名（PC ノートテイカー2名と手書きサポーター1名）がチームを作ります。もっとも、授業内容や、利用学生の希望によってこれより少なくなる場合もあります。

2　ノートテイクの方法

　PC ノートテイクでは、筆記に比べて、①多くの情報をリアルタイムで伝えられる（筆記（毎分約70文字）と比較して、毎分100〜180文字打てる）。②情報をコンパクトな媒体に記録できる。③情報を容易に加工できる、などの特徴があります。PC 入力は15分で交替して下さい。

　一方、PC ノートテイクだけでは、モニター画面に先生の音声のみがうつしだされるため、例えば、レジュメや板書と見比べることに困難さを感じるようです。そのため、筆記によるサポートによって、PC では伝えにくい図表、あるいは数学の式等の情報を伝えます。

　理想としては、余分なところや雑談なども含めての全文筆記が目標です。聴覚障害の方は授業内容だけではなく、「他の人がなぜ、ここで笑ったのか？」などの付加的な情報も把握できないことが多いためです。しかしながら、タイピングが追いつかない場合などは、正確な情報を正しくつたえることを優先させて、適宜要約して下さい。

　なお、板書ですが、利用学生本人が板書を書くのが基本で、PC ノートテイクの必要はありません。しかし、講義によっては、板書の図表

業の履修を同時にはできないことを原則とします。ただし、例えば3年次以降の授業等では、ノートテイカーの確保が困難な場合があります。このようなケースでは同時履修を可能とします。したがって、以下の優先順位で調整することになります。

① 当該科目の既習者
② 当該科目を既習していないが、履修していない方
③ 同時履修者

3　スタッフとしてのノートテイカーの留意点

(1) スタッフ登録後、メーリング・リストを整備します。障がい学生やスタッフの方々は、急用や急病等、緊急の際にご利用下さい。

(2) 担当スタッフは科目について責任をもって通訳して下さい。万一、当日に何らかの事情で欠席（早退／遅刻）する場合は、必ず事務室まで連絡して下さい。

　とくに1限の授業の場合は、代替者を見つけるのは非常に困難なことが多いので、スタッフの方々はご担当の科目について、午前中の授業に支障が起きる場合は、できるだけ早め（できれば前日）にご連絡いただければ幸いです。

　なお、事務室の方で可能な限り、代替者を探しますが、そうした場合には、スタッフの皆さんの積極的な反応をお願いします。

(3) 通訳内容および守秘義務

　ノートテイカーが、通訳内容のデータを個人的に保有することはできません（詳しくは後述）。筆記のメモの場合は、利用学生が必要としない場合は、各自の責任のもとに破棄して下さい（第3者の学生への譲渡等は厳禁です）。

する学生（以下、利用学生と略）に伝える通訳のことです。そこでは、聴覚障がい者の耳の代わりをする同時通訳であると同時に、雑談もほかの生徒とのやりとりもきちんと書くのが理想的です。

II　ノートテイカー（ボランティア）スタッフについて

1　ノートテイカーの募集・資格

　ノートテイカーについては、他の学習支援ボランティアと同様に、各学期の開始前に募集をおこないます。その際、どの種類のボランティアに応じるのか、事前に登録していただきます。利用を希望される学生の方には、学期開始前に履修希望をご提出いただき、登録スタッフの中から、相互の時間的な都合などを調整の上、暫定的に担当科目を決めます。ただし、利用学生の履修科目が最終的に確定するのは学期開始から約1週間後ですから、この間、多少の変動・それにともなう調整の可能性がありますが、その点は、あらかじめご了承下さい。

　なお、現在、政策トピックスAにおいて、要約筆記講座をおこなっています（春学期）。これは基本的に筆記による要約筆記について、学外からボランティア団体をお招きして、講師をお願いしています。スタッフ登録される方は、事前にこの講座を受講されることをお奨めしますが、登録の必須条件ではありません。その代わり、学期開始前に初めて登録される方々等を対象に、講習会を開きますので必ず出席して下さい。

2　ノートテイカーと科目の関係、とくに同時履修について

　ノートテイカーは、まず、当該の授業を既習された方が担当するのを原則とします。ただし、ノートテイカーの確保が難しい場合、未修の方でもお願いすることがあります。また、ノートテイクと当該の授

Appendix 1

PCノートテイク・スタッフマニュアル

(総合政策学部2007年度版、文章を一部修正・略)

I ノートテイクに関する基本

1 「聴覚障害」について

　音の聞こえに関する部位に何らかの障害があり、音が聞こえない、聞こえにくいなどの状態を「聴覚障害」といいます。ひとくちに「聴覚障害」といっても、聞こえの程度や聞こえ方はまちまちで、みながまったく聞こえないというわけではありません。また、「聴覚障害」はその部位により、大きく伝音性難聴（音が小さく聞こえる）と、感音性難聴（音が小さく聞こえたり、途切れたり、ゆがんだり、高音だけが聞き取りにくかったり）の二つに分けられます。これら二つが合併した混合性難聴の場合もあります。

　聴覚に障害がある方は、ノートテイクによってはじめて、健常者と同じ情報を得て授業に参加できるようになります。したがって、障害がある学生が、ノートテイカーによる情報をもとに自分でノートをまとめることができる、そのようなノートテイクが目標です。

　なお、「障害」という言葉について、「人を意味する場合に『害』という漢字を用いることに抵抗がある」との意見を尊重して、文脈によって「障害」と「障がい」を使い分けますが、あらかじめご了解下さい。

2 ノートテイクは"通訳"です

　ノートテイクとは話の内容や、その場に起こっている音（学生の発言や、教室内の雑音なども含みます）を文字にして、学習支援を利用

BCG流
病院経営戦略
DPC時代の医療機関経営

著 株式会社ボストン・コンサルティング・グループ

植草　徹也
堤　　裕次郎
北沢　真紀夫
塚原　月子

ELSEVIER

はじめに

　サンフランシスコ郊外で，グローバルに活躍しているバイオベンチャーとのミーティングを，いましがた終えてきた。フライトの待ち時間に空港のラウンジで，この文章を書いている。米国，欧州，アジアの各地域から，ボストン・コンサルティング・グループ（BCG）のパートナーが集まって，バイオベンチャーの経営陣と，ある新薬のグローバル上市戦略を議論してきたばかりだ。

　ミーティングの途中から，ある種の違和感が頭から離れない。欧州のパートナーは，医療経済の観点から新薬が保険償還されないリスクを危惧して，低価格戦略を取る可能性について議論していた。アジアをはじめ，新興国をカバーしているパートナーたちは，対象疾患の重要性から新興国の国内企業に強制的に新薬を導出させられるリスクについて語っている。先進国であれ，新興国であれ，重要疾患の治療に必要な手段を，国家財政と国民にとってリーズナブルな価格で手に入れる方法を必死になって考えているのが諸外国の現状だ。

　一方で，わが国の医療制度はどうだろうか。2012年4月に診療報酬改定が行われたばかりだが，全体では横ばい，医療機関への報酬である本体部分はプラス1.38％，薬価はマイナス1.38％の改定であった。全体で横ばいなら，財政インパクトもなさそうに聞こえるが，そうではない。世界最速で高齢化が進むわが国では，たとえ診療報酬の単価が横ばいでも，65歳以上の医療費が若い世代の4～5倍もかかることから，医療費は加速度的に増えていく。国民医療費は，現状こそOECD調べでGDPの8.5％（2008年）と先進国のなかでは比較的低いほうだが，10％突破は必至で，そう遠くない将来にヨーロッパ先進国並みになるだろう。このような切迫した状況にあるわりには，わが国医療制度の抜本改革に対する取り組みは，諸外国のそれと比べると緩やかに思える。

　しかし，わが国の規制当局も決して手をこまねいているわけではない。2014年度には，欧州諸国にならって，診療報酬への医療経済的評価の導入が検討されている。まずは薬価への適用が検討されており，複数のプロセスが含まれる診療行為への適用は，当面は見送られる見込みだ。ただし，DPC（診断群分類包括評価）は，本質的には複数のプロセスで成り立つ診療行為を，実際のプロセ

スがどうであれ一日当たりの支払いが定額になるように設定した仕組みである。事実上の診療行為への医療経済評価の適応と考えても差し支えないのではないか。

　現状の医療費の増加ペースを考えれば，検討中の消費税の10％だけでは，早晩財政がもたなくなることも事実だろう。一方で，消費税を例えば30％にするなどというのは諸外国でも例がなく，現実感がない。いつかは，診療行為本体のムダ，ムラに本格的なメスが入る日がくるだろう。

　わが国の医療機関は，そうした日に対する備えは十分だろうか。
　かねてからこのような問題意識を抱えていたところ，東京医科歯科大学の川渕教授のご指導の下，日本赤十字社の赤十字病院にご協力いただいて，経営改善に向けた実証的研究を行う機会を得た。そこで，BCGの社会貢献活動の一環として，無償で経営コンサルティングを実施させていただいた。
　そのなかで，わが国の病院には民間企業以上の優秀な経営を行っているところもあれば，そうでもないところもあり，その差が非常に激しいことがわかってきた。考えてみれば当たり前の話で，わが国では，病院の経営者である院長は医師でなければならず，医療のプロではあっても，必ずしも経営のプロではない。したがって，経営の良し悪しが，院長をはじめとする経営陣の個人的資質や努力にかかっており，必要最低限の経営知識を学ぶ機会も保証されているわけではない。

　本書は，そうした現状に鑑み，すでに病院経営にかかわっているか，将来かかわる可能性のある医師や事務方の方々を念頭に，病院経営戦略の基本を自習される際の参考にしていただくことを主たる目的にしている。また，第9章では，病院経営の現状を踏まえて，病院を顧客とする製薬企業や医療機器メーカーへの戦略的示唆を，最終章では政府ないしは地方自治体がとるべき政策への示唆を考察している。病院経営の「現場」を理解することで，より大きな問題意識をもつようになったからである。本書が，医師の方々はもちろんのこと，より広範な読者にとって，わずかなりとも戦略的示唆があるものとなっていれば，著者らにとって望外の幸せである。

2012年4月　ロサンゼルス国際空港にて
著者代表　植草　徹也

目次

はじめに　iii

- Chapter 1　なぜ今，病院に経営戦略が必要なのか？ 1
- Chapter 2　病院経営改善の本質 21
- Chapter 3　本質的病院改革の阻害要因 37
- Chapter 4　病院改革に向けた提言1：
  クリニカルパスで診断・治療プロセスを標準化せよ！
  53
- Chapter 5　病院改革に向けた提言2：
  複数診療科・病棟にまたがった人・病床・設備の全体
  最適利用の仕組みをつくれ！ 69
- Chapter 6　病院改革に向けた提言3：
  地域内医療機関の連携，役割分担を明確にせよ！ 87
- Chapter 7　病院改革に向けた提言4：
  「総合」病院から「尖り」のある病院へ進化を遂げよ！ .. 103
- Chapter 8　病院改革に向けた提言5：
  「在院日数」と「新入院患者数」を必ず含むKPIを設定し，
  モニターせよ！ 121
- Chapter 9　医薬品・医療機器産業に向けた提言 137
- Chapter 10　わが国医療機関のグローバルな競争力向上に向けて
  151

おわりに　177
Appendix　179
索　引　186
執筆者略歴　190

Chapter 1

なぜ今，病院に経営戦略が
必要なのか？

1. わが国医療制度の光と影

　今では，日本人の誰もが空気のように当たり前に享受している国民皆保険制度。2011 年は，国民皆保険が実現して 50 周年の記念すべき年だった。

健康保険制度の始まり

　わが国の健康保険制度は 1922 年に健康保険法が制定され，1927 年に施行された。当初は鉱業法，工場法の適用を受ける事業所や，給与 1,200 円以下の職員を対象に健康保険組合が組織され（当時は 319 組合），その後さまざまな業種に拡大されていった。つまり，始まりは鉱山労働者など，比較的健康上のリスクが高い職種の人たちを対象にした保険制度だった。

　さらに，1961 年に市町村が運営する国民健康保険が導入された。これにより，企業で働く人や公務員が加入する被用者保険〔全国健康保険協会（協会けんぽ），組合保険，船員保険，共済保険〕に加えて，個人事業主や無職者などが加入する地域保険（国民健康保険，国民健康保険組合）が生まれ，国民皆保険が完成したのである。

当たり前ではない日本の医療サービス

　国民皆保険制度に代表されるように，わが国は 1960 年代以降の高度成長を起点として，世界に冠たる医療システムをつくり上げてきた。日本人が今日当たり前のように享受している医療サービスは，世界的にみると，実は当たり前とはいえないことばかりである。

　図表 1-1 は，日本と世界各国の医療制度を比較したものである。国民が何らかの健康保険に加入するか，税金で医療サービスが賄われる制度は，日本のみならずヨーロッパ各国でも広く普及している。

図表 1-1　日本と世界各国の医療制度の比較

		アクセス		質				コスト		
	医療機関へのアクセス	医療保険カバー率	ドラッグラグ(2004年)	医師数(人口千人当たり)(2006年)	平均寿命(中国は2003年他は2007年)	患者満足度	保険償還の基準	対GDP医療費割合(2009年)	医療費伸び率1999〜2009年
日本	自由	100%(国民皆保険)	3.9	2.1	82.6	89%	医療サービスごとの課金(DPCにより一部入院費は包括支払い)	8.5%(2008)	2.5%
米国	加入保険によって異なる	85%	1.4	2.4	78.4	77%	DRG[1](疾患群別包括支払い)	17.4%	5.2%
ドイツ	家庭医での受診が前提	99.9%	1.7	3.5	80.4	74%	DRG(疾患群別包括支払い)	11.6%	5.6%
英国	家庭医での受診が前提	100%(税負担)	1.4	2.1	79.5	65%	HRG[2](疾患群別包括支払い)	9.8%	6.4%
オーストラリア	家庭医での受診が前提	100%(国民皆保険)	2.2	1.0	81.4	82%	DRG(疾患群別包括支払い)	8.7%(2008)	8.2%
中国	自由	90%	N/A	1.4	72.0	N/A	医療サービスごとの課金	4.6%	15.8%

1) DRG: Diagnosis Related Group, 2) HRG: Healthcare Resource Group(英国における米国のDRGに相当)
(OECD, WHO, MHLW, PMDA資料(2009年10月), National Bureau of Economic Research, American Customer Satisfaction Index 2009, Euro Health Consumer Index 2007, オーストラリア政府, BCG分析より)

一方，オバマ大統領がその導入を悲願としていたことからもわかるように，米国では人口の実に15％（約3,000万人）が，健康保険にまったく加入していない無保険者である。自己責任を旨とするかの国では，富裕層が払った税金や保険金で貧困層の保険を補助する仕組みに対して，根強い抵抗感があるようである。

　また，中国では，改革開放政策を進める前までは，国有企業や人民公社内に設けられた病院で，無料の医療サービスを受けることができた。従業員の扶養家族も，医療費の50％は企業や人民公社が負担する仕組みになっており，自己負担は半分で済んでいた。つまり，当時は高度医療はともかくとしても，基本的な医療サービスに対する人民のアクセスは確保されていたのである。

　しかし，改革開放政策が導入された後，企業丸抱えの仕組みから社会保険制度への移行が試みられたものの，企業に属さない未成年層や自営業者，無職者，下請け従業員，ならびに地方の農民を対象とする保険制度が整備されなかったため，無保険者が一気に増大してしまった。2003年時点では人口の65％が無保険だったというから，事の深刻さが理解できるだろう。

　2009年から始まった医療制度改革では，全人民を健康保険でカバーする改革が進行中で，すでに全人口の90％超が健康保険に加入しているということだ。しかし，企業の従業員を対象とした保険を除くと，都市部の未就業者（子供や無職者）を対象とした保険や，地方の農民を対象とする保険では，入院時の医療費用への保険適用はあっても，外来で受診した場合には保険が利かないなど，日本のような皆保険にはほど遠いのが実態である。

　中国の医療制度改革は緒についたばかりと言ってよいだろうが，中国政府衛生部（日本の厚生労働省に相当）は，新しい仕組みの導入に当たって，日本の健康保険制度を徹底して研究したと聞いている。日本の保険制度は，問題は含みつつも海外から注目される，優れた仕組みなのである。

フリーアクセスの功罪？

　しかも，日本の保険制度はフリーアクセスである。つまり，健康保険さえあれば，どの医療機関を受診するのもまったく自由である。ちょっと風邪をひいただけでも大学病院で診てもらえるのは，世界中で日本くらいのものだ。「あなたのかかりつけのお医者さんはどこですか」という質問に対して，「東大病院です」と答える人もいるというから，まったく笑えない話である。

　イギリスをはじめ，ヨーロッパの国々では，家庭医という制度が定着していて，かかりつけの家庭医に診てもらって紹介状を書いてもらわないと，大病院に属する専門医の診断や治療を受けることはできない。

　基本的な疾患の予防や治療をする家庭医と，重篤な疾患に対して高度な医療を提供する専門医の役割を区分することによって，家庭医と専門医がそれぞれの特性に応じた役割を果たしている。別の言い方をすれば，まったくのフリーアクセスだと，病院の専門医や専門的設備という貴重な資源が，風邪の治療に使われるといった無駄が発生するが，家庭医を間に介在させることで，医療資源の無駄遣いを防いでいるのである。

アウトカムから見た日本の医療

　それではわが国の医療サービスは，アウトカム（治療成績・成果）という面では国際的に見てどうなのだろうか。国際比較では，寿命と乳幼児死亡率が，その国の医療のアウトカムを測る指標としてよく使われている。日本人が男女とも世界有数の寿命を誇っているのは，よく知られているとおりである。また，乳幼児死亡率という指標でも，日本は先進諸国と比べて，圧倒的に低いこともよく知られている。

　ほぼ全国民が保険に加入し，些細な病気であっても大病院にかかることも自由，アウトカムも国際比較できわめて優れている。これだけ至れり尽

くせりの医療サービスを提供し，しかも高齢化が進んでいるにもかかわらず，医療費の負担はこれまでのところは，意外なくらい少ない。

経済協力開発機構（OECD：Organization for Economic Co-operation and Development）の統計で国際比較が可能な2008年時点で，日本の国民医療費が国内総生産（GDP：gross domestic product）に占める比率はわずか8.5%で，これまで述べてきた状況を考えると驚異的に低い。

ドイツ，フランス，スイス，カナダなどの国民医療費は，GDPの10%を超えている。米国では，前述したように国民の15%が無保険者でありながら，国民医療費がGDPの17.4%にも達している。オバマ大統領が皆保険制度の導入と同時に医療費の削減を進めるというウルトラCに取り組まなければならなかったのは，こうした理由があったからだ。日本の状況は諸外国とは大違いである。

光があれば影がある

こうして見てくると，日本の医療制度は国際的に見ても手厚いサービスを提供しており，しかも効率的に運営されていると言うことができよう。よいことづくめのように聞こえるが，本当にそうなのだろうか。

これまで述べてきたことが日本の医療制度の「光」の部分だとすれば，当然のことながら「影」も存在する。

そのなかでも最も顕著な事象は，久しく日本の医療制度の謎といわれている，医療費を出す側の健康保険組合が赤字，受け取る側の医療機関も赤字という「双子の赤字」問題である。

2. 日本の医療制度の謎

個人事業主や無職者が加入する国民健康保険（国保）の2009年度収支は，

2,633億円の赤字だ。中小企業の従業員が主に加入する協会けんぽの実質赤字は4,830億円。大企業の従業員が加入する組合管掌健康保険（組合健保）に至っては，6,605億円にのぼる赤字で，この3つの健保だけで合計1.4兆円の赤字である。

健康保険が赤字になる原因

なぜ保険財政がこれほどの赤字になってしまったのか。その最大の原因は，人口の高齢化に伴う高齢者向け医療費の増大である。1988年に18兆7,000億円だった国民医療費は，2008年には34兆8,000億円となり，この20年間で約2倍に増えている。

事の発端は，国民皆保険が実現した1961年から12年が経過した1973年にさかのぼる。時の内閣総理大臣は田中角栄。田中元首相と言うと「日本列島改造計画」と銘打った地方部への公共事業の拡大が有名だが，もう1つの看板が社会福祉の充実であった。

この年は「福祉元年」とうたわれ，老人医療費の自己負担分をなくして，完全に無料化する政策が導入された。翌1974年には，前年の50%超の水準で老人医療費が伸び，その後10年間で国民医療費に占める老人医療費の割合は，1973年の10.8%から1983年の22.8%まで倍増した。

こうした状況に将来への危惧を抱いた政府は，1983年に高齢者にも月額定額の自己負担を求めることとし，2003年には上限はあるものの，医療費総額の1割を患者が窓口で支払うという定率化に踏み切ったのである。

それでも増え続ける高齢者向けの医療費

しかしながら，その後も老人医療費の拡大は続き，2008年からは後期高齢者保険制度という，75歳以上の人口が一括して加入する健康保険制

度が導入された。「後期高齢者」保険制度という名称がすこぶる評判の悪い同制度だが、客観的に中身を評価してみると、かなり合理的な仕組みである。

　後期高齢者保険制度導入前の老人医療費は、老人保健法に基づいて、各健保からの老人保健拠出金と公費でまかなわれていた（**図表1-2**参照）。つまり、現役世代が支払う保険金で、高齢者の医療費を支える、世代間補助の仕組みで成り立っていたといえる。

　しかし、人口の高齢化が進み、老人医療費が増大するなか、老人保健拠出金が際限なく増えることを危惧したいくつかの組合健保が、拠出金の支払いを拒否するといった事件が発生し、持続可能な高齢者対象の保険制度をつくる必要性に迫られた。そこで、1人当たりの医療費が激増する75歳以上の高齢者の保険勘定を別扱いとし、高齢者にも応分の負担をお願いする仕組みとして、件の制度が導入されたのである。

　ちなみに、「年金暮らしのかわいそうな高齢者から、健康保険料を巻き上げる仕組み」という一部のマスコミの論調は、正確性を欠いている。そ

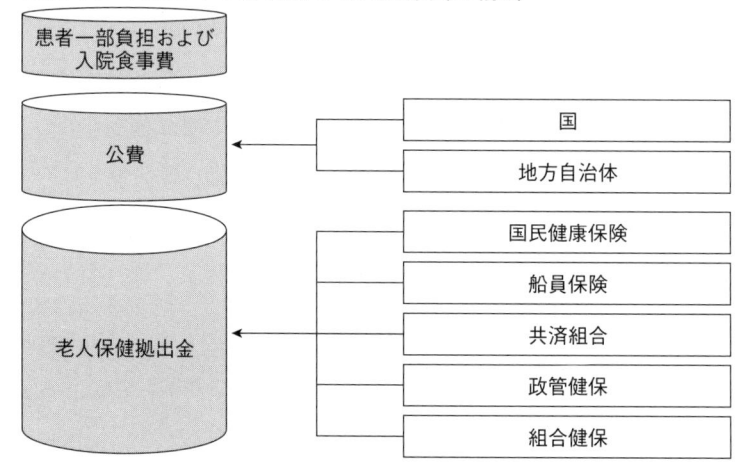

図表1-2　2008年3月以前の老人医療費の構成

そもそも、誰の扶養家族にもなっていない年金暮らしの高齢者であれば、以前から国保に加入しているはずなので、新たな賦課は発生しない。また、収入額によって減免措置もあり、収入のある高齢者から、より厚く集める仕組みになっている。

つまり、新たに保険料の賦課が発生したのは、これまで誰かの扶養家族であった高齢者で、典型的には子供家族と一緒に暮らしているお年寄りである。彼らを年金暮らしと呼ぶのは正確ではないし、金銭的にも比較的恵まれている層と考えられる。

いずれにしても、高齢化が引き金となった老人医療費の高騰と、それに対応した健康保険制度の導入が遅れてしまったことが、保険財政をここまで悪化させた最大の原因である。

日本経済の低迷の影響

もう1つの原因は、日本経済の低迷である。GDPが過去20年間にわたって低迷し、企業の従業員や公務員の給与水準が伸びず、その結果として保険料収入が低迷しているのである。

GDPは1990年時点で442兆円だったが、2010年も479兆円と、20年間でほとんど変わっていない。保険料収入は、料率改定などで徐々に個人の負担は上がっているのだが、料率算定の基準となる給与収入がそれほど増えていないこともあり、1990年に11兆6,000億円だったものが、2008年時点で16兆9,700億円に増えているだけなので、前述の医療費の倍増に追いついていない。この2つが保険財政悪化の主な理由である。

もちろん、保険財政が赤字とは言っても、企業からの補助や公費によって補填されているので、医療機関への支払いが滞っているという事実はない。したがって、原因がよくわからなくなってしまうのが、医療機関の赤字なのである。

医療機関の赤字経営の現状

　厚生労働省が発行する平成20年度「病院経営管理指標」によれば，病床数200床以上の一般病院の28％が赤字であり，県立病院，市立病院といった自治体が経営する病院に至っては64％が赤字というありさまである。その結果，少なからぬ自治体病院が閉鎖に追い込まれている。
　また，病院全体が閉鎖されなかったとしても，基幹病院の産婦人科や小児科が医師不足のために閉鎖されるといった報道は，数多く目にするところである。保険財政が赤字になるほどの医療費が注ぎ込まれているにもかかわらず，多くの病院が赤字経営を余儀なくされているのが，日本の実情なのである。
　今後，高齢化がさらに進んで患者と医療費が増えていけば，いつかは赤字の病院もなくなる日がくるのだろうか。しかし，高齢者人口の多い地方で多くの自治体保有の病院が経営難に陥っているのを見ると，それが空しい期待であることがよくわかる。
　病院の赤字問題は，自然治癒が期待できない構造的な問題なのである。

3. 日本の医療機関の国際競争力

　それでは，いったい日本の病院に何が起こっているのだろうか。赤字問題や病院・診療科の閉鎖というのはあくまで現象であり，その裏で起きている本質的な問題を解き明かさないと，問題の解決にはつながらない。医療に例えて言えば，重篤な病気の治療をするに当たっては，症状を抑えるだけの対症療法では根治につながらず，診断を通じて病気の原因を探り，そこに治療を行う必要があることと同じである。
　真因を探るために，まず，少し定量的に，日本と世界の医療機関経営を比較してみよう。すると，日本の医療機関は，いくつかの観点で世界標準

から大きく乖離していることがわかってくる。

図表 1-3 に示すように，日本の医療機関経営には大きく 3 つの特徴がみられる。

特徴 1：医師数が少ない

第 1 の特徴は，日本は人口当たりの医師数が少ないということである。日本は 1,000 人当たり 2.15 人，ドイツは 3.56 人，アメリカは 2.43 人である。OECD 平均の 1,000 人当たり 3.24 人の 2/3 の医師数で医療を賄っていることになる。

OECD 加盟国のなかで，日本よりも人口当たりの医師数が少ないのは，メキシコ，韓国，トルコ，チリの 4 カ国だけである。

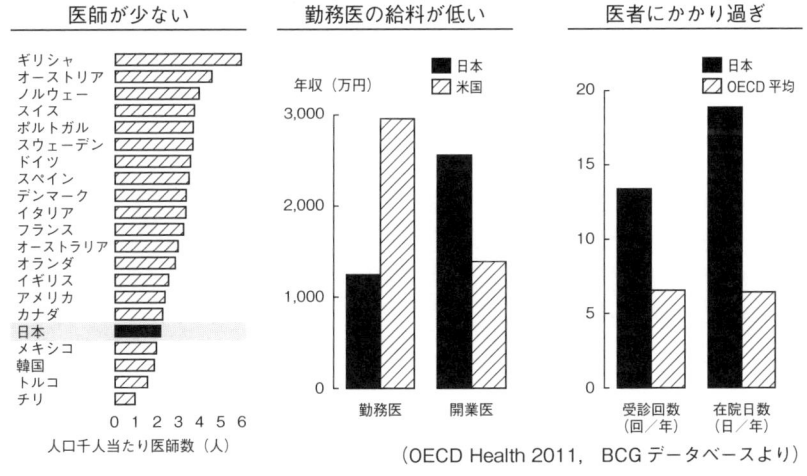

図表 1-3　日本の医療機関経営の特徴

（OECD Health 2011，BCG データベースより）

特徴2：勤務医の給与水準が低い

　第2の特徴は，専門的医療に従事すると思われる勤務医の給与水準が国際的に見て低いということである。日本では平均年収1,230万円のところ，ドイツでは1,980万円である。逆に，日本の開業医の平均年収は約2,500万円で，これは海外と比べても高い水準である。

　この収入差と労働環境の悪さが大きな引き金になって，長時間労働を強いられる勤務医が病院をやめ，収入もよく勤務時間も短い開業医に転進するという現象が起こっている。

　2010年10月現在の一般診療所が10万件弱のところ，同月までの1年間で4,528件の開業があったというから驚きである。

特徴3：受診回数の多さ，平均在院日数の長さ

　最後の特徴は，人口当たりの受診回数が年間13.4回と多く，OECD平均6.7回の倍以上であること，また，急性期病院における平均在院日数の世界標準は6.5日だが，日本は3倍近い18.8日もあることである。これらはいずれもOECD諸国のなかで最も多く，諸外国を大幅に上回っている。

　また，興味深いことに，人口1,000人当たりの急性期病床数も8.1床と，OECD平均の3.6床の倍以上である。

医療機関の現状についての仮説

　日本の医療機関の現状を，誤解を恐れずに単純化した仮説で説明すると，こうなるのではないか。

- 日本人は，国民皆保険かつフリーアクセスでどの病院でも診てもらうことができることもあって，人口比でみると，お医者さんにかかり過

ぎである。
- 大病院信仰があって，重い病気でなくても患者が来院するため，大病院の外来はパンク状態である。
- 入院患者に関しては，国際標準からすると長期間入院している患者が多く，それが病院の回転率を下げて収益性を悪化させている。
- これらの結果として，医師1人が診る病床数（すなわち入院患者数）が多いために，人手不足の病院勤務のお医者さんたちが，長時間勤務と安月給で何とか頑張っている。

つまり，受診回数の多さ，在院日数の長さ，病床数の多さが，病院の収益性を悪化させるばかりか，勤務医の過酷な勤務状況や医療の質の低下の恐れすら生じさせているのではないかと考えられるのである。

4. 赤字病院の何が悪いのか

こうして赤字化した医療機関の救済には，莫大な公費が投入されていることをご存じだろうか。

先ほど，200床以上の病院の28％が赤字と言及したが，これを地方公共団体保有の自治体病院に限れば，実に64％が赤字である。こうした医療機関が，赤字なのになぜやっていけるのかといえば，国や地方からの公費によって，赤字が補填されているからである。

赤字病院に公費を投入する理由

いくら赤字であろうとも，その地域においてはかけがえのない病院であり，閉鎖されては地域医療が成り立たなくなってしまう。

厳密に言えば，近隣の病院と統合してより高度な医療が提供できる基幹

病院をつくる，あるいは，近隣の病院と役割分担をして総合病院の看板を下ろすかわりに専門特化した医療を提供する施設に衣替えするほうが，地域医療にはプラスになることも多い。しかし，地方自治体ごとに総合病院を1つは構え続けることが，首長選挙の主要争点の1つとなっている側面があるのも，日本の現実である。

虚実はともかくとして，地域医療の維持という名目のために，「やむにやまれず」に莫大な公費が投入されているのである。

黒字病院にも投入される公費

赤字経営の病院に対する公費投入は，比較的外からでもわかりやすい事実である。しかし，「黒字経営」の病院にも公費が投入されていることは，一般には知られていない。

例えば，独立行政法人化した国立病院機構は，医薬品や医療機器の共同購入を進めることで数年前に黒字化したことになっている。ところが同機構には，年間440億円の運営費交付金と呼ばれる補助金が国費から投入されており，医業収益だけで成り立っているわけではない。純粋な医療機関というよりは，研究機関としての側面が強いとはいうものの，国立がん研究センターをはじめとする国立高度専門医療研究センターや，国立大学の附属病院にも，運営費交付金が投入されている。

このような直接，間接の公費投入を合算すると，表面的には赤字ではない黒字の病院にも多くの公費が，医療機関の経営を支えるために投入されていることになる。当然，公費は税金もしくは国債・地方債から調達されているが，いずれかの時点で国民が負担しなければならないことは言うまでもない。

言い換えれば，赤字の病院が増えるということは（すでに黒字の病院がさらに黒字幅を広げないことには），現在もしくは将来にわたって，われわれ国民が何らかの形で負担を余儀なくされるということなのである。

事態はさらに悪化する

しかも，現状を放置しておくと，事態はさらに悪化する恐れがある。

図表1-4に，GDPと国民医療費の推移の国際比較を示しているが，日本はきわめて異常な事態に陥っていることがわかるだろう。すなわち，過去20年間にわたり，国民医療費は着実に伸びているにもかかわらず，GDPがほとんど伸びていないのである。医療費は伸びているが（そして今後も伸びるが），支払い能力はまったく変わっていないということになる。

つまり，今後の診療報酬や薬価改定に当たっては，個別の診療行為や薬剤ごとの凸凹はあっても，マクロ経済的な視点からは，中長期的にプラス改定が続くことは難しいと考えたほうがよいだろう。

先進各国を見ても，日本はGDPの成長が格段に低いのが見てとれる。日本ほどではないにしても，高齢化も一定程度進み，経済も成熟してい

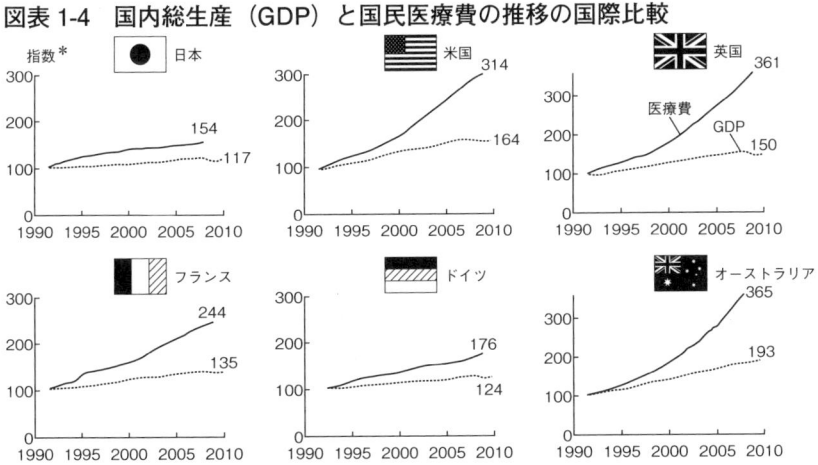

図表1-4 国内総生産（GDP）と国民医療費の推移の国際比較

指数*

日本：154／117（1990-2010）
米国：314／164
英国：医療費361／GDP 150
フランス：244／135
ドイツ：176／124
オーストラリア：365／193

＊ドイツは1992年，ほかの国々は1991年を100とする。
〔OECD Health Date 2009, Economic Intelligence Unit, GBE (Gesundheitsberichterstattung des Bundes), Centers for Medicated & Medicated Services, INSEE (Institut National de la Statistique et des Etudes Economicques), Office for National statistics UK. BCG分析より〕

るはずのヨーロッパの国々でさえ，医療費こそ日本以上に伸びているが，GDPも日本よりは成長させている。一方で，日本は，医療費の伸びはヨーロッパほどではないが，前述のようにGDPが過去20年間ほとんど伸びていない。このことが大問題なのである。

医療費の伸びを最小限に抑える努力

ヨーロッパ各国では，医療財政の逼迫を受けて，受診回数や入院日数をはじめとして，大胆な医療費マネジメントが行われている。薬剤費の観点でも，先発品に比べて価格の安い後発医薬品の普及が進められているうえに，先発品であっても十分な医療経済上の効果が認められない薬剤については保険償還が認められないなどの厳しい措置がとられている。

経済成長による支払い能力の大幅な拡大が見込めないわが国にあっては，好むと好まざるとにかかわらず，医療費の伸びは必要最小限に抑える必要がある。

民主党のマニフェストは「達成」された

民主党が2009年衆議院選挙時のマニフェストで，日本の国民医療費をOECD平均であるGDPの8.9％にまで引き上げると公約したのは記憶に新しい。人口の高齢化が進むなか，国民医療費を国際標準レベルにまで引き上げることで，医療サービスのレベルも国際標準にまで引き上げることができ，さらに医療産業への支出が増えるので，経済成長も期待できるというのが論拠である。

実はこの国民医療費の公約は，達成された可能性が非常に高い。OECDの統計は速報性が低いため，民主党もマニフェスト作成時点で最新のデータであった2006年の数値を基に公約を作成したのであるが，当時の国民医療費はGDPの8.1％であった。しかし，その後も医療費は毎年約1兆円

ずつ拡大している一方，名目GDPは逆に低下している年もある。ボストン　コンサルティング　グループ（BCG）の推計によれば，2011年には日本の医療費は，GDPの10％を超えた可能性がある。2010年度に10年ぶりに診療報酬がプラス改定されたことに加え，高齢化と医療技術の高度化によって，分子である医療費が増えたことと，分母である名目GDPの縮小によって，半ば自動的に公約が達成されてしまったのである。

このままのトレンドが続くと，日本のGDPに占める医療費の割合は，ヨーロッパ各国を抜き去り，米国に近づく日もそれほど遠くないかもしれない。

医療費を伸ばせば経済成長が可能？

しかし，マニフェストが達成されたといって，単純に喜ぶことはできない。なぜなら，歴史的に見ても，経済規模に比べてこれだけ高額の医療費を長期にわたって負担し続けた国はなく，「医療費を増やすことで経済成長を」という議論にも，筆者らはやや懐疑的だからである。

事実,医療費支出を増やすことでどのくらいの経済波及効果があるかは,産業連関表を使えば簡単に分析可能である。医療サービスへの支出を1とした場合,医療を含む産業全体の需要創出効果は1.68でしかない。つまり，仮に医療費支出が1億円増えたとすると，経済波及効果は1.68億円ということになる。日本が得意とする電気機器では2.21，自動車などの輸送機器なら2.82，公共工事などが属する建設でも1.94である。つまり，経済成長のためには，医療費支出を伸ばすよりは，電機や自動車の需要が増えるような施策を実施するほうが経済波及効果は高く，あえて言えば公共工事のほうが「まだまし」なくらいなのである。

もちろん，医療費の伸びが，医薬品や医療機器産業のイノベーションを創出し，輸出産業化すれば話は別である。ただし，それには医療費を単純に伸ばすだけでなく，治験環境の整備やカルテ情報など国民の医療情報の

集約化・電子化，研究開発投資を支えるリスクマネーの存在，イノベーションに報いる診療報酬制度の整備などが必要である。

つまり，「医療費を伸ばして経済成長を」という議論は，国民の情緒に訴えるストーリーではあっても，マクロ経済的には論拠が弱いと言わざるを得ない。特に，借金で調達した公費で医療費を賄う場合はなおさらである。借金が続かなくなったら，あっという間に息切れする経済になるだろう。

やはり，今後の高齢化に備えて質の高い医療サービスを持続的に提供していくには，医療費の伸びを必要最低限に抑えることが必要である。そのためにも病院経営の効率化は，避けて通れない道なのである。

5. 今こそ日本の病院に経営戦略を

BCGは，わが国において過去40年以上にわたり，国内外企業の経営戦略の策定と実行を支援してきた。その意味で，わが国における企業経営戦略のプロと自負してはいるが，国内医療機関に対するコンサルティングを本格的に行ったことはこれまでなかった。欧米においては医療機関の経営効率化や，政府の医療政策策定の助言も行っているのだが，わが国の医療制度はなかなか特徴的で，海外の知見がそのまま適用できるほど簡単ではない。

このたび，国内における病院経営に関する実証的な知見を得るために，日本赤十字社が運営する赤十字病院のなかで診断群分類包括評価（DPC：diagnosis procedure combination，1日当たりの診療報酬を定額で支払う方式）を採用している施設を対象とした，病院経営効率改善の研究を実施する機会を得た。この実証研究を通じて，赤十字病院にとどまらず，日本の医療機関，なかでも一定以上の規模の病院の経営，ならびに国や地方の医療政策への大きな示唆を得ることができた。

その示唆を一言で言えば，日本の医療機関の経営効率を上げ，ひいては質的な向上を図るためには，個々の病院の経営努力と医療政策の改善の両方が求められているということである．

個々の病院の経営努力

　2010年4月に10年ぶりの診療報酬のプラス改定が行われ，特に大規模医療機関の経営は上向いていると聞いている．しかし，前述したように，マクロ的には診療報酬を右肩上がりに上げていくことは，わが国の支払い能力の問題から，持続性がないことは明らかだ．

　つまり，診療報酬のプラス改定という「神風」を待つことは，根本的な問題の解決にはつながらず，個々の施設が努力しなければならない部分が多くあるということだ．そうした自助努力によって，自院の経営体力を向上させることは，近隣施設との差別化だけでなく，赤字医療機関への公費投入を減らすためにも必要なことである．

　もちろん，現在でも各医療機関は経営効率を上げようとさまざまな努力をしていることは，筆者らも重々承知している．後に詳述するが，今回の調査でわかったことは，ややもするとその努力が間違った方向に向けられており，経営を効果的に改善するような施策には必ずしもつながっていないことが多いということである．

　日本には医療のプロフェッショナルはいても，医療機関経営のプロフェッショナルはいないとよくいわれる．医療機関の経営者たる院長も，院長になってから初めて経営の勉強をしている場合がほとんどだろう．これでは，間違った方向に努力が向けられたとしても，勉強不足だと責めることはできない．医療のプロフェッショナルにわかるやり方で，正しい経営戦略を，日本の医療機関に根づかせることが必要である．

医療サービスの質を上げるための方策

　さらに，今回の実証研究を通じて，医療政策の観点でも大きな示唆を得ることができた。医療サービスの質と効率を同時に高めるうえで，地域における医療機関の役割分担と連携のあり方を「トップダウン」で定める地域医療計画と，DPC データ等を使った医療機関間の「ボトムアップ」での改善努力を促す仕掛けづくりの2つの点で，大きな改善余地があることもわかってきた。

　個々の医療機関のボトムアップでの努力と，医療政策によるトップダウンでの医療計画が車の両輪となって初めて，効率的でしかも質の高い医療サービスの提供が継続的に可能になるのである。

　また，病院経営の改善に向けて，製薬企業や医療機器メーカーの活動にも質的な変化が求められていることもわかってきた。従来型情報提供活動が薬剤や医療機器の効能や副作用情報を伝えることに集中していたのに対して，薬剤治療や機器導入がもたらす病院経営へのインパクトに配慮した情報提供も必要になってきているのだ。以上に関しても，章を改めて，詳しく述べていきたいと思う。

Chapter 2

病院経営改善の本質

1. 病院は規模の経済が効く高固定費ビジネス？

ボストン コンサルティング グループ（以下，BCG）にとって，本格的に国内大手医療機関の経営コンサルティングを行うのは，今回の赤十字病院が初めてであった。初めての産業に対して経営戦略上のツボを探る場合には，財務的分析からアプローチするのが，筆者らの常套手段である。今回も，病院の事業特性を把握するための分析から着手した。

財務分析からのアプローチ

図表 2-1 を見ていただきたい。これは，赤十字病院のなかでも DPC を採用している比較的規模の大きな病院の医業収支率を分析したものである。横軸に病床数，縦軸に一般企業の営業利益率にあたる医業収支率をとっ

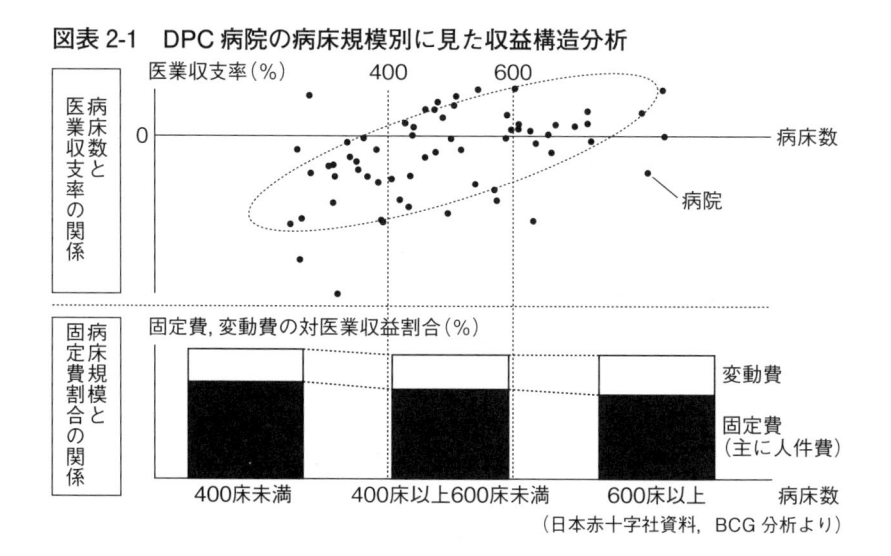

図表 2-1　DPC 病院の病床規模別に見た収益構造分析

（日本赤十字社資料，BCG 分析より）

て，病院の規模と収益性に相関関係があるかどうかをみようとしている。

これを見ると，緩やかではあるが，病床数が多い大規模病院のほうが，医業収支率が全般的に高い傾向にあることがわかる。つまり，日本の病院業は，いわゆる「規模の経済」が効く産業ということができる。

事実，病床数600以上の超大病院では赤字施設があまりないのに対して，400床未満の病院では黒字の施設が1つしかない。もちろん，この分析は赤十字病院に限ったものなので，世の中の病院すべてを示したものではないが，全体の傾向は表していると言ってよいだろう。400床未満規模の病院といえば，地方の中核病院の多くがこのゾーンに当てはまり，このクラスの病院が赤字だということは，日本の病院経営が全体的に楽ではないことを意味している。

「規模の経済」が効く産業の特徴

それでは，なぜ日本の病院事業では「規模の経済」が効くのかについて考えてみよう。他の産業でもまったく同じことだが，「規模の経済」が効く産業には2つの大きな特徴がある。

1つは，全コストに占める固定費（売上規模にかかわりなく一定額かかるコスト）の割合が高いこと。2つ目は，産業全体として比較的均質な製品・サービス（いわゆるコモディティ）を提供していることだ。鉄鋼，化学，セメントといった重厚長大産業がその代表選手と言ってよいだろう。

重厚長大産業では，売上規模にかかわらず一定の生産設備をもつことが必要なため，規模にかかわらず一定額の固定費がかかってしまう。したがって，いったん損益分岐点を超えると，売上規模が大きくなるにつれ，収益がどんどん大きくなる。逆に言えば，売上から変動費（売上に応じて発生するコスト）を引いた貢献利益が固定費をカバーできない水準に達すると，赤字額が急激に増加する。その結果，規模と収益性に正の相関が生まれるのである。

病院における「規模の経済」

　図表2-1の下半分に病床規模別のコスト構造を示した。病院においては、固定費の割合が医業収益（売上）の7〜8割を占めていることがわかっていただけると思う。かなりの高固定費構造である。

　病院の場合、固定費の内訳のほとんどは、医師やコメディカルといった医療スタッフの人件費である。医療スタッフの人件費は、総合病院としての一定の診療科数を維持しようとすれば、病床数などの規模にかかわらず、一定数のスタッフを確保する必要がある。したがって、規模の小さな病院ほど、医業収益に占めるスタッフ人件費、すなわち固定費の割合が大きくなってしまうのである。

　図表2-1で示したように、赤十字病院の400床未満の施設では、固定費の割合が8割を超えている。これは、損益分岐点が非常に高い状態であり、売上が数パーセントでもぶれると収益に大きな影響が出るコスト構造であることを意味している。

　また、コモディティを扱うビジネスでは、製品やサービスで他社との差別化を図ることができないので、単価を上げたり、特定の領域で経験値を積んでコスト優位性を築いたりすることが難しい。差別化された製品やサービスが提供できれば、規模にかかわらず収益性の高い事業にすることも可能なのだが、それが難しいのである。したがって、規模が大きいほうが、固定費負担が比較的少なく済むため、収益性が高くなるのだ。

なぜ病院に「規模の経済」が効いてしまうのか

　しかし、よくよく考えてみると、病院が均質なサービスしか提供していないというのはおかしな話である。「うちは循環器に強い」「あの病院はがん領域に強い」「こちらの病院は周産期医療に強い」といったように、病院独自の強みが発揮されてもよさそうなものである。

もちろん,日本は診療報酬制度で全国一律に価格が定められているので,保険診療をする限りは,得意分野だからと言って価格を高めに独自設定することはできない。しかし,内外ともに認める強みの領域があれば,その領域の患者が集まるので,多くの症例数を扱うことができ,医療スタッフの経験値が高まっていくはずである。

　例えば,ある病院に心臓外科の手術で経験豊富な先生がいると,それを聞きつけて遠方からも患者が集まってきて,どんどん心臓外科手術の症例が増えていくという具合である。結果として,その病院では,心臓外科手術に関して,より効率のよい術式やプロセスが構築され,独自の強みが認められない病院に比べて,治療成績もよくなるだろうし,コスト優位性も確立できるはずである。

　しかし,日本の200床以上の病院はいわゆる総合病院が多く,近隣の病院に比べて差別性が発揮されている病院が多いとは言いがたい。どの病院にも似たような診療科があり,少なくとも一般の患者には特徴が見えにくいのが実情ではなかろうか(筆者らは,これを総「総合病院化」と呼んでいる)。

総「総合病院化」という問題

　このような状況から,患者が近隣の総合病院に分散して受診することとなり,大きな病院のほうが診療科にかかわらず相対的に症例数が多くなるのである。したがって,特定領域における経験値を蓄積するという観点からも,規模の大きな病院のほうが有利なのが現状である。

　後述するが,総「総合病院化」は,医療政策上の大きな課題であり,わが国の医療機関の競争力や医療スタッフの専門性を高めるうえでの妨げとなっていると考えられる。

　このように,今日のわが国の病院経営モデル(総「総合病院化」)を前提とすると,医療機関の間に差別性があまりないがゆえに,病床数の大小に

かかわらず一定の固定費がかかり，医業収益（一般企業の売上に該当）が上げやすい病床規模の大きな病院のほうが，医業収支率も高い傾向にあるということができる。その結果，「規模の経済」が効いてしまうのである。

2. 病院経営改革に向けた大きな戦略的方向性

　病院に限った話ではないが，固定費が高い事業構造をもつ企業の収支改善を行うには，2つの定石がある。1つは固定費を削減して身軽になること。もう1つは，売上を上げることである。

固定費＝人件費の削減は現実的か？

　ところが，わが国の病院にとって固定費を削減して身軽になるのは，少なくとも短期的には，非常にハードルが高いのが実情である。先に述べたように，固定費の大半は医師やコメディカルなどの人件費である。人件費を削減しようと思えば，スタッフの数を減らすか，1人当たりの給与水準を引き下げるかのどちらかしかない。

　もちろん，個々の病院をつぶさにみれば，医業収益に比べて医療スタッフが多すぎる施設もあるかもしれない。スタッフの人数が多いわけではないが，医師不足のために人が集められず，必要な診療科の医師に来てもらうのに高額の給与を提示せざるを得なかったり，常勤医師では人数が足りないのでアルバイトで賄ったりして，人件費負担が重くなっている病院もあるかもしれない。

　しかし，日本全体をみれば，第1章で述べたようにわが国の医師数は人口比で見て国際的に少ないので，医療スタッフが多すぎるということは少なくともマクロ的にはあり得ない。また，勤務医の給与は国際標準からしても，やや低いことも述べたとおりであり，給与水準を下げることも根本

的な解決策にはなりにくい。

　つまり，医療スタッフを削減しようにも，医師1人当たりの患者数は国際的に見てもすでに多いので，いまでも十分に忙しいところから人を抜けば，残ったスタッフの忙しさが一層増すことになる。多くの勤務医やコメディカルが過重労働を強いられている実態からすると，非現実的な策と言わざるを得ないのである。

　また，アルバイトの医師数を減らして常勤スタッフに替える，研修医を引きつける策を講じて医師の若返りを図るなどして，人件費単価を引き下げる方策を講じるのも効果があるかもしれない。しかし，功を奏するまでに時間を要するという問題がある。

売上＝医業収益を上げる

　固定費比率が高い事業の経営改善の定石に則れば，医療スタッフの人件費を削るのが1つの効果的な施策のはずだが，ここまで見てきたように，わが国の医療現場の実態を考えると実現の可能性が低いうえに，時間もかかりすぎる。むしろ，売上（医業収益）を上げる策を用いるほうがよさそうである。

　戦略上の定石が病院経営にも当てはまるか，日本赤十字病院の研究で得られた数字を使って，もう少し実証的に見てみよう。

　医業収益は，大きく外来収入と入院収入の2つに分けることができる。ただし，平成21年病院経営実態調査報告によれば，病院における外来収入は，全収益の3割弱にとどまっている。しかも，経営規模にかかわらず外来業務は赤字であり，フリーアクセスの下に病状が軽微な外来患者が病院に押し寄せる構造を変えない限りは，解決が非常に難しい問題だ。

　一方，入院収入は医業収益の7割弱を占めており，改善余地も大きい。入院収支の良し悪しが，病院全体の収支を決めると言ってよいだろう。

医業収支の因数構造

　そこで，入院患者の医業収支が，どのような因数から成り立っているのかを考えてみた。まずは，コストサイドから見てみよう。医療機関のコスト構造はそれほど複雑ではなく，先述したように固定費の大半は人件費であり，それに建物や医療機器などの減価償却費が加わって成り立っている。変動費は，診断や治療に使われる，薬剤費や診療材料費がほとんどである。

　一方，売上サイドは少し複雑だ。売上は，患者数と患者1人当たりの単価との掛け算で成り立っている。患者数はベッド数に限りがあるので無限に増やすことはできない。延べ患者数は，各病院の病床数と病床利用率，ならびに病床回転率の掛け算である。病床回転率は，365日を平均在院日数で割った数字（別の言い方をすれば，1つのベッド当たりの年間患者数と言ってもよい）なので，在院日数が短いほど売上向上に資することになる。

　さらに，患者当たりの単価も，実は在院日数が短いほど高くなる構造になっている。DPC方式の下では，入院期間が長くなるほど1日当たりの診療報酬が下がるように設計されている。つまり，DPCでは入院期間を短くして，回転率を上げる経営をしたほうが，患者数という観点でも，入院単価という観点でも有利なのである。

　以上のような医業収支の因数構造をまとめたものが，**図表2-2** である。一見複雑な病院事業だが，大きく収支を左右する因数はそれほど多くなく，人件費，材料費（薬剤費および診療材料費），在院日数，および病床利用率の4つが，鍵となるドライバーであることがわかると思う。

どの因数が収支の改善に寄与するか

　日本赤十字社とのプロジェクトでは，収支改善の鍵となる4つの因数を取り上げ，仮に1つの因数だけを改善した場合，どれほどの改善をすれ

図表 2-2　医業収支の因数分解：
「在院日数」「病床利用率」「人件費」「材料費」

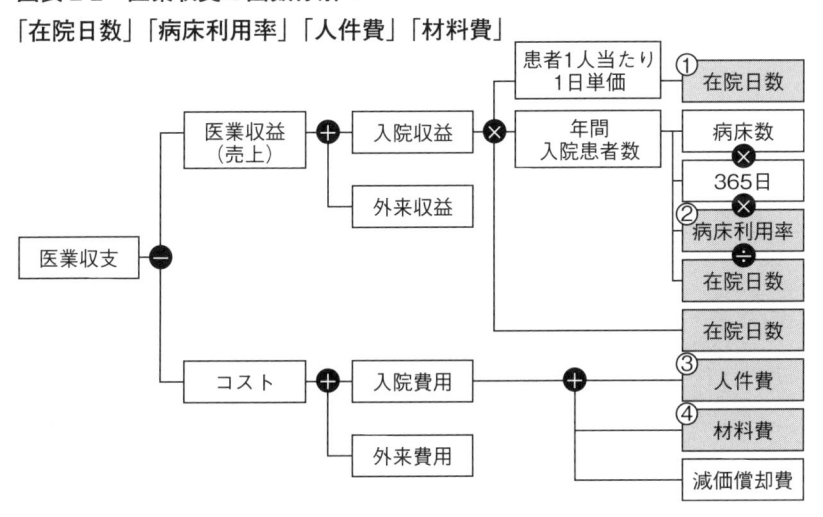

```
                                    ┌─患者1人当たり─┬─① 在院日数
                                    │  1日単価      │
              ┌─医業収益─┬─入院収益─×              ├─病床数
              │ (売上)   │          │               │  ×
              │          │          │─年間          │  365日
              │          │          │  入院患者数   │  ×
              │          │          │               ├─② 病床利用率
              │          │          │               │  ÷
   医業収支─  │          └─外来収益                 └─在院日数
              │                                      
              │                                     ┌─在院日数
              │                                     │─③ 人件費
              └─コスト──┬─入院費用─+──────────────┼─④ 材料費
                         │                           └─減価償却費
                         └─外来費用
```

ば、施設の収支がトントンになるかという財務シミュレーションをしてみた（**図表 2-3** 参照）。

シミュレーションに当たっては、改善する因数以外の因数は、一定のままにおいている。このシミュレーションを通じて、どの因数を改善することが、病院の収支改善に本当にインパクトがあるのかを検証するのが目的である。

人件費と材料費

結果を見てみると、非常に興味深いことがわかってきた。400床未満の施設であれば、人件費の削減だけで収支トントンにするには8%の圧縮で済むが、薬剤費であれば34%、診療材料費ならば実に53%もの削減が必要になることがわかった。

人件費の圧縮が短期的に難しいことは、先ほども述べたとおりである。

Chapter 2：病院経営改善の本質　　29

図表 2-3　病床規模別・因数別の収支改善感度分析

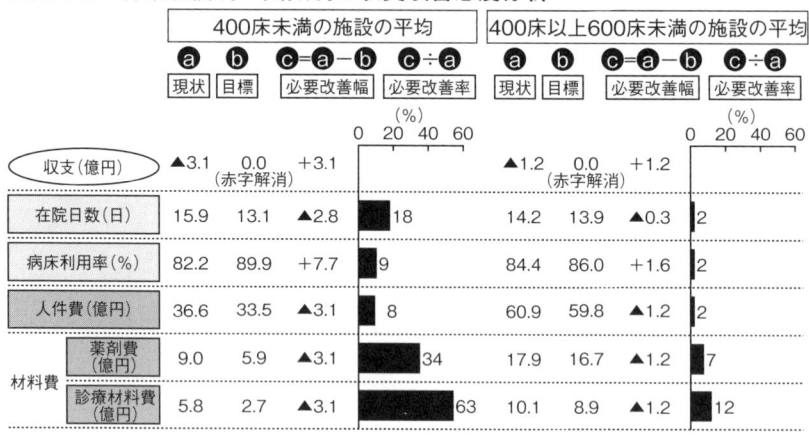

		400床未満の施設の平均				400床以上600床未満の施設の平均			
		ⓐ現状	ⓑ目標	ⓒ=ⓐ-ⓑ 必要改善幅	ⓒ÷ⓐ 必要改善率(%)	ⓐ現状	ⓑ目標	ⓒ=ⓐ-ⓑ 必要改善幅	ⓒ÷ⓐ 必要改善率(%)
収支(億円)		▲3.1	0.0 (赤字解消)	+3.1		▲1.2	0.0 (赤字解消)	+1.2	
在院日数(日)		15.9	13.1	▲2.8	18	14.2	13.9	▲0.3	2
病床利用率(%)		82.2	89.9	+7.7	9	84.4	86.0	+1.6	2
人件費(億円)		36.6	33.5	▲3.1	8	60.9	59.8	▲1.2	2
材料費	薬剤費(億円)	9.0	5.9	▲3.1	34	17.9	16.7	▲1.2	7
	診療材料費(億円)	5.8	2.7	▲3.1	63	10.1	8.9	▲1.2	12

（日本赤十字社資料，BCG 分析より）

　しかしながら，変動費（売上に応じて増えていくコスト）である薬剤費を3分の1も削減することや，診療材料費を半減させることは，さらに難しいと言ってもよいだろう。

　恐らく，後発薬が存在するすべての薬剤に関して，先発薬から後発薬に切り替えたとしても，そこまでの効果は見込めない。なぜなら，日本全体の薬剤費の半分程度はパテント保護期間内の先発薬なので，そこには後発薬の恩恵は至らない。残りの半分のパテント切れ製品で仮に30％の薬剤費削減ができても，薬剤費を3分の1も減らすことはできない計算になる。

　診療材料費に関して言えば，医療行為の質の低下なくして費用を半減することなど不可能であることは火を見るより明らかだろう。

　興味深いのは，400～600床の大型病院では，状況がかなり違うことだ。大型病院では，7％の薬剤費削減，もしくは12％の診療材料費削減が達成できれば，赤字が解消できる計算になる。400床未満の病院で必要な改善幅に比べると大分小さく，これならば，変動費マネジメントだけでも十分に赤字解消ができそうである。

在院日数と病床利用率の改善が現実的解決策

　一方で，在院日数だけを改善した場合には，400床未満の施設であっても約18％の改善で黒字転換させることができる。実際の日数にして15.9日から13.1日に，わずか2.8日短くするだけである。これでも，国際的水準からすれば十分に長すぎる在院日数である。

　病床利用率ならば，9％の改善（＋7.7ポイントアップ）で十分である。薬剤費や診療材料費の削減に必要な数字に比べると，現実的な範囲の改善で赤字を解消することができそうである。在院日数の削減と病床利用率の向上を同時に行えば，それぞれもっと少ない改善幅で済むことは言うまでもない。

　つまり，赤十字病院のデータを使って実証的に調べてみても，戦略上の定石と同じ結論が出たことになる。

　すなわち，わが国のほとんどの病院が該当する400床未満の医療施設にとっては，固定費である人件費の削減ならば8％程度の改善で済むのだが，短期的には実行が難しい。また，変動費である薬剤費や診療材料費の削減は，とてつもない規模での削減が必要で，とても現実解とはいえない。それよりは，在院日数と病床利用率の改善を通じて医業収益を上げる（売上を上げる）ことが，少なくとも短期的には経営改善に向けた唯一の有効な戦略ということである。

3. 迷信だらけの病院経営改革

　ここまで見てきたように在院日数削減と病床利用率向上が，短期に経営改善を実現できる唯一の戦略であるにもかかわらず，わが国の病院には奇妙な迷信がまかり通っていて，こうした改革を心理的に妨げている。

在院日数削減と病床利用率のトレードオフ？

　日赤プロジェクトのなかでも，在院日数が適正な水準を超えて長期化しているある病院で，なぜ在院日数削減に取り組まないのかと，経営層や現場の医師に話を聞いたところ，非常に興味深い反応が返ってきた。すなわち，「在院日数と病床利用率はトレードオフの関係にあるので，同時に改善することはできません。在院日数を短縮すると，そのぶん空床が増えます。それよりは，在院日数を延ばしてでも，空床を減らしたほうが収益上プラスです」と言うのである。

　確かに，在院日数を引き伸ばせば，病床利用率の向上は一定程度実現する。しかし，在院日数の長期化が患者1人当たり収益の低下を引き起こし，結果的に，どんなに病床利用率を高めても収益改善につながらないという出口の見えない状況に追い込まれることになる。

　そればかりか，退院可能な患者を引き伸ばして入院させ続けるのは，社会的入院を病院として助長しているようなもので，経営戦略として健全とは言えないのではないか。

　また，在院日数と病床利用率にトレードオフがあるというのは，もっともらしい話に聞こえるが，データで検証してみると非常に疑わしいことがわかってきた。**図表2-4**は，赤十字病院の実際のデータで，在院日数と病床利用率にトレードオフの関係があるかどうかを検証してみたものである。

　これを見ると，両者の間には何らの相関関係もないことがわかっていただけると思う。それどころか，在院日数が短く，かつ病床利用率が高い，優秀な施設も存在するのだ。

　筆者らも，在院日数が8日台で，病床利用率も90％台という模範的な病院にお邪魔させていただいた。病院長にお話をうかがったところ，「病床利用率と在院日数をトレードオフと考えて在院日数を調整弁にするのは，適切ではありません。在院日数を短縮化しつつ，新規患者受け入れを

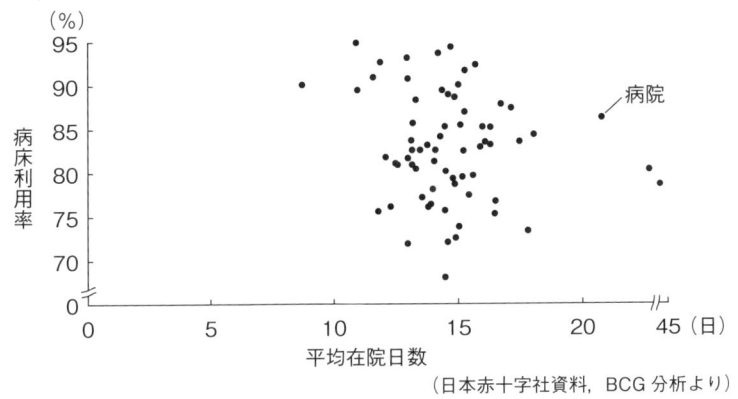

図表 2-4　DPC 準備 / 対象施設の平均在院日数と病床利用率

（日本赤十字社資料，BCG 分析より）

徹底することで，利用率も収支もついてきます」と言い，迷信を一笑に付していらっしゃったのが印象的だった。データに基づく実証的調査からも，優秀な医療機関経営者の経験からも，2つの数字の間にはトレードオフの関係はないということが裏づけられたのである。

在院日数の短縮で医療の質が下がる？

　もう1つの迷信は，「在院日数を短縮すると，医療の質が下がる」というものだ。「適切な診断と治療を行うには時間がかかる。いたずらに在院日数を短縮して，患者を途中で追い出すようなことをしたら，医療の質を低下させてしまう」という主張である。医療の素人に対して，玄人が出す最後の切り札のようなセリフだが，これもまた事実に基づいていない主張である。

　図表 2-5 は，狭心症・慢性虚血性心疾患のステント留置術を例にとって，赤十字病院における在院日数と再入院率の関係を調べてみた結果である。「医療の質」をどのように測るかはきわめて難しい問題だが，ここでは狭心症が再発して再度入院することになった患者の割合である再入院率

Chapter 2：病院経営改善の本質　33

図表 2-5　狭心症・慢性虚血性心疾患における平均在院日数と再入院率

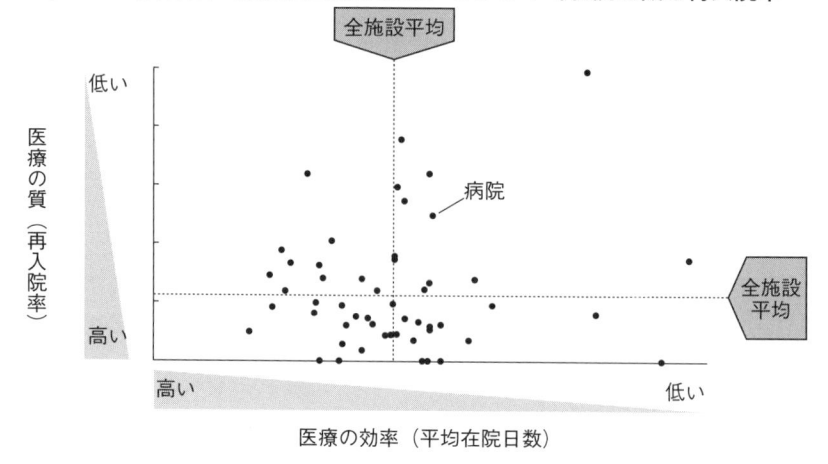

(東京医科歯科大学川渕研究室資料，BCG 分析より)

をとっている。当然のことながら，1回の手技ですっきりと治るのがよいに決まっているので，再入院率が低いほど，医療の質が高いことになる。

この図から，在院日数と再入院率の間には，これまた何の相関関係もないことがわかっていただけると思う。先ほどの主張が事実ならば，在院日数と再入院率の間には負の相関関係（在院日数が長いほど再入院率が低く，日数が短いほど再入院率が高くなる）が認められてしかるべきである。しかし，実際には，在院日数は短いのに再入院率が低い優秀な施設が多数存在している。

迷信の帰結は変動費マネジメント

すなわち，どうも在院日数に関する2つの迷信は，あくまで迷信であり，医療の質を低下させることなく，在院日数と病床利用率を同時に改善させることは，実証的データの分析からは可能といえそうだ。

しかしながら，2つの迷信はもっともらしく聞こえることもあって，日本の病院経営改善の焦点は，あまり効果的とはいえない変動費の改善に目が行き過ぎているように思われる。DPC病院のほとんどでは，疾患ごとに1日当たりの診療報酬が定額であるため，変動費用を少しでも削減しようと，後発薬の採用を積極的に推進しているのではないだろうか。また，部屋の電気はこまめに消す，コピーは裏表で使うなど，あげればきりがないが，涙ぐましいほどの節約運動を展開している施設もあると聞く。

　前述したように，こうした変動費マネジメントは，400床以上の大型施設であれば意味がある。**図表2-3**の右側の分析でも示したが，400床以上の施設の赤字改善は，薬剤費の7％削減だけで十分に可能である。こうした大型施設が，後発薬に切り替えたり，集中購買をして診療材料費を引き下げたりすることは，効果的な戦略といえる。しかし，それ未満の施設（すなわち，日本のほとんどの病院）において，そのような変動費マネジメントだけでは，十分な収支改善にはつながらない。

変動費マネジメントに固執する理由

　それでも，多くの施設が薬剤費や診療材料費の削減といった，あまり本質的ではない取り組みしかしていないのには理由がある。筆者らが実地調査をした病院でも，医療コンサルティング企業や，院内物流システム（SPD：supply processing & distribution）企業が入って，「経営改善」活動を支援していた。彼らの多くは，電子カルテや在庫管理システムを導入し，院内業務プロセスの効率化や薬剤・材料の購入価格交渉支援をしている。

　このような効率化活動は，痛みが少なく，リスクもないので，病院としても非常に取り組みやすい。しかし，筆者らが調査した病院では，それらの取り組みだけでは，経営数値の抜本的な改善にはつながらず，病院長や事務スタッフも首をひねっていたのである。

本質的解決に向けて越えるべき壁

　繰り返しになるが，このような変動費マネジメントは限定的ながらも効果はあるし，大規模施設であれば，それだけでも経営改善につながることもある。しかし，わが国の大多数の病院では，在院日数削減と病床利用率向上に取り組まないと，根本的な経営改善はできないのである。わが国の病院の事業特性である高固定費構造と医療スタッフ不足を前提とすると，好むと好まざるとにかかわらず避けて通ることのできない問題でもある。

　しかし，在院日数と病床利用率の改善は，変動費マネジメントに比べると難度が高い戦略的課題である。それには，診断・治療行為のプロセスの標準化と不断の改善，医療スタッフや医療機器・病床などの経営資源の全体最適活用，地域の診療所・医療機関との役割分担の徹底，さらには，そうした改善活動の重要業績評価指標（KPI：key performance indicator）による「見える化」という医療行為の本質に切り込んだ改善が必要だからである。

　すなわち，医療スタッフの診断・治療プロセスの本丸に切り込んでいかなければならず，組織内に摩擦が発生することも予想される。しかも，日本の場合は病院内に，経営数値は事務スタッフ，医療行為は医療スタッフという，目に見えない大きな壁があることが多い。経営数値を預かっている事務スタッフであっても，先生方の医療行為の本丸に口を出すなどという「おこがましいこと」はできないのである。この壁にさえぎられ，本質的な改善がなかなか進んでいないのが日本の医療経営の実態ではないだろうか。

　医療機関の経営改善の実現に当たっては，院長や理事長の強力なリーダーシップの下に，医療スタッフと事務方が一体となって進めることが必要なのである。

Chapter 3

本質的病院改革の阻害要因

第1章と第2章で，わが国の病院経営における構造的な課題と，それを踏まえた病院経営改革の鍵について述べた。日本の多くの病院で，薬剤費や材料費といった変動費の削減に尽力しているが，こうした努力は焼け石に水程度の効果しかない場合も多く，抜本的な経営改善を図るうえでの本質を外している。

　むしろ，在院日数の短縮により患者当たり単価を引き上げ，病床回転率を上げること，病床利用率の向上により医業収益（売上）を上げること，この2つこそ，病院経営改革の鍵であることを述べた。

　しかしながら，現時点では，このような主張は病院経営者にとって一般的に知られるところには至っていない。なぜ，本質的な病院経営改革に取り組むことが難しいのであろうか。病院経営層や現場の医療スタッフと議論していると，本質的な病院経営改革を阻害する思考の罠が存在するように思われる。

　例えば，在院日数が本来の適正水準よりも長くなってしまうことの原因として，「合併症がある患者は，在院日数が長くなりがちでも仕方がない」，「病床利用率を上げるために，あえて在院日数をコントロールして長めにしている」といった声が聞かれる。これらはもっともらしく聞こえるが，本当にそうなのだろうか。

　本章では，一見もっともらしいが，実は本質的な病院経営改革を阻害する「思考の罠」について，実例を交えて見ていくこととしたい。

1. 思考の罠1：症例は千差万別，医療に標準化はなじまない

　「医療行為は，個々の患者の重症度や合併症の有無などに大きく依存するため，それらを無視して標準化を図ることは難しいし，そもそも標準化しようとすること自体が不適切である」。このような考え方が多く存在することは確かである。実際，病院で扱う症例のなかには，標準化になじみ

にくい，そもそも症例数の少ない難病のようなケースもあるだろう。

しかし，世の中全体である程度まとまった症例数がある疾患で，かつ，重症度などの患者の容体も区分しやすい場合はどうだろうか。クリニカルパスを整備しようとする近年の各医療機関の動きは，まさにこのような疾患・患者を念頭において，個々の医師やコメディカルの経験や技量にかかわらず，高い水準で医療を均質化しようとするものである。

クリニカルパス整備・実施の影響

図表3-1は，同一の疾患に対して同一の医療行為を施す場合（DPCコード 050050xx03x0xx：狭心症，慢性虚血性心疾患，経皮的冠動脈ステント留置術等，手術・処置等2なし）の対象患者の在院日数を，施設ごとに見たヒストグラムである。

施設A，Bでは，ほとんどの患者が在院日数3日のところに集中してい

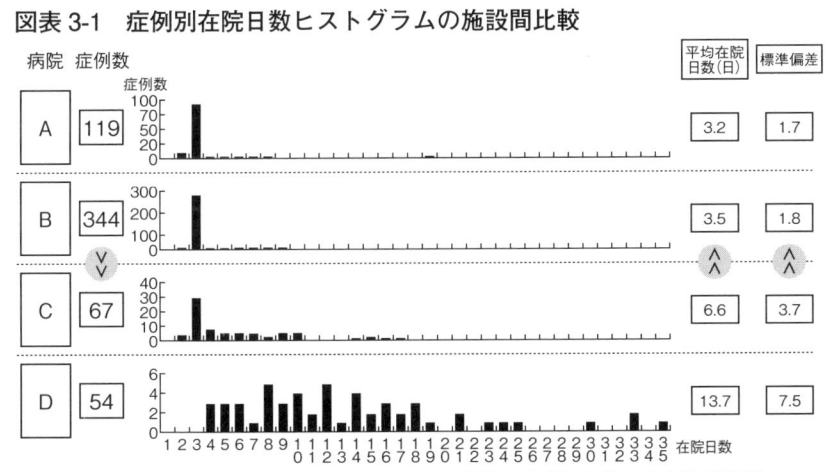

図表3-1　症例別在院日数ヒストグラムの施設間比較

病院	症例数		平均在院日数(日)	標準偏差
A	119		3.2	1.7
B	344		3.5	1.8
C	67		6.6	3.7
D	54		13.7	7.5

注1：PCコード　050050xx03x0xx：狭心症，慢性虚血性心疾患　経皮的冠動脈ステント留置術等　手術・処置等2なし

（日本赤十字社資料，BCG分析より）

る。これは，偶然ではなく，3日で退院するように施設としてコントロールしているということである。

一方，施設Cでは，在院日数3日の患者が最も多いものの，在院日数4日以上の患者も相当数存在している。さらに施設Dでは，患者ごとに在院日数のばらつきが大きく，特にここが標準といえそうな在院日数がみられない。

施設C，Dでは一体何が起こっているのであろうか。実際に狭心症に対するステント留置術を行う場合の在院日数の考え方について，現場の医師に聞いてみると，次のような答えが返ってきた。「医師によって考え方が違うので，特に決まっていない。在院日数を決めようとすると現場では反発する者もいる」。実は，この医師自身は「疾患の種類にもよるが，狭心症に対するステント留置術であれば標準的な在院日数があってしかるべき」という考えをもっていた。しかし，近年他の施設から当該施設に移ってきた際に，標準的な在院日数がまったく決められていない現状に驚いたという。

この医師もあげていた点であるが，C，Dのような施設では，そもそも，クリニカルパスが存在しない，あるいは，クリニカルパスが存在するものの在院日数をコントロールするツールとして機能させていないという状況が見受けられた。

クリニカルパスが本来の効果を発揮していない例

それは例えば，クリニカルパスが患者の入院から退院まで全体をカバーするものとなっておらず，一部の処置だけを取り出した指示書になっているといった場合である。その結果，入院する前に外来で患者をどの状態にまでもっていくかといった入院と外来の役割分担が明確でなく，本来外来で済ませられる検査を入院期間中に行わざるを得なくなり，そのぶん，在院期間が延びるといった現象も発生している。

また，白内障片眼の手術入院のケースでは，そもそも日帰りでの手術も技術的に十分可能な処置であるにもかかわらず，1泊2日，2泊3日，3泊4日と異なる在院日数を想定した3種類のクリニカルパスを設定している施設もあった。3種類のクリニカルパスで施される医療行為に違いはない。異なるのは，どれくらい余裕をもって入院生活を送るかのみである。

　一方，疾患ごとに，患者の入院から退院まで全体をカバーする単一のクリニカルパスを設定していても，例外を多々許容している事例もあった。「週末にかかるような場合には，医療スタッフのシフトの関係上，パスどおりの日程で進められなくても仕方がない」といった具合である。

　このように，医療行為やその他業務プロセスが十分に標準化されない背景には，「個々の症例によって状況は千差万別」では説明できない施設側の事情が存在する場合が多い。このため，個々の医師やコメディカルによって医療の質のばらつきが生まれると同時に，在院日数が，その疾患・診療行為に対して適正な水準を超えてばらつく，長期化するという結果を生むのである。

2. 思考の罠2：専門分化で高度な医療サービスを提供

　医療ニーズの高度化，多様化，それに対応した医師の専門化志向に沿う形で，多くの病院が専門分化した診療科を掲げている。例えば，日本赤十字病院においては，施設当たり平均17の診療科が設置されている。医師や診療科の専門化自体は求められる方向性であろうし，医療サービスの高度化にも寄与しているであろう。

専門分化ゆえの断絶

　しかし，1つの施設に多数の診療科や複数の病棟が存在するなかで，そ

れぞれの診療科や病棟ごとに，まるで「たこつぼ」にこもったように閉じた運営が行われてしまう例も少なくない。その結果，施設全体でみると，患者の受け入れ方や病床の利用状況に偏りが生じてしまい，せっかくの設備や病床が，施設全体として最大・最適活用されていないという残念な現象が発生している場合がある。

図表3-2は，総合診療内科が存在せず，内科専門領域ごとに第1内科，第2内科などと，複数の診療科が設置されている施設の例である。

この施設では，高齢者の心不全や肺炎といった，内科系のいずれの診療科でも受け入れ可能と思われる救急患者についての受け入れ打診があっても，どの診療科が受け入れるのかを決められず，結局施設として受け入れを拒否してしまうケースがあった。経営レベルでは，病床利用率が上がらないことを施設全体の課題と認識し，院長が病床利用率の向上を経営目標として掲げ，各診療科の部長に取り組みを促している。その一方で，現場では診療科を超えた連携ができていないことから「三遊間」，すなわち，

図表3-2 診療科間たこつぼ

患者受け入れに際して，診療科間での「三遊間」が存在

「専門外」を理由にした拒否事例が発生
"診療科細分化により，隙間ができてしまっている。
隙間は診療科間の押し付け合い"

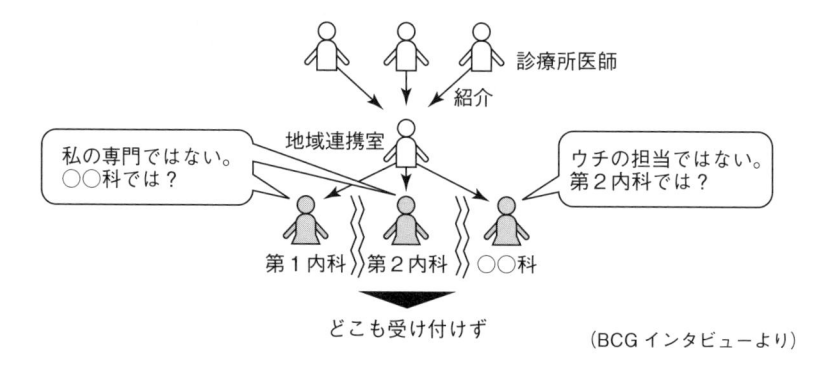

診療所医師 → 紹介 → 地域連携室

私の専門ではない。○○科では？　　ウチの担当ではない。第2内科では？

第1内科　第2内科　○○科

どこも受け付けず

（BCGインタビューより）

どの診療科もカバーしない隙間を生み，みすみす新規入院患者を獲得する機会を逃しているのである。

専門化を否定しているのではない。高度な専門性をもつ医療スタッフの存在は，病院にとっても患者にとっても歓迎されるべきことだが，専門分化ゆえに各診療科が断絶した状態で施設運営が行われてしまう危険性を指摘しているのである。

情報共有・連携の不足

また，病棟全体を見渡した情報共有・連携が不十分なために，空床が発生してしまう場合もある。

図表 3-3 が示す施設では，院長は「どの病棟の病床も特定の診療科には属さない」という方針をもっている。一方で，実際には，各病床が存在する病棟ごとに「受け入れやすい診療科」について暗黙のルールがあるため，「うちでは循環器科の患者さんは受け入れられません」などと拒絶される

図表 3-3 病棟間たこつぼ

診療科／病棟単位の「固定ベッド」概念が定着

病棟ごとに別々の看護師長が病床管理を実施
"病棟間での壁が厚い"

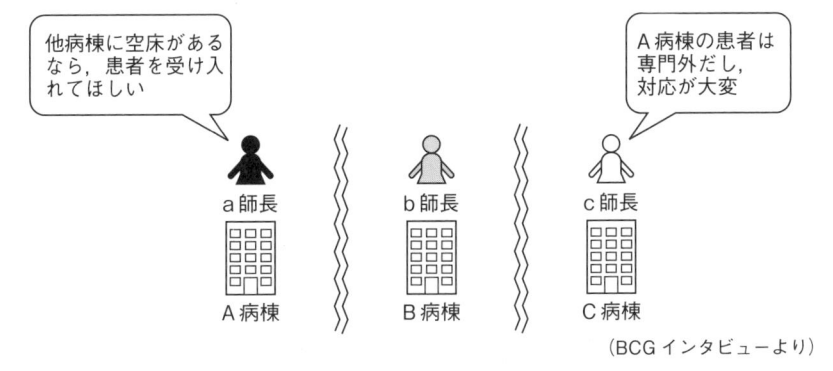

他病棟に空床があるなら，患者を受け入れてほしい
── a 師長／A 病棟

── b 師長／B 病棟

A 病棟の患者は専門外だし，対応が大変
── c 師長／C 病棟

（BCG インタビューより）

例が散見された。その結果，病棟によっては空床があるにもかかわらず，循環器科の患者を主に受け入れている一部の病棟が満床であったことが理由で，循環器科の新規入院患者を受け入れられなくなったというのである。

不十分な標準化が「たこつぼ」状態を助長する

　留意していただきたいのは，標準化が不十分だと，「たこつぼ」も発生しやすいということである。例えば先にあげた病床管理の例で，循環器疾患の患者を外科系の病棟に入れようとしても，標準化されたルールが存在しなければ，外科系の病棟のコメディカルにとって，専門外の患者を受け入れることは危険過ぎてできない，するべきではないということになるのは当然だ。

　標準化ができていない場合は，必然的に「たこつぼ」に陥りやすい構造になっていると言うこともできる。

3. 思考の罠3：在院日数が長期化しがちなのは，患者の受け入れ先確保が難しいから

　クリニカルパスは存在するし，臨床的にも退院可能なのだが，患者側の事情によって在院日数が長期化してしまうケースもしばしば見受けられる。例えば，退院後の通院の不安を考えるとまだ入院していたい，患者家族の負担を考えると自宅に帰すのはまだ難しい，といった場合である。

　日赤プロジェクトでは，図表3-1で示した複数施設における狭心症ステント留置術の各症例のうち，在院日数が長期化しているものについて，入院初日から退院に至るまでの何日目にどのような医療行為が行われているのか，患者様態はどのようになっているのか，といった経過を，カルテに記載されている内容に沿って分析した（図表3-4）。すると，施設Aでは，そもそも在院日数が長期化している症例は少ないが，長期化の理由を詳細

図表3-4　施設別在院日数長期化症例の内訳

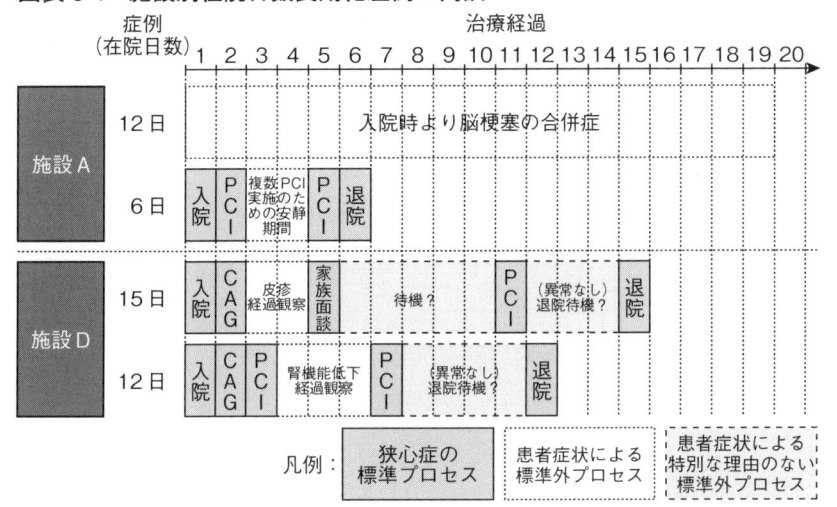

施設	症例 (在院日数)	治療経過
施設A	12日	入院時より脳梗塞の合併症
施設A	6日	入院 → CPI → 複数PCI実施のための安静期間 → PCI → 退院
施設D	15日	入院 → CAG → 皮疹経過観察 → 家族面談 → 待機? → PCI → (異常なし)退院待機? → 退院
施設D	12日	入院 → CAG → PCI → 腎機能低下経過観察 → PCI → (異常なし)退院待機? → 退院

凡例：狭心症の標準プロセス／患者症状による標準外プロセス／患者症状による特別な理由のない標準外プロセス

(日本赤十字社資料，BCG分析より)

に調べると，臨床上避けられない患者要因によるものであることが確認された。

一方，施設Dにおける在院日数長期化症例では，患者容体に起因する要素がまったく見当たらないにもかかわらず，経皮的冠動脈形成術（PCI：percutaneous coronary intervention）施行後3，4日間，特に何らの医療行為も行われない入院期間が発生している症例が散見された。このような症例について，施設Dによれば退院後の患者家族側の受入体制が整っていないためであり，施設側の努力だけではいかんともしがたいということだったが，果たして本当にそうなのだろうか。

それでも在院日数コントロールは可能

確かに，患者や患者家族からこうした相談が持ち上がることは，想像にかたくない。しかし，再度，**図表3-1**を見ていただきたい。施設A，Bで

は，このような場合も含めて，在院日数のコントロールに成功しているのである。

これらの施設では，患者や患者家族に対して，入院前の段階から，「こういう疾患・治療のために入院する場合の入院期間は，標準的には○日間です。患者様がこういう状態である場合には，問題なく○日後には退院できますから，あらかじめご準備ください」といった形で入退院の計画を十分に共有し，啓蒙することによって，病院での入院への過度な依存を回避するよう努めている。

さらに，地域における他の医療機関との連携によって，病院の入院でカバーするのはここまで，そこから先は連携先のクリニックが退院後の服薬指導など患者ケアを十分に行う，といった役割分担を明確にし，自施設での在院日数を長期化させないという方策もとられている。

自施設だけですべて対応しようとすると，臨床的には退院可能な患者の「療養」まで担うことになり，在院日数の適正化が困難となるだけでなく，急性期病院としての使命にも疑問を呈されるような状況となるのである。

4. 思考の罠4：病床利用率が上がらないのは，患者がいないから

十分な病床利用率を維持するだけの患者がいない——これは，特に地方の病院においてしばしば聞かれる悩みである。

確かに，同じ医療圏に競合する病院が存在しないにもかかわらず，人口の過疎化も相まって，現状以上の患者数を期待し得ないという施設も存在する。このような施設では，減床も含めた固定費の抜本的な削減に踏み切らない限り，収益改善が難しい場合もある。

しかし，筆者らが日赤プロジェクトで検討した際，このような施設は全体の1割にも満たなかった。実は多くの施設で，同じ医療圏に存在する他病院と比較して十分な患者獲得力をもっていないために，「患者不足」に

悩んでいる状況がうかがえた。逆に，地方でも，競合優位な患者獲得力を有する施設では，高い病床利用率を維持できているのである。

「患者がいない」理由

　例えば，ある政令指定都市の施設において，病診連携などさまざまな取り組みを行ってきたものの，新規患者が増えないという悩みを耳にした。「この地域は都市部とは言え，古くからの人口密集エリアから離れているので，患者が来ない」ということであった。

　しかし，この施設から数キロメートルしか離れていない他病院との間で，日中の救急搬送の年間回数を比較してみたところ，この施設は比較した病院の半分程度の回数しか救急搬送を受け入れていないという事実が判明した。一方で，この施設では日中，外来と入院の医療スタッフのやりくりが難しく，救急患者の受け入れを断ってしまっているという実態も明らかになった。この事実を知るに至り，この施設の院長も，十分な患者数を確保できない理由が，「単なる地理的要因」では説明できないことを痛感したようである。

　前章までにも述べたとおり，わが国の200床以上の病院では，総合病院として全方位的に診療科をもっている一方，医療資源の投入にメリハリがなく，地域の患者からみると，一体何がその病院の強みなのかわかりにくい施設が多い。その結果，比較的規模が小さい施設では，相対的に固定費比率が高くなり，収益性を改善する構造的な足かせになっている。実は，総「総合病院化」の弊害は費用面にとどまらないというのが，筆者らの考え方である。

専門的な強みをもつ病院

　ある「総合」化した病院の近隣に，例えば循環器内科に専門的な強みを

もつ施設があったとしよう。その施設には，循環器の専門医を目指す若手医師も，症例経験を積むために全国から集まってくるし，患者も，腕のよい専門医が多く存在する施設と聞いて，遠方からもやってくる。結果的に，「総合」化した病院にも循環器内科は存在するものの，循環器内科専門病院には競合負けしてしまうことになる。こうして患者に選ばれない病院になってしまい，病床利用率の向上が実現できないのである。

　再度，**図表 3-1** を見ていただきたい。各施設における年間取り扱い症例数を見ると，施設 A は 100 症例以上，施設 B は実に 300 症例以上を扱っているのに対し，施設 C，D の症例数はいずれも 100 に満たない。施設 B は，循環器分野を中心とした専門特化型の運営を実際に行っている，いわゆる「尖り」のある施設である。この施設は，人口約 25 万人の県庁所在地から 5km ほど離れた隣の市に位置している。県庁所在地には県立，市立，大学病院が軒を並べており，ほぼすべての医療を受けることができる状態である。にもかかわらず，この地域では，循環器分野となると，隣の市に位置する施設 B に入院を希望する患者が後を立たないという。患者だけではない。この施設では近隣のクリニック等医療機関との間できわめて密接な連携関係を構築しており，これらの医療機関が安心して患者を紹介できる先として信頼されてもいるのである。いずれも，地域において循環器分野での競合優位性を強固に確立できている証左である。

　さらに，**図表 3-1** における症例数と平均在院日数の長短は無関係ではないと筆者らは考えている。症例数が多い施設では，十分に経験を積んだ医師によって標準化されたプロセスが構築され，常に改善されることで，結果的に平均在院日数が均一化・短縮化できていると考えるのが妥当であろう。

　患者の視点でこの 4 つの施設を見た場合，どの施設で入院治療を受けたいか，議論を待つまでもなく，一目瞭然ではないだろうか。

5. 思考の罠5：在院日数短縮化は病床利用率向上の敵

　在院日数が，その疾患・診療行為に対して適正な水準を超えて長期化する傾向にある病院で，経営層や現場の医師に話を聞いてみると，次のような声が聞かれることが多い。

　「在院日数を短縮化すると，そのぶん空床が増える。それよりは，在院日数を長期化して空床を減らしたほうが収益上プラス」。確かにこうすることで，病床利用率の改善は一定程度実現するが，在院日数の長期化が患者1人当たりの収益低下を引き起こす。結果的に，どんなに病床利用率を高めても収益改善につながらないことは，第1章で述べたとおりだ。

売上の改善＝在院日数短縮と病床利用率向上の両立

　比較的病床数規模の小さいDPC病院では，医業収益（売上）の改善こそが抜本的な経営改善に必要であり，その主要因は，「在院日数の短縮」と「病床利用率の向上」であると，筆者らは考えている。しかしながら，この2つは相反すると考えられがちな指標であるため，上記のように，在院日数を長期化させてでも空床を埋めて病床利用率を向上させるといった発想になりやすいのが実情である。特に，病床を管理する現場では，空床を生じさせることへの不安から，比較的容易に操作できる在院日数を長期化する方向に走りがちなのかもしれない。

　図表2-4で示したように，在院日数と病床利用率は必ずしも相反する関係にはなく，施設によっては比較的短い在院日数と高い病床利用率を両立させている。このような施設のなかには，経営層が，在院日数を臨床的，経済的に合理的な範囲で短縮化させることを大前提に，それでも高い病床利用率を両立させるために，日々の新規患者獲得数を指標化して管理するといったことを行っている例があった。

一方，在院日数と病床利用率を相反する指標と捉え，在院日数を長期化することで病床利用率を維持しようとしている施設について，それでも現在赤字の収支をバランスさせるために必要な病床利用率を逆算で求めてみたところ，なんと100%を超えてしまった。すなわち，いたずらな在院日数の長期化により，結果として患者当たりの収益性が，病床利用率の向上では埋めきれないほどに低下していたのだ。

収益改善のメカニズムを理解する

　病院運営も経営である以上，どのような行動が収益増加につながるのか，そのメカニズムを理解した経営層と現場スタッフが，同じ方向性で行動することが重要だ。しかし，経営改善が必要な病院に限って，収益改善のためのメカニズムが十分に理解されておらず，それに向けた具体的な行動が実行されていないという場合が多い。

　その結果，不安に駆られた現場スタッフが，短期的に実現可能な，しかし本来あるべき方向性に反する行動をとってしまうことになる。

　組織経営において経営層から現場スタッフまで同一の方向性で経営改善のための行動を継続していくためには，重要業績評価指標（KPI：key performance indicator）を用いた「見える化」が有効だが，多くの病院ではそのような仕組みが存在しない。有効な指標ごとに明確な目標値とそれを達成するための具体的なアクションを設定し，その実行状況をモニタリングする仕組みは，多くの企業ですでに導入されているが，病院にとってはこれからの課題といえよう。

6. 病院経営改革を阻害する5つの要因

　ここまで述べてきたことを踏まえて病院経営改革を阻害する要因を抽出

すると，次の5つにまとめられる。

① 標準化の度合いが不十分
② たこつぼの存在による部分最適化
③ 地域内での連携・役割分担の不足
④ 「総合」病院化による「尖り」の不在
⑤ 経営視点の未浸透

　この5つの要因は，相互に作用しながら，本質的な病院経営改革に必要な「在院日数の適正水準への短縮」「病床利用率の向上」という2つの鍵となる指標の改善を妨げている。

　例えば，「① 標準化の度合いが不十分」だと，症例ごとに在院日数にばらつきが発生し，平均在院日数の長期化につながる。同時に，「② たこつぼの存在による部分最適化」を助長することによって，施設全体の病床利用率の向上を妨げることにもつながる。

　また，「③ 地域内での連携・役割分担の不足」は，自施設内に患者をとめおくことによる在院日数の長期化につながる。同時に，他医療機関からの患者紹介というネットワーク機能が十分働かないことにより，病床利用率向上を妨げることにもつながる。

　「④『総合』病院化による『尖り』の不在」は，医療圏内での患者獲得における競合負けを招くことにより，病床利用率の停滞につながる。同時に，各診療領域における累積症例数不足を招くことにより，「① 標準化の度合いが不十分」ということにもつながる。

　「⑤ 経営視点の未浸透」が，他の要因と絡みながら，在院日数短縮，病床利用率向上いずれに対しても阻害要因として働くことは，自明であろう。

Chapter 3：本質的病院改革の阻害要因　　51

どこに課題があるかを見極める

　これら5つの阻害要因を念頭において，自施設がどの課題を抱えているのかをまず見極めることが，病院経営改革にとって不可欠である。本質的な議論を攪乱する「思考の罠」に陥ることなく，これらの普遍的な真因に迫らなければ，病院経営改革への道のりは遠い。

　次章以降，これら5つの阻害要因を打破し，病院経営を改革するための具体的な方策を紹介していきたい。

Chapter 4

病院改革に向けた提言1:
クリニカルパスで
診断・治療プロセスを
標準化せよ！

前章で，病院経営に関与する人が陥りやすい思考の罠を踏まえて，わが国の病院経営の本質的改革を阻害する要因について述べた。

　その要因とは，① 診断・治療プロセスの標準化の度合いが不十分，② たこつぼの存在による部分最適化，③ 地域内医療機関との連携・役割分担不足，④「総合」病院化による「尖り」の不在，⑤ 経営視点の未浸透，の5つにまとめられる。そのいずれもが，「在院日数の最適化」と「病床利用率の向上」という病院経営の本質的改善に向けて，乗り越えなければならない大きな課題である。

　また，薬剤費や医療材料費の削減といった手っ取り早いコスト削減策に比べると，一朝一夕には解決できないことも，わかっていただけたと思う。

1. 病院経営改革に向けた5つの提言

　それでは，こうした課題を乗り越えるためには，何をどう変えていけばよいのだろうか。その方策を考えるに当たって筆者らは，在院日数の最適化と病床利用率向上を同時に実現し，収益を上げることに成功した病院と，それを実現できずにいる病院との比較分析を試みた。

　比較分析と言っても，DPCデータの分析によくみられる机上の数値ベンチマーキングだけを行ったのではない。DPCデータの分析に加えて，実際に各病院に足を運び，医師やコメディカルの動き，設備や病床の利用方法，組織運営の方法にどういう違いがあるのかを実地観察することで，両者の違いを抽出しようと試みたのである。

エクセレント・ホスピタルからの学び

　具体的には，60施設以上のDPC病院を傘下にもつ日本赤十字社の協力を得て，次のような調査を行った。まず，在院日数の最適化と病床利用率

向上を同時に実現し収益を上げることに成功した5つの施設と、そのどちらも実現していない5つの平均的施設を選択した。これらの施設を対象に、DPCデータの分析と、各病院における実地観察を行った。なお、10施設の選択においては、地域や病床数などに偏りが出ないよう配慮した。

現地に赴いて行ったのは次の3点である。まず、医師やコメディカルの1日の動きをつぶさに観察した。次に、各施設における手術室や検査機器などの設備や病床の利用ルールについて詳細にヒアリングした。そのうえで、病院長や診療科長、中堅医師、看護師、検査技師、事務系の方々と個別にお会いし、医業収支向上のためにどんなことを実行しているか、そしてその理由について、DPCデータ分析結果や観察結果をベースにしながら質問しつつ、議論させていただいた。

現場の実態を自分の目で見ることで、DPCデータを単純に比較して見比べただけではわかり得ない、エクセレント・カンパニーならぬ「エクセレント・ホスピタル」における、プロセスやルール、組織運営の方法など、高効率経営の裏にある仕組みの秘訣が明らかになった。

こうした観察・分析を基にまとめたのが、以下に示す「病院経営改革に向けた5つの提言」である。

提言1：クリニカルパスの定義と実行保証の仕組み化
提言2：複数診療科や病棟にまたがったヒト、病床、設備の全体最適利用の仕組み化
提言3：地域内医療機関の連携、役割分担の明確化
提言4：「総合」病院から、「尖り」のある病院へ
提言5：在院日数および新入院患者数の2つを必ず含むKPI（重要業績評価指標）の設定とモニタリング

以下の各章でこれらの提言を1つひとつ、詳しく述べていくが、本章では、「提言1：クリニカルパスの定義と実行保証の仕組み化」について考え

る。

2. 必要十分なクリニカルパスが準備されているか

　DPCを導入している病院であれば，クリニカルパスがまったく存在しないという病院はさすがに少ないだろう。実際，実地観察に赴いたいずれの病院でも，何らかの形でクリニカルパスは存在していた。医師との議論においても，全員が「クリニカルパスを用意している」と語っていた。こうした事実から，読者のなかには，何をいまさらパスのことをことさらに取り上げるのかといぶかる人もいるだろう。

　しかし，そうした病院のクリニカルパスを注意深く観察し，またその運用実態を調べてみると，「クリニカルパスを用意している」の意味が，エクセレント・ホスピタルと平均的な病院とで，まったく異なることがわかってきたのである。

　すなわち，パスの対象疾患，設計方法，対象範囲，実行保証の仕組みの4つの点で，エクセレント・ホスピタルと平均的な病院の間には大きな違いがあることが浮き彫りになった。

3. パスの条件1：対象疾患の選定

　第1の違いは，クリニカルパスを用意している疾患数と設定する単位の違いである。各病院長に「院内にクリニカルパスが全部でいくつ存在しているか」と尋ねてみたところ，あるエクセレント・ホスピタルでは，DPCコードごとに1つずつ，実に約180種類のクリニカルパスを設定していることがわかった。この病院では，この180種類の疾患で全患者数の約7割をカバーできるそうだ。

すなわち，全患者の7割に相当する疾患のそれぞれについてクリニカルパスが設定され，各疾患当たり必ず1つの標準化された診断・治療プロセスが用意されているのである。

同一疾患に対する複数のパス？

　一方，平均的な病院のなかにも約100種類のクリニカルパスが設定されている施設があったが，その実態は前述の先進例とはまったく異なるものであった。例えば，DPCコードは，疾患ごと治療方法ごとに設定されているため，コードごとにパスを定めることが望ましい。ところが，同一コードにもかかわらず，クリニカルパスを3つも用意している例が存在した。

　例えば，白内障の眼内レンズ挿入手術のDPCコードは1つだが，前述のように1泊2日，2泊3日，3泊4日の3種類のクリニカルパスを設定している病院もあった。休日をはさんで入退院する場合の患者の利便性を考えて設定したとのことだったが，これでは在院日数の標準化・最適化に資さないことは論を俟たないだろう。

分断したパス？

　別の病院の例では，DPCコードが1つであるにもかかわらず，それを2つのプロセスに分けてパスをつくっていたケースもあった。例えば，急性心筋梗塞について，経皮的冠動脈形成術（PCI）と心臓リハビリテーションに分けて2つのパスをつくる，などである。これは，同じ心筋梗塞でも，心臓リハビリテーションを行う場合と行わない場合があるので，行わない場合にパスアウト（クリニカルパスに規定されたプロセスから外れること：バリアンス）することを防止するためということであった。

　しかし，2つに分断したパスをつくると，一連のプロセスが分断されてしまい，同一DPCコードの疾患の在院日数管理がしにくくなる。それよ

りも，PCIと心臓リハビリテーションを通したパスをつくって，パスアウトする場合の条件を明確に記述するほうが，標準的プロセスの徹底と在院日数管理の観点から望ましいのは明らかであろう．実際にエクセレント・ホスピタルでは，そのような運営をしていた．

こうした事例を排除していくと，この平均的な病院では，用意されていた100種類のパスのうち，在院日数管理の観点から本当に意味のあるパスは58種類しかなかった．

いわゆる総合病院の平均的な疾患構造を分析したところ，上位100種類のDPCで総患者数の5割程度をカバーしていることがわかった．180種類は無理でも，100程度のDPCごとにクリニカルパスを作成すれば，患者の半分は標準的な診断・治療プロセスで対応できるのである．

DPCコードごとに1つのパスを設定する

このように，よほどのことがないかぎりは，DPCコードごとに1つずつクリニカルパスを設定することが，医療プロセスの標準化という観点からは望ましい．現在は，個別医療機関の治療成果（アウトカム）に関する情報はまったく公開されていない．しかし，高齢化社会を迎え，膨らむ一方の医療費を有効に使うことが，より強く求められるようになることは間違いない．必然的に，医療資源の投入量に対するアウトカムの向上が求められるようになる．そうすると，各医療機関が疾病ごとに治療成果や在院日数を公開することが求められるようになってもまったく不思議ではない．

実際，スウェーデンでは，医療機関ごと，疾病ごとに，治療成果を可視化することで，医療機関の間の競争と自助努力を促して，医療の質向上に成功しているそうである．わが国にもそうした日が訪れることに備えるためにも，DPCコードごとにパスを設定し，医療プロセスの標準化と継続的な改善努力を行う癖をつけておくことが必要だ．

4. パスの条件2：時間軸の設定

　第2の違いは，クリニカルパスに時間軸の概念を含めているかどうかである。

　「クリニカルパス上で何を規定しているか」を尋ねてみると，多くの平均的な病院においては，「医療行為をどのような順番で実行するか」についてはクリニカルパス上で定めていても，「いつまでに（入院後，何日目までに）完了するか」という時間軸までは定めていない例がよくみられる。このため，患者や施設のさまざまな都合で，在院日数が延び延びになってしまうケースが発生しているようだ。

● 優れたパスの例

　一方，エクセレント・ホスピタルでは，プロセス標準化の際に時間の概念も入れ込み，「入院後何日目に何をするか」が明確になっている。例えば，頻脈性不整脈に対するアブレーション実施症例のクリニカルパスにおいて，あるエクセレント・ホスピタルでは以下のように規定している。なお，この病院では，本疾患の最適在院日数は3泊4日と規定している。

　入院日：診察を行い，全3泊4日の入院期間中の流れを説明し，また，入院期間中の薬剤服用指導を行う。また，その日のうちに，超音波試験を行うことが決まっている。

　2日目：術日として規定されている。この日は抗生物質やプロトンポンプ阻害薬などの経口投与と，抗凝固薬の点滴投与があり，経皮的カテーテル挿入術を行う。また，呼吸心拍監視を行う。なお，使用する薬剤についても製品名が具体的に決められており，処方される薬剤の違いに

よって，患者さんの症状変化が起こらないよう，工夫されている。

3日目：2日目の薬物療法に加えて，抗血小板薬の経口剤投与を開始する。術後の呼吸心拍監視も継続することが決められている。

4日目：プロトンポンプ阻害薬と抗血小板薬の経口投与と，最終診察があり，その日の午前中に退院することが決められている。

さらに，このクリニカルパスどおりに診断・治療行為を行うことによる，診療報酬ならびに薬剤費・材料費が分析され，収益性が計算されている。つまり，このエクセレント・ホスピタルではDPCコードごとに医学的見地，経済的見地の両方から検討された最適在院日数を設定し，それを実現するためのツールとしてクリニカルパスが活用されているのだ。

最適在院日数をいかに設定するか

経済的見地と医学的見地で最適在院日数が異なる場合はどうするのかと，いぶかる読者もいるだろう。

しかし，どのような観点かにかかわらず，最適在院日数自体が定義されていない場合が多いのが実態である。したがって，いったん経済的観点からの最適日数を定めてみて，それが医学的観点からも可能なのかどうかを議論することができれば，病院改革を進めていくうえで大きな前進といえるのではないか（もちろん，まったく逆に，医学的に最適といえる日数を定めて，それが経済的にはどうかを検討するのでもかまわない）。

この一点だけをとってみても，医療スタッフと事務方が共同して，それぞれの立場から病院経営のあり方を一緒に議論することの重要性がわかっていただけるのではないだろうか。

最適在院日数の3つのパターン

　少し話が脱線するが，DPCコードごとに，最も収益性が高くなる最適在院日数を分析するなかで，非常に興味深い発見があった。疾患タイプによって（正確にはDPCタイプだが），経済的な最適在院日数に3つのパターンが存在するのである（図表4-1）。

　1つ目のパターンは，何らかの手技を伴う疾患で，そうした手技の当日に最適在院日数がくるものである。

　例えば，先ほどの頻脈性不整脈のアブレーション実施や，狭心症のステント留置術，白内障の眼内レンズ挿入術，大腸ポリープ切除術などが該当する。多くの手技が包括払いの対象外で，出来高払いなのはよく知られているとおりである。出来高払いとなる手技が最も収益性が高い治療プロセスになるため，その当日が最適在院日数になるのである。このパターンの疾患が全体で最も多く，全DPCの約60％を占めることがわかった。

　2つ目は，出来高払いの対象となる手技がないため，得られる診療報酬はすべて包括払いとなる疾患である。

　これらの疾患では，1日当たりの定額で支払われる診療報酬と，主に薬剤投与などの変動費とのバランスで経済的な最適在院日数が決まる。このため，薬剤を投与する平均日数ならびに費用を把握しておくことが肝要である。例えば肺炎，脳梗塞，ウイルス性腸炎などが該当し，全DPCの15％がこのパターンである。

　3つ目のパターンは，基本的に2つ目の変形なのだが，がんの化学療法のように薬剤価格が高いため，定額の診療報酬ではその費用をまかないきれないものである。

　つまり，このパターンの疾患は，現状の診療報酬制度の下では経済的な最適在院日数が存在せず，短期での収益化はきわめて難しいのである。例えば，卵巣がんのセカンドラインの治療薬として有名なドキソルビシン塩酸塩リポソーム注射剤（ドキシル®）が，DPC制度下では高価格ゆえに，

図表4-1 疾患タイプ別の最適在院日数

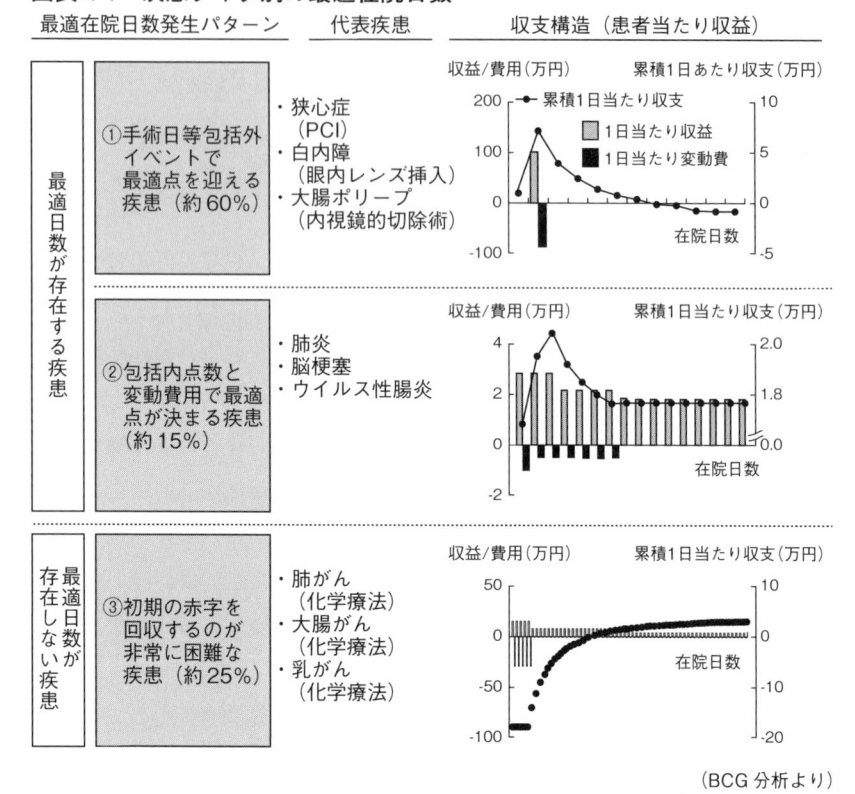

最適在院日数発生パターン	代表疾患	収支構造（患者当たり収益）
最適日数が存在する疾患	①手術日等包括外イベントで最適点を迎える疾患（約60%）	・狭心症（PCI） ・白内障（眼内レンズ挿入） ・大腸ポリープ（内視鏡的切除術）
	②包括内点数と変動費用で最適点が決まる疾患（約15%）	・肺炎 ・脳梗塞 ・ウイルス性腸炎
最適日数が存在しない疾患	③初期の赤字を回収するのが非常に困難な疾患（約25%）	・肺がん（化学療法） ・大腸がん（化学療法） ・乳がん（化学療法）

（BCG分析より）

病院側が敬遠して使わない例が発生しているとして，2010年4月から包括外に指定されたのは記憶に新しい。薬剤価格が高いために在院日数にかかわらず病院にとっての収支がプラスにならない疾患が，DPC全体の25%を占めるというから，DPC病院にとっては死活問題である。

現在，見直しが行われていると聞くが，診療報酬の設計自体に問題があると言わざるを得ず，早急に政府の対応が望まれる。

5. パスの条件3：プロセスの定義

エクセレント・ホスピタルにおける第3の違いは，クリニカルパス上で規定されているプロセスの範囲が異なることである。

● パスは入院前・退院後のプロセスまで含むことが不可欠

平均的な病院のクリニカルパスでは，入院期間中の検査・治療プロセスしか定めていないことが多い。一方，エクセレント・ホスピタルでは，入院前・退院後のプロセスまで含めて，パスで定めている。つまり，入院前に外来で行うべき検査や患者の容体を，パス適用基準としてクリニカルパスに明確に定めておくのである。こうすることで，入院期間中の貴重な時間を，外来でもできる検査に使わずに済み，在院日数を短縮する効果が期待できる。また，患者の容体の条件も規定することで，パスアウトするリスクを低減することもできる。

さらに，退院後の受け入れ医療機関を特定し，退院後のケアのプロセスを地域連携パスで規定することも重要である。こうすることで，急性期病院から無理に放り出すのではなく，急性期治療が終了した後の専門的なリハビリ治療を，回復期病院などで受けてもらうことができ，生活／生命の質（QOL：quality of life）改善にも大きく資することになる。

● 医療資源の適正な利用につながる可能性

急性期病院は，本来は回復期の患者の治療は専門外のはずである。しかし現在の実態としては，急性期病院に治療上の必要がないにもかかわらず，長期に入院している，いわゆる「社会的入院」の患者が，全国に約20万人も存在するといわれている。

地域連携パスで急性期と回復期の病院の役割を明確に定義することで，「社会的入院」問題の解決につながることも期待できる。さらには，急性期病院の病床が回復期患者に使われるという，医療資源の間違った使い方を正すことにもつながる。

このように，患者のQOLを維持・改善しながら最適在院日数を実現するには，入院前・退院後にまたがった全プロセスを，クリニカルパスならびに地域連携パスで定義することが必要不可欠なのである。

あるエクセレント・ホスピタルでは，地域内の受け入れ医療機関（回復期医療機関）が不足しているという問題を解消するために，自らが投資して，リハビリ施設を設立したという。

6. パスの条件4：行動計画への反映

第4の違いは，クリニカルパスで規定しているプロセスを，実際の医師やコメディカルの行動計画，医療機器や設備の利用計画にまで落とし込んでいるかどうかである。

平均的な病院の医師やコメディカルに「クリニカルパスをどのように活用しているか」と尋ねると，決まって「パスに則って行動している」という答えが聞かれる。しかし実際には，クリニカルパスが存在しても，それらが医師やコメディカルの具体的な行動にまで落とし込まれておらず，パスが「絵に描いた餅」になっている例が多くみられた。

行動につなげるための3ステップ

実際の行動につなげるためには，3つのステップで，クリニカルパスをスタッフの行動計画と設備の利用計画に落とし込んでいくことが必要になる。エクセレント・ホスピタルでは，このような一連のステップを実行し

ているのである（図表 4-2）。

　ステップ1では，患者の入院，検査，手術，退院のスケジュールを，最低でも1週間単位で一覧化する。こうすることで，それぞれの日に何人の入院があり，どのような検査が何件必要で，何件の手術が必要となるのかが可視化される。クリニカルパスが明確に定まっていれば，これは事務方にも十分にできる作業である。

　ステップ2では，それを医療スタッフの出勤日程，設備の空き状況と照らし合わせる。万が一，スタッフが足りないことが事前にわかれば，不足している部門のスタッフの出勤を依頼するなどの作業が必要になる。これは，さすがに事務方というよりは，各医療スタッフ部門の役職者が差配したほうがよいだろう。

　ステップ3では，2の照合結果を基にして，どの医療スタッフが，どの患者の，どのプロセスを担当するのかを，固有名詞ベースで指定していく。ここでは，患者の入退院計画の変更に合わせて，日々，各スタッフの行動計画を微修正していくことが必要になる。

図表 4-2　クリニカルパスと連動した検査技師および機器のスケジュール調整の例

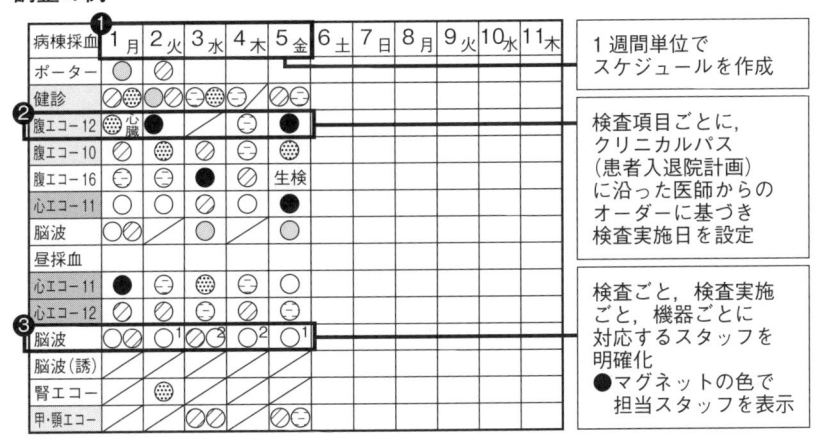

病棟採血	1月	2火	3水	4木	5金	6土	7日	8月	9火	10水	11木	
ポーター	○	⊘										1週間単位でスケジュールを作成
健診	⊘⦿	⊘⦿	⊘⦿	⊘⊖	⊘⊖							
❷ 腹エコー12	⦿心臓	●	/	⊖	●							検査項目ごとに，クリニカルパス（患者入退院計画）に沿った医師からのオーダーに基づき検査実施日を設定
腹エコー10		⦿	/		⦿							
腹エコー16	⊖	●	⊘	⊘	生検							
心エコー11	○	⦿	⊘	⊖	⊘							
脳波	○○				⊖							
昼採血												
心エコー11	●	⊖	⦿	○	○							検査ごと，検査実施ごと，機器ごとに対応するスタッフを明確化 ●マグネットの色で担当スタッフを表示
心エコー12	⊘	⊖	⊖	⊖	⊖							
❸ 脳波	⊘⊘	○¹	⦿³	⊘²	○¹							
脳波（誘）												
腎エコー	⊘	⦿										
甲・頸エコー			⊘⊘	⊘⊘	⊘⊖							

ここまでやれば，クリニカルパスが，医療スタッフの行動や，医療機器・設備の利用計画に具体的に反映され，画餅ではない実現可能な計画にまで昇華されていく。逆に言えば，ここまでやらないと，クリニカルパスを本当に実現することはできないのである。

7. クリニカルパスの4つのポイント

　これまで見てきたクリニカルパス活用のベストプラクティス事例を踏まえると，「クリニカルパスの定義と実行保証の仕組み化」とは，具体的に以下の4つのポイントを意味することがわかる（図表4-3）。

① クリニカルパスをDPCコードごとに設定する。
② クリニカルパスで，経済的観点からの最適在院日数も勘案した在院日数目標を定義する。
③ 在院日数目標に合わせて，入退院の前後も含めた病日ごとの標準プロ

図表4-3　平均的な病院と先進的な病院の違い

クリニカルパスの設計方針	平均的な病院	先進的な病院
設定する疾患単位	DPCコードと無関係	DPCコードごとに1つずつ
時間軸	期間の指定なし	最適日数で完了するよう規定
設定するプロセス範囲	入院期間中の検査・治療プロセスのみ	入院前から退院後まで（地域連携パスも合わせて設定）
行動計画への落とし込み	なし	医療スタッフやコメディカルの行動計画に落とし込み

セスを，クリニカルパスおよび地域連携パスで定義する。
④ 標準プロセスを実行するため，患者入退院計画を可視化し，医療スタッフの稼動時間を日次調整する。

パスの見直しと評価によって，その精度は向上する

　しかしながら，クリニカルパスは，1回設定すればよいというものではなく，常に進化させていく必要がある。クリニカルパスをいったん設定しても，診断・治療プロセスが規定したとおりに運ばないことも，多々発生しうるからである（いわゆるパスアウト）。

　そのようなパスアウト事例を，理由とともに逐次記録し，蓄積していくことが重要である。その結果，特定のクリニカルパスにおいて，同一理由でのパスアウトが一定数以上発生した場合には，当該クリニカルパス自体を見直す必要性が明らかになる。この不断の見直し作業を続けることで，クリニカルパスの精度をさらに高めていくことができるのである。

　さらに言えば，診断や治療のスタンダードの進化に合わせて，パスを進化させることが重要である。なかには半年に1度，同様の取り組みをしている病院との間でクリニカルパスを交換して，お互いに照らし合わせてみることで，医療プロセスのさらなる質・効率の向上余地がないかと追求している病院もあると聞く。その取り組みに参加している病院長や診療科長がそろって，「クリニカルパスを絶えず進化させることが医師としての使命の1つであり，そのための努力は怠らない」と語っていたのが印象に残っている。

　クリニカルパスを継続的に進化させ，医療の質と効率を向上させるための仕組みとして，傾聴に値する取り組みである。

Chapter 5

病院改革に向けた提言2：
複数診療科・病棟にまたがった人・病床・設備の全体最適利用の仕組みをつくれ！

1.「たこつぼ」化が病床稼働率の向上と平均在院日数の短縮を阻む

第2章で,「在院日数の短縮」と「病床利用率の向上」が,本質的な病院経営改革の鍵であることを述べた。これらを妨げる大きな要因の1つは,各診療科や病棟それぞれが独自の方針や判断基準に従い,業務範囲を決め,自前の設備や人的リソースを使って業務を行うことで,他の診療科や病棟と連携した業務運営を必ずしもしていないことにある。

救急患者を受け入れないことに伴う不利益

特にこの問題は,救急紹介患者の受け入れ,病床管理,手術室等の設備管理において顕著に表れる(図表5-1)。

救急紹介患者の受け入れにおいては,診療科間で救急患者の受け入れ基準やプロセスが確立しておらず,積極的な受け入れへのインセンティブ(誘因)が十分に働かないことにより,本来受け入れられるはずの患者を逃してしまっているケースがあるのは先述のとおりである。その結果,病床利用率の向上を阻害してしまっているのである。こうした救急患者は一般の

図表5-1 「たこつぼ」化による病院経営への影響

	「たこつぼ」化がもたらす課題	病院経営への影響
救急紹介患者受け入れ	診療科間で救急紹介患者の受け入れ基準やプロセスが未確立 →本来受け入れられるはずの患者を逸失	・病床利用率向上を阻害 ・患者単価向上機会の逸失
病床管理	病棟ごとの専門分化に伴う共有インフラの欠如,コミュニケーション不足 →病棟間でのベッドの「融通」が不十分	・病棟間での病床利用率のばらつき ・入院患者増加機会の逸失 ・平均在院日数の長期化
設備管理	診療科ごとに手術台,検査機器を固定的に使用 →設備間で利用率にばらつき	・病床利用率向上を阻害 ・平均在院日数の長期化

外来患者と比較すると，必要な治療や処置が高額になる場合が多いため，病院経営の観点からは，収益改善の機会も逸していることになる。

ベッドや手術台を融通できないことに伴う不利益

また，専門分化に伴い病棟ごとに担当診療科を決める病院が多いが，担当や専門性に対するこだわり，共通インフラの欠如，コミュニケーション不足などにより，病棟間でのベッドの「融通」が行われていないケースが多い。その結果，病棟間で病床利用率にばらつきが生じ，全体として病棟利用率の向上，入院患者の増加が阻害されてしまう。

同様に，診療科ごとに手術室を固定して「融通」を行わないことで，ある診療科では入院させたまま手術待ち，もしくは手術室が空くのを待って入院させる一方で，他の診療科では自科の手術室が空いた状態が放置され，結果として病院トータルでの設備の有効活用ができていないケースもみられる。このような状況も，病床利用率や平均在院日数の改善を阻む要因になる。

これらのケースはいずれも，いわゆる診療科，病棟，部門などがそれぞれ「たこつぼ」化することで，結果として病床利用率，平均在院日数の改善を阻んでいるのである。

以下，それぞれのケースについて，具体的な事例を交えながら課題の本質を解き明かし，その改善に向けた方策について考えていきたい。

2. 救急紹介患者受け入れを徹底せよ

第3章で，思考の罠の1つとして「病床利用率が上がらないのは患者がいないから」という声があることを取り上げ，よく調べてみると，真因はほかにある場合が多いことを紹介した。

なかには過疎化などに伴う地域全体の患者不足が根本的な原因と考えられる場合もあるが，そうしたケースは実は多くはない。同じ医療圏に存在する他の病院では十分な患者を獲得できている場合が多く，むしろ救急紹介患者の積極的な受け入れなどを含めた，病院間の「患者獲得力」の違いが，患者数の違いに現れていたのである。

　医療機関における救急患者の受け入れ実態は，わが国全体として大変関心の高いテーマである。総務省の調べによると，平成21年中の救命救急センター等搬送事案，約48万人のうち，15.3％が医療機関に対して2回以上の照会を行っている（**図表5-2**）。この数字は，最初に入院受け入れを照会された医療機関が，受け入れを拒否したことを意味している。

　なお，4回以上照会したケースは全体の3.3％，11回以上照会を行った事例も存在する。受け入れに至らなかった理由を見ると，「処置困難」(22.3％)，「手術中・患者対応中」(20.0％)，「専門外」(19.0％)，「ベッド満床」(12.2％)，となっている。

図表5-2　救急搬送における医療機関の受け入れ拒否

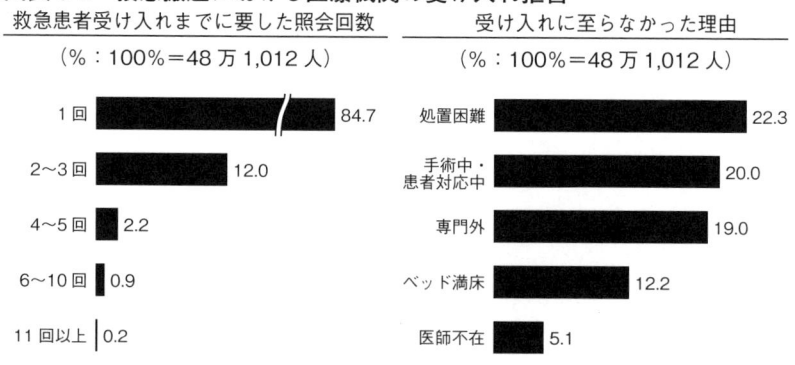

救急患者受け入れまでに要した照会回数
（％：100％＝48万1,012人）

回数	％
1回	84.7
2〜3回	12.0
4〜5回	2.2
6〜10回	0.9
11回以上	0.2

受け入れに至らなかった理由
（％：100％＝48万1,012人）

理由	％
処置困難	22.3
手術中・患者対応中	20.0
専門外	19.0
ベッド満床	12.2
医師不在	5.1

（総務省「平成21年中の救急搬送における医療機関の受入状況等実態調査の結果」より）

「たらいまわし」≒「患者を逸すること」

　救急搬送受け入れの拒否は，救急患者の「たらいまわし」によって迅速な処置が遅れるという意味で，社会問題になっている。一方，医療機関それぞれの経営の視点で考えてみると，これだけの数の患者を逸しているともいえるのではないか。

　もちろん，どの病院においてもそれぞれ事情があり，やむを得ず受け入れできないケースがあることも事実だろうが，果たしてすべて「やむを得ない」で片づけられるのだろうか。

　筆者らが実地調査の対象としたある病院では，救急患者の受け入れ数が，同じ医療圏に存在する近隣病院に比べて著しく少なかった。その原因を探ってみると，救急患者の受け入れの機会があっても，それを拒否してしまっている事例が散見された。

　調べてみると，この病院では専門分化の結果，心不全や肺炎など，本来であれば複数の診療科のいずれでも診ることができるはずの患者を，どの診療科でも「専門外」として拒否し，結局他院に患者をとられてしまっていたのである。上述の受け入れ拒否理由の「専門外」（15.6％）に該当する。

受け入れ拒否の背景にあるもの

　では，なぜこのようなことが起きるのだろうか。救急車で搬送される患者の対応については，救急担当の若手医師がその初期対応にあたるケースが多い。その際，前述のような症状の場合，複数の診療科で対応可能である一方，入院すれば長引く可能性があり，どの診療科も進んで受け入れようとはしない。経営的な視点をもつ施設・医療スタッフの場合，こうした患者に対して必要な治療・手術の有無などを考えて，経営的にもあまり「もうからない」ことも拒否をする理由の1つに加わる。

　そうした状況で，受け入れの判断を任される若手救急担当医は，明確な

判断基準がないなかで，無理に各診療科の受け入れ担当責任医師にお願いをしたり，診療科間での調整を進んで行ったりするよりも，むしろ受け入れを拒否する判断をしてしまうのである。

このように受け入れ拒否が続くと，救急患者を紹介する医療機関もこの病院への紹介を積極的に行わなくなるし，救急車による救急患者受け入れの照会も減ってしまう。結果として，ますます患者獲得の機会を逸するスパイラルに入ってしまうのである。

実際に，救急患者受け入れが少ない病院で，病院長にお話をうかがっている最中にも，病院の目の前を救急車が通り過ぎて行くところを目の当たりにした。消防庁としても搬送先施設を選択するうえでは，各病院の救急医療体制，専門分野に加えて，照会時の受け入れ実績，滞留時間などを総合的に判断するであろうから，そのなかで受け入れ実績の少ない施設が敬遠されがちになるのは，やむを得ないところである。

今回の実地調査の対象となった病院群とは別の例だが，近隣の消防署へ直接働きかけた事例もある。救急車搬送回数が少なかったその病院では，改善に向けた解決策の1つとして，病診連携室が近隣診療所に対して行う関係構築・強化の取り組みと同様に，近隣の消防署に，自施設の救急患者受け入れ体制，専門分野などの「宣伝活動」を行ったという。それだけ救急患者を積極的に取り入れることが，病院経営上重要だと認識してのことである。

受け入れ拒否の解決策

さて，この救急患者受け入れを拒否してしまうという問題は，どのように解決すべきなのか。最も有効な解決策の1つは，各科の受け入れ担当責任医を明確化し，輪番制で救急担当医の役割を担わせることである。

図表5-3にこの仕組みの概要を示した。各科の受け入れ担当責任医が救急担当医として，他科の担当医に受け入れの依頼をするのは，若手救急医

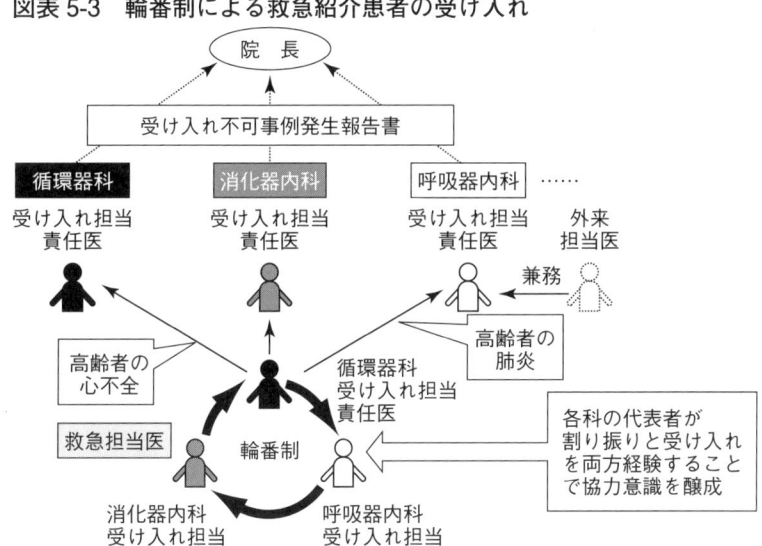

図表 5-3　輪番制による救急紹介患者の受け入れ

(BCG インタビューより)

が目上の医師に同じことを行うよりも，格段にスムースに進むからである。また，各診療科の受け入れ担当責任医が，救急担当医としての患者割り振りの大変さを経験することで，受け入れに協力する意識を醸成するという狙いもある。こうして救急担当医から要請を受けた受け入れ担当責任医は，救急外来で診察を行い，入院が必要な場合は，主治医になることもルール化する。

　各科が人員不足で受け入れ担当責任医を決められない場合は，業務の優先順位を前もって定義しておくことが望ましい。例えば，外来担当医が受け入れ担当責任医を兼任する場合なら，外来業務よりも救急対応を優先する，といった具合である。

　また，前述のように複数の診療科で受け入れが可能でありながら「三遊間」すなわち各科の専門の隙間に落ちやすい疾患については，あらかじめ担当診療科を決めておくことが望ましい。例えば高齢者の心不全は循環器

科，肺炎は呼吸器科，といった具合である。

受け入れ拒否の理由は院長への報告義務とする

　このようなルールを決めても，現場ではさまざまな理由で受け入れを拒否してしまうことも起こりうる。

　先に紹介したように，「処置困難」「手術中・患者対応中」「ベッド満床」「専門外」などの理由は，もっともな理由に聞こえる。そうした理由が妥当なものかどうかをしっかりと見極めるためにも，受け入れ拒否を認める理由をあらかじめ具体的に定義し，実際に受け入れを拒否した場合には院長への報告の義務を課すことが重要である。そうすることで，例えば「専門外」と判断した理由を，受け入れ担当者はより明確に説明することが求められ，判断の曖昧さを排除することができる。

　また，「患者対応中」や「ベッド満床」が拒否理由の場合にも，医療スタッフの配置や病床管理のあり方に本当の原因がある場合もある。こうした真の原因を探ることが問題発見の1つの糸口にもなるだろう。

　患者数の少なさを嘆き，在院日数の長期化によって病床利用率を維持しようとする前に，「患者獲得力」の向上の一環として，救急患者を確実に取り込む方策を考えるべきではないだろうか。

3. ベッドを中央管理して最適利用せよ

　第3章でも触れたとおり，専門分化に伴い，病棟ごとに担当診療科を決める病院が多い。こうしたなかで病床利用率の低い病院を見てみると，病棟，診療科別に看護師長がベッドを管理し固定化しており，他の病棟・診療科との間でベッドを「融通」し合っていない例が多い。そのため，病棟・診療科間で利用率のばらつきが生じ，病院全体の利用率を押し下げる原因

になっている。

　このように融通を通じた病院内設備の全体最適利用が行われない背景には，大きく3つの要因がある。1つは，必要なインフラが整備されていないこと。2つ目に部門間のコミュニケーションが不足していること。最後に，融通を行うためのインセンティブが欠如していることである。

インフラが整備されていない

　病棟間でこのような「たこつぼ」化が発生し，ベッドの最適利用がうまく行なわれていない施設で，その理由を聞いてみると，「専門外の疾患の患者に対して適切な対応ができないから」という声が多く聞かれた。このような状況は，病院経営の観点から望ましいとはいえないだろう。

　前章で述べた疾患単位でのプロセスの標準化が進めば，関連医療スタッフがクリニカルパスに沿って専門外研修を受けることで，病棟・診療科間で指示出し・受けを一律化できるようになる。そうすれば，他の病棟・診療科の患者への対応は，ある程度柔軟にできる環境が整う。

　ベッドの融通が必要な患者は，全体のごく一部であることが多く，専門外スタッフでも対応しやすい，標準パスでの治療ができる患者を優先的に融通することは，可能なはずである。こうした取り組みを進めることによって，「専門外だから対応不可能」という理由付けは聞かれなくなるだろう。

　また，病棟単位ではベッド利用状況を把握していたとしても，他の病棟の状況まで含めて全体を把握し，どの病棟に融通の余地があるのかまで把握できている施設はあまり多くないのが実態だ。

　このように，「専門外対応に必要な標準クリニカルパス」と，「各病棟の病床利用状況を俯瞰できる仕組み」という2つの重要なインフラが欠如していることが，融通が十分に行われない理由の1つである。

部門間のコミュニケーション不足

2つ目の理由は，部門間のコミュニケーション不足である。大半の病院においては，医局会議で，病院全体や各診療科の運営状況について，部門の枠を超えて議論することは少なく，特に他部門について口を出すことはまれである。

看護部でも，例えば各病棟担当の看護師長同士が積極的に協力し合い，病棟業務の課題（病床利用の最適化による利用率の向上など）について自発的に解決策を図るよりも，担当業務範囲内での日々の対応にどうしても時間をとられてしまうのが現実であろう。

さらに，部門の枠を超えた病院全体の方針が現場までしっかりと浸透していないケースも散見される。ある病院で病院長に病棟管理の方法について尋ねると，「うちは病棟ごとに担当診療科を固定することはやめて，どの病棟でもどの診療科の患者さんでも受け入れられる体制に変更した」ということだった。しかし，現場の医療スタッフに話を聞いてみると，実際には各病棟の管理責任者である看護師長が，担当外診療科の患者受け入れを拒否し，病床利用率のばらつきが平準化されていないという事実が判明した。理由は，上述の「専門外だから対応不可」というものだった。

「融通」を促進するインセンティブの欠如

3つ目の要因は，融通のためのインセンティブが欠如していることである。病棟を管理する看護師長の立場からは，自分が担当する病棟が満床の場合，他病棟に融通をお願いし，必要に応じて患者の治療方針，現状などの引き継ぎを行うのは，大変な負担になる。受け入れ側の看護師長にとっても同じことである。したがって，融通を積極的に行うためには何らかのインセンティブが必要になるだろう。

1つは，患者数，在院日数，利用率などのKPI（重要業績管理指標）を病

棟単位でモニタリングし，満床の場合でも何とか他病棟で患者を受け入れる努力を促すことである。そしてもう1つは，病棟間（看護師長間）での融通，もしくは「助け合い」の精神を醸成することである。

最適な病床管理への方策

それでは，こうした課題を克服し，病棟間での病床管理の全体最適を実現するためには具体的に何をすべきなのか。

最も大切なことは，病棟・診療科をまたいで病床の利用状況を把握し，全体最適化の観点から患者の受け入れ先を判断できる病棟管理統括責任者をおくことである。その際にも工夫が必要である。

例えば，各病棟の看護師長が，2週間から1か月単位の輪番制でその役割を担うようにすれば，それぞれの看護師長が患者受け入れ先決定の苦労を経験することになる。こうした経験を通して，受け入れ先の看護師長という立場になった場合の協力意識を醸成することが望ましい。これは，外部からの救急患者受け入れに輪番制を導入するのと同じ考え方である。

もう1つの仕掛けは，病棟管理統括責任者が正しい判断を行うために，病床利用状況を，現在および2～3日後の見込みも含めて可視化することである。クリニカルパスが明確に定義されていれば，各患者の退院予定日がわかるため，現在のみならず数日後の空床状況も高い確度で予測することができる。図表5-4に，この2つの仕掛けを含む全体像を示した。

中央管理が行われているエクセレント・ホスピタル

エクセレント・ホスピタルにおいては，すべての病棟で共通の管理表を用いて，こうした病床利用状況の情報を収集している。そして，それに基づいて，医師，看護師を含めた医療スタッフ全員で朝礼を行い，病棟単位で受け入れ可能な患者数と時間帯を把握している。さらに，入院予定患者

図表 5-4　輪番制による病床管理体制

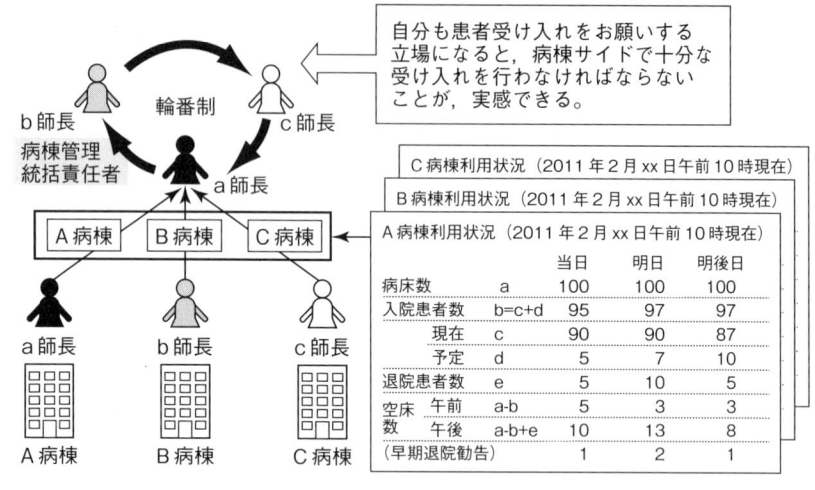

| C病棟利用状況（2011年2月xx日午前10時現在） |
| B病棟利用状況（2011年2月xx日午前10時現在） |
| A病棟利用状況（2011年2月xx日午前10時現在） |

		当日	明日	明後日
病床数	a	100	100	100
入院患者数	b=c+d	95	97	97
現在	c	90	90	87
予定	d	5	7	10
退院患者数	e	5	10	5
空床　午前	a-b	5	3	3
数　　午後	a-b+e	10	13	8
（早期退院勧告）		1	2	1

（BCGインタビューより）

数が受け入れ可能患者数を上回る場合には、入院中の患者別に早期退院の可能性について検討し、必要に応じて早期退院勧告を行うなど、より踏み込んだ病床管理を行っている。

全病棟の関連医療スタッフが一堂に会し、その場ですべての意思決定がなされ、毎日合意されたアクションのモニタリングが行われるため、決定事項は確実に現場で実行される。エクセレント・ホスピタルでは、このようにして病床利用率の最適化を実現しているのである。

すべての前提となるのはパスによる標準化

こうした仕組みに基づき全体最適を目指すうえで、大前提となるのは、クリニカルパスによる標準化を徹底することである。標準化によって他病棟、他診療科スタッフでも適切な対応ができる体制が構築でき、病棟をまたいで指示出し、指示受けが一律化できるようになる。

エクセレント・ホスピタルのなかには，標準化をさらに追求するために，それまで診療科単位で購入していたスペックの異なる医療機器を，すべて汎用機に切り替えるというレベルまで徹底しているところもある。

4. 設備・機器を中央管理しボトルネックを解消せよ

コンピュータ断層撮影法（CT：computed tomography）や核磁気共鳴画像法（MRI：magnetic resonance imaging system）などの医療機器，手術室や心臓カテーテル室などの病院内設備の利用方法についても，診療科や病棟間の「たこつぼ」化現象がよくみられる。

ある大学病院において，診療科別の在院日数に大きなばらつきがあることに着目し，その原因を探ってみた。すると，次のような状態が続いていることがわかった。

非効率的運用の背景

まず，診療科別に手術室の手術台数が割り当てられ，診療科間で融通が行われないため，ある診療科では恒常的に手術待ちの患者があふれていた。一方，別の診療科の手術台には常に空きがあった。手術台の利用率が低い診療科の担当医師にそのことを指摘すると，「ちょうどこの利用率の調査をした時期は，学会が重なったから手術ができなかった」という話だった。そこで，もう少し長い期間にわたって利用率の推移を追ってみると，実はその診療科は，その時期だけではなく，常に手術台の利用率が低いという事実が明らかになった。なぜこのようなことが起こるのだろうか。

設備面では，眼科用に設置された特殊な手術室を除けば，基本的にはどの診療科の手術にも対応できる手術台のはずである。理由をひもといていくと，昔ながらの医局間の「縄張り」意識が残っており，「融通」することや，

「共有化」することが，議論の俎上にまったく上がっていなかったという実態が明らかになった。

さらに，この病院で在院日数が長期化しているもう1つの理由が，入院後の検査待ちであることもわかった。入院患者用に使われるMRIの台数が不足しているというのだ。一方で，外来検査で使われるMRIには十分なキャパシティが残されていた。入院と外来でMRIの利用管理が別々になされており，病院全体としての最適化が図れていないことが原因であった。

非効率的運用の解決策

こうした診療機器や設備の非効率な運用に対する解決策は，これまで述べてきた病床管理の最適化に向けた方策と基本的には同じである。つまり，検査技師や看護師が輪番制で全体の利用状況を把握し，割り振りを決める。これにより，検査や手術待ちの時間が削減され，在院日数短縮へつながるのである。

図表5-5にこの仕組みの大枠を示す。具体的には，まずCT，MRIなど

図表5-5 設備・機器の中央管理による効率的運用

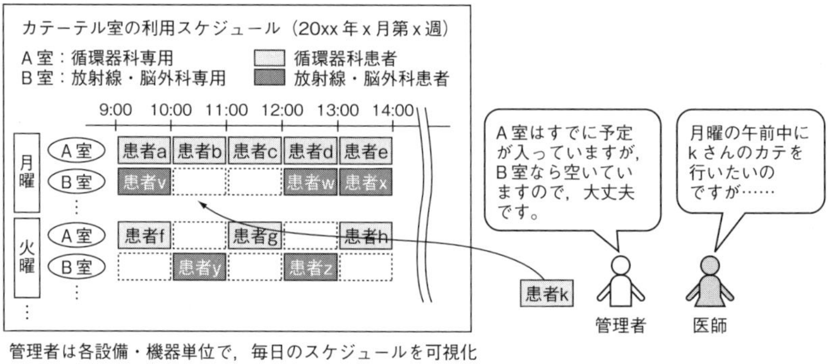

```
カテーテル室の利用スケジュール（20xx年x月第x週）
A室：循環器科専用    □循環器科患者
B室：放射線・脳外科専用  ■放射線・脳外科患者
              9:00 10:00 11:00 12:00 13:00 14:00
月曜  A室        患者a│患者b│患者c│患者d│患者e
      B室        患者v        │患者w│患者x
火曜  A室        患者f    │患者g    │患者h
      B室             患者y    │患者z
```

A室はすでに予定が入っていますが，B室なら空いていますので，大丈夫です。（管理者）

月曜の午前中にkさんのカテを行いたいのですが……（医師）

管理者は各設備・機器単位で，毎日のスケジュールを可視化

（BCGインタビューより）

の診療機器ごと，手術室，心臓カテーテル室などの設備ごとに，それぞれ管理担当者をおく。診療機器の場合は担当する検査技師のなかから，手術室や心臓カテーテル室の場合には担当看護師のなかから選ぶことになる。これらの管理担当者は輪番制で2週間から1か月の間，全体の機器・設備の利用状況を把握し，診療科・部門の間での最適利用のための判断を行う。

そのために管理者は，担当機器・設備全体の毎日の利用スケジュールを1週間ほど先まで可視化しておく必要がある。利用予定のある診療科の医師，看護師は，疾患単位の標準プロセスに基づき，その予定を管理者に伝え，スケジュール調整を仰ぐ。

効率的運用を可能にするための2つのポイント

この仕組みがうまく動くためには，2つの重要なポイントがある。

1つは，こうした管理者にある程度の決定権限を与えることである。利用予定日時が重なり，どうしても優先順位をつけなければならない状況になった際に，その都度，責任のある診療部長，看護師長などと調整を図っていては，迅速な対応ができなくなる。

ただ，管理者の権限の範囲内では解決できず，どうしても調整が必要な場合には，誰がどのようなプロセスで最終決定を下すかを明確に決めておく必要がある。重要な優先順位の判断については，多くは病院長や看護部長など，複数の診療科や病棟をまたいで管理する責任者に判断をゆだねることになろう。

2つ目の重要なポイントは，これらの管理者の負担をできるだけ軽減することである。輪番制とはいえ，一定の期間，通常の業務に加えて負荷がかかるため，少なくともスケジュール調整に必要なツールをしっかり整備するとともに，通常業務の軽減などの配慮も必要となろう。

重要な役割であるだけに，通常業務の負担を理由として，管理者としての責任を果たしきれないといった事態は，避けなければならない。

5. 改善効果の早期創出のために

　これまで，病床利用率の向上と在院日数の短縮を阻む「たこつぼ」化によって，部分最適化が起こる根本原因，およびその解決策を具体的に考えてきた。解決策をまとめると次のようになる。

① 救急紹介患者の受け入れ徹底のため，各診療科の受け入れ担当責任医師が輪番制で救急担当医を担う。また，受け入れ状況は院長報告の義務化を通じてモニタリングする。
② 複数病棟の病床管理情報を統括して判断できる病床管理者をおき，各病棟看護師の輪番制とする。
③ 複数診療科にまたがる診療機器，手術室・心臓カテーテル室等の予約，使用状況を統括して判断できる管理者をおき，それぞれ担当技師や病棟看護師の輪番制とする。

　これらの方策のなかには，すぐに実行に移せるものと，実行に向けた準備，体制づくりに時間を要するものが含まれる。
　例えば，救急患者受け入れや病床管理の輪番制の導入は，医療スタッフ間での合意に基づき，最低限の必要プロセスの定義と，病床管理表などのツールの準備が整えば，比較的早期に実行に移せる方策である。実際に筆者らが実地調査の対象とした病院の1つでは，筆者らの提言に基づき，病院長が早速輪番制の導入を決め，実行に移している。
　一方で，病棟・診療科をまたいだベッドの融通を効果的に行うために必要なクリニカルパスの作成，共有には時間を要する。だからと言って，こうした取り組みは先延ばししてよいというものではない。実現に時間を要するがゆえに，今から準備に着手すべき取り組みである。
　患者数の少なさを嘆き，見かけの病床利用率の向上を図るために在院日

数を長期化する呪縛から脱却するために，まずはこれまで述べてきた解決策の実行に着手し，早期改善効果の創出を目指すべきではないか。目に見える改善効果が早期に創出されることで，より抜本的な病院経営改革に対する医療・事務スタッフの意識が高まるという効果も期待できるだろう。

Chapter 6

病院改革に向けた提言3:
地域内医療機関の連携,役割分担を明確にせよ!

本質的な病院経営改革を実現するためには，病院内で全体最適を図ることに加えて，地域内の他医療機関と効果的に連携していくことも重要である。

　本章ではまず，地域連携の必要性と病院経営への影響，および地域連携の現状と課題について簡単に整理する。そのうえで，今回の筆者らの研究を通じて浮かび上がった，エクセレント・ホスピタルが他医療機関との連携を効果的に実行するために行っている，より踏み込んだ方策のポイントを紹介する。

1. なぜ地域医療連携が必要なのか

　慢性疾患の増加，医療の高度化，患者ニーズの多様化，高齢化，医師不足，そして医療保険財政の逼迫。こうした医療を取り巻く環境変化への対応策の1つとして，地域の医療機関同士の連携強化の重要性が高まっている。

地域医療連携促進のための政府施策

　厚生労働省は，2000年度診療報酬で紹介率を要件とする各種加算を新設したのを皮切りに，病院と診療所の機能分化や診療圏における病院間の機能分化を進めるためのさまざまな施策を講じてきた。2006年度改定では，入院患者の開業医や他院への紹介，退院調整などの「後方連携」の強化や，疾病別医療連携を促す地域連携クリニカルパスの評価を盛り込んだ。2008年度改定では，地域全体での「面連携」を促進する地域包括連携の強化に向けた種々の施策を打ち出した。2009年度には介護報酬改定において，医療との連携を評価する項目が加えられ，2010年度の診療報酬改定においては，さらに医療連携・医介連携を促進する項目が加えられた（図表6-1）。

図表 6-1 地域医療連携強化に向けた診療報酬・介護報酬改定の流れ

	2000年度 診療報酬改定	2006年度 診療報酬改定	2008年度 診療報酬改定	2009年度 介護報酬改定	2010年度 診療報酬改定
連携形態	前方連携 ・開業医/他院から病院への患者紹介	後方連携 ・病院から開業医/他院への患者紹介 ・退院調整		地域包括連携 ・地域全体における医療・介護・在宅の「面連携」	
改定内容	紹介率加算の導入 ・初診患者数における紹介患者が30%を超えたときに加算	療養環境の継続に対する評価導入 ・クリニカルパス管理による加算（大腿骨頸部骨折のみ対象） ・地域連携退院時共同指導による加算 ・在宅療養支援診療所制度を創設 紹介率加算の廃止 ・初診患者の紹介による加算を廃止	クリニカルパスの評価見直し ・脳卒中を対象に追加 退院時共同指導料の見直し ・算定要件緩和 ・看護師等参加による加算の追加 退院調整に対する評価導入 ・後期高齢者の退院調整に対して加算	介護報酬で医療連携に対する評価導入 ・ケアマネージャーの医療機関との情報交換に対して加算	地域医療を支援する有床診療所に対する評価導入 ・後方病床機能に対して加算 介護連携に対する評価開始 ・介護と連携した患者への地域介護サービス情報の提供に対して加算 クリニカルパスの評価見直し ・維持期に利用する診療所・介護施設を追加

□新設　┆修正┆　□廃止

　こうした国の医療政策としての地域医療連携の促進は，個別の病院経営にどのような影響を与えるのだろうか。

　もちろん連携の促進によって診療報酬上さまざまな加算が得られ，医業収入にプラスとなる。主なものをあげれば，救急搬送患者地域連携受け入れ加算（1,000点，入院初日），同紹介加算（500点，退院時1回），急性期病棟等退院調整加算（100～140点，退院時1回），地域連携診療計画管理料（900点，退院時1回），同退院時指導料（600点，退院時1回，退院先の回復期病院に対して），退院時共同指導料（220～2,000点，入院元，退院先医療機関・施設に対して）などがある。いずれも医療機関同士や，介護事業者と医療機関との連携を促進するインセンティブとなりうるものである。

地域医療連携促進は病院経営に改善をもたらす

　地域医療連携促進の影響は，こうした加算による医業収入アップに加えて，次の4つの要素を通じて，病院経営の本質的な改善を促すところにある。

　第1の要素は，患者数の増加である。多くの場合，前方連携は入院を必要とする患者の紹介が多いため，病床利用率が低い施設では，紹介患者数の増加は病床利用率の向上につながる。

　第2の要素は，患者単価の向上である。上記と同じ理由で，救急紹介患者は比較的高度な治療，手術等を必要とするケースが多いため，慢性疾患による長期療養中の患者等と比較して，患者単価が高くなることが期待できる。

　第3の要素は，平均在院日数の短縮である。在院日数が長期化する理由の1つは，退院後の受け入れ医療機関の特定や，患者に対する説得に時間を要してしまうことにある。地域医療連携が促進されることで，早期退院を促すことができ，在院日数が短縮できる。しかも，退院待ちで患者をいわば「寝かせておくだけ」の期間を短縮できるため，結果として，患者1人1日当たりの単価も改善できる。もちろん早期退院には患者の合意が必要である。そのためには入院時からクリニカルパスを用いて治療計画，退院予定日などについて十分にコミュニケーションを図り，患者や親族の期待値をコントロールしておくことも必要であろう。

　第4の要素は，「尖り」の強化による患者収客力の向上である。地域医療機関との連携においては，自院の専門・得意診療分野や他院にない施設・機器などの特徴を明確にし，その特徴に合致した紹介患者を積極的に受け入れていくことになる。そうすることで，同様の疾患や術式における治療実績が集積され，治療成績の向上にもつながる。治療成績が向上することで，自院の評判が高まり，より多くの患者が来てくれる。地域連携をうまく活用できれば，こうした好循環が生まれる。昨今，このようなデータが

図表 6-2　地域医療連携が病院経営に与える影響

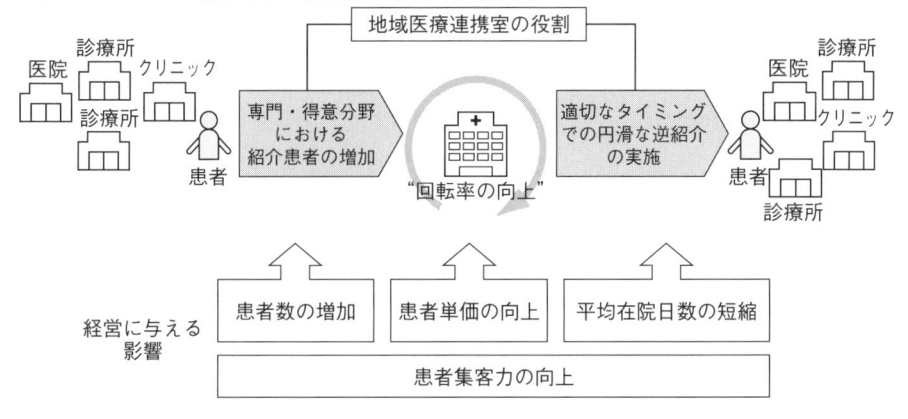

患者による病院選びの基準として定着しつつあるなかで，この重要性は今後ますます高まっていくだろう。

これら 4 つの要素は，すべてが相互に作用することで，初めて効果を発揮する（図表 6-2）。つまり，自院の専門分野において高度な治療を必要とする患者の紹介を増やしながら，一方で，高度な治療は必要でなくなった患者の逆紹介も同時に促進し，結果として単価の高い患者で病床を埋めていく。

これができて初めて，平均在院日数，病床利用率，患者単価の改善の 3 つをすべて達成することができるのである。

2. 地域医療連携促進に向けた取り組みと課題

2000 年の診療報酬改定で紹介率加算が導入されて以来，医療機関においては，当時の加算基準であった「紹介率 30％以上」の達成を目指して，病診連携への取り組みが強化されてきた。2006 年度改定では，紹介率に

よる加算が廃止され，医療機関で一時混乱があったものの，国の医療政策としての病診連携の強化の方向性は，その後の診療報酬改定，介護報酬改定の内容を見ても明確である。

　こうした背景の下，どの医療機関においても，地域医療連携の重要性を認識し，程度の差はあれ，さまざまな取り組みを進めてきている。いくつかの医療機関，地域における取り組みが成功事例として紹介されているが，その一方で，まだまだ解決すべき課題が残されているのも事実だ。

　まず，今までに多くの医療機関が実施してきた，以下のような典型的な取り組みについて振り返ってみたい（図表6-3）。

その1：地域医療連携室の設置

　地域医療連携を担当する室・部門を設置する医療機関が多くみられるよ

図表6-3　地域医療連携強化に向けた典型的な取り組み

①地域医療連携室の設置	・近隣の登録医療機関との連携強化に向けた取り組み全体を推進する部門の設置 　―事務方，ソーシャルワーカーを中心に構成
②医療連携を重視した診療・事務体制の見直し	・受付事務における紹介患者専門窓口の設置や優先予約対応 ・紹介のない患者に対する特定療養費の設定・値上げ ・近隣施設からの病院内機器のダイレクト予約
③院内医療スタッフとのコミュニケーション	・病院の理念に，地域医療連携への積極的取り組み方針を明記 ・病院内各部門へのポスター掲示による周知徹底
④連携医療機関とのコミュニケーション	・地域医療連携室スタッフによる近隣医療機関の訪問，紹介・逆紹介の協力依頼 ・重要な連携先に対する病院長・医師による訪問 ・機関誌の配布を通じた関連情報の提供 ・手術見学会，症例検討会，クリニカルパス研修会等の実施
⑤患者とのコミュニケーション	・地域医療連携の重要性に関する啓蒙活動 　―院内掲示，PR誌，ホームページ，マスコミ・地域情報誌からの取材対応

うになった。ただ，一口に地域医療連携室と言っても，その役割や権限，構成メンバーは，医療機関によってまちまちである。

本来，地域医療連携室は，近隣の登録医療機関との連携強化に向けた取り組み全体を推進する役割を担い，前述のとおり，その役割は病院経営に大きな影響を与えることからも，大変重要な位置づけにあるはずである。しかしながら，多くの医療機関においては，この部門に対して十分なリソースが投入されているとは言いがたい。

例えば，専任の医師や看護師を配置しているのは，地域医療連携室を設置している医療機関全体の10％程度に過ぎず，専任もしくは兼任の事務方とソーシャルワーカーが中心になって業務を行っている事例が多い。連携室の大きな役割の1つは，紹介患者の受け入れに関する各部門・診療科との調整であるが，このような調整を権限のない事務方が行うのは困難である。

室長という肩書で診療業務と兼任する医師が行うにしても，同様に適切な権限が与えられない限り，調整は容易ではない。事実，連携室の窓口担当医としては，各診療科の受け入れ担当医に対して患者の受け入れ要請を行う必要があるが，受け入れ側の忙しさや諸事情をおもんぱかって強く押せないことも多い。

また，受け入れ担当医も，自分の診療科全体の状況をすべて把握せず，独自の判断を下してしまうこともある。このような状況から，紹介患者の受け入れが思いどおりに進まないことが多い。

その2：医療連携を重視した診療・事務体制の見直し

医療連携の重要性に鑑み，院内の診療・事務プロセスにおいて，紹介患者を優先する取り組みが多くみられる。その一例が，受付事務において，紹介患者専門の窓口を設置する，優先予約を行う，といった取り組みである。また，紹介のない患者に対して特定療養費を負担させることで，患者

をかかりつけ医に誘導し，紹介患者を増やす取り組みも行われている。

　都内のある有名な大学病院では，紹介のない外来患者が殺到し，数時間の診察待ち状態が定常化していたところ，特定療養費を大幅に上げることによって，紹介患者の増加と外来待ち時間の短縮を実現することができた。

　また，近隣の診療所が病院内の機器を共同利用できるように，胃内視鏡検査や画像検査などについては，ダイレクト予約を取り入れている病院も存在する。

　一方で，紹介・逆紹介患者への対応には，紹介元・紹介先へのコミュニケーションや事務作業に一般の患者よりも多くの手間を要するため，医療現場のスタッフには大きな負担になる。これが不平不満の増加，モチベーションの低下をもたらし，医療サービスの質の低下につながると懸念する声も聞こえてくる。こうした負担が，前述したように各診療科で紹介患者を必ずしも積極的に受け入れようとしない要因になっている。

その3：院内医療スタッフとのコミュニケーション

　このようなことから，現場で関係するすべての医療スタッフが，病院全体として医療連携に取り組むことの重要性を理解し，日々の診療行為や事務作業のなかで，各自に求められる行動，判断基準を明確にする必要がある。

　ある病院では，病院の理念にあえて「地域の医療機関と連携・協力して診療を進める」という文言を加え，また院内の各部門にポスターを掲示して，その重要性を強調し，周知徹底を図った。ただ，それだけでは医療スタッフの心構えや日々の行動は一朝一夕には変わらないだろう。「なぜ地域医療連携が重要なのか」という問いに対して，病院長や事務長，地域連携室長など一部の管理者だけでなく，関係する医療スタッフ全員がみな納得する理由を明確にし，日々の行動や会話のなかで繰り返し伝えていく必要がある。

すでに多くの医療機関で採用していると思われる，紹介率などの業務管理指標も，なぜその指標を管理することが重要なのか，1人ひとりのスタッフが納得することが大切である．

その4：連携医療機関とのコミュニケーション

　地域医療連携室の業務のなかでも特に重要なのが，連携医療機関との関係構築・強化である．どの医療機関においても近隣の医療機関を調査・訪問し，自院の宣伝を行い，紹介・逆紹介の協力依頼を行っている．

　さらに，関係強化のために，さまざまな取り組みが行われている．その1つが，病院長をはじめとする医師による近隣施設の訪問である．通常は地域医療連携室の事務方スタッフが担当している場合が多いが，地域の中核となる病院の医師自ら，近隣の診療所や介護施設を訪問すれば，関係構築のうえで大きなプラスになるであろう．

　また，地域医療連携に関する機関誌を発行し，地域の医療機関に配布する取り組みもよく行われている．機関誌の内容は，発行元の病院に関する一方通行の情報提供にとどまらず，主な読者である診療所が興味をもつ話題も織り交ぜた内容にすることで，関心を引く工夫がみられる．

　さらに踏み込んで，患者紹介をしてくれた主治医に対して，感謝の気持ちを伝えつつ，紹介患者の容体，治療方針，退院予定日などを伝えるために，丁寧に電話をかけることを励行している病院もある．極端な例では，「顔の見える関係」を構築し，日頃の協力関係に感謝の気持ちを伝えるために，近隣医療機関のなかでも特に紹介の多い主治医を招待し，パーティーを開催する医療機関も存在する．

　また，先端医療に携わる病院の特性を生かし，近隣の登録医を招待した手術見学会や症例検討会，クリニカルパス研修会などを実施するといった，医学的な見地からも付加的なサービスを提供することで，関係強化を図る病院もある．

どれも大変素晴らしい取り組みではあるが，そのために必要な時間，経費の投資に見合う効果がなかなか見えにくいため，日々の業務に忙殺されて，積極的に取り組むことを躊躇する医療機関が多いのも事実だ。

その5：患者とのコミュニケーション

多くの医療機関が患者に対しても，かかりつけ医をもつことの意義や，地域医療連携の重要性について啓蒙活動を行っている。具体的には院内掲示，PR誌，ホームページ，マスコミや地域情報誌の取材への対応などの取り組みがあげられる。

従来から行われてきたこれら5つの取り組みは，どれも地域医療連携推進のうえで必要であることは間違いない。実際にこうした取り組みによって紹介・逆紹介患者数の増加に成功した事例が多く紹介されている。

しかしながら，こうした取り組みで十分といえるだろうか。多くの医療機関ではこの5つの取り組みを，それぞれの試行錯誤，創意工夫のなかで実行しているはずだ。それでも思いどおりに現場が動かず，連携が思ったほど進まない例も多い。

前述のように，医療機関同士の関係構築が表面上進んでいたとしても，個別患者の紹介案件ごとにみると，連携室の窓口担当医からの受け入れ要請に対して，診療科の担当医が拒否してしまうケースも少なくない。逆紹介についても同様で，個別の患者ごとの判断において受け入れ側の連携施設に拒否されてしまうケースも多い。

3. エクセレント・ホスピタルにおける医療連携の取り組み

それでは，地域内他医療機関との連携をうまく実行している病院では，

前述の5つの典型的な取り組みに加えて、どのような努力や工夫を行っているのだろうか。

医師が担当診療所で外来診療を行う

あるエクセレント・ホスピタルでは、それぞれの連携先診療所に対する担当医を決め、その医師が定期的に担当診療所を訪問して外来診療を行うことで、診療所医師と「顔の見える関係」を構築し、コミュニケーションの円滑化を図っている。

こうした担当医は、自分が担当する患者を外来訪問先の診療所で診察した結果、病院での治療・手術等が必要になった場合には、自分の病院へ「紹介」し、自ら病院側で継続的にフォローすることができる。また、退院の際には元の診療所に逆紹介し、同様に外来訪問時に継続してその患者をフォローすることができる。このため、患者の入院前から退院後まで一貫してフォローすることが可能になる（**図表6-4**）。

この仕組みは、患者の視点からも望ましい。患者は、かかりつけ医から近隣の病院に紹介されるときには、不安を募らせるケースが多い。なじみの薄い大病院で、自分の症状について十分に理解しているかどうかわからない医療スタッフに、機械的に「たらいまわし」をされてしまうのではないか、といった先入観からくる不安である。

退院時の逆紹介に当たっても、これまで入院中に診てくれた医師から心理的に見放されたように感じてしまうことがある。紹介先・紹介元で同じ医師が一貫して患者を診ることができるこの仕組みは、患者に安心感を与え、治療に専念できる環境を整えるのに役立つ。

さらに、連携先診療所に外来訪問するこれらの担当医は、自分の専門診療科外の患者であっても、病院への紹介の必要がある場合には、自分の病院の受け入れ窓口担当という役割を担う。適切な診療科に入院できるよう、この担当医が責任をもって、地域連携室や各診療科との間の調整やフォ

図表6-4 担当医制による地域医療連携の仕組み

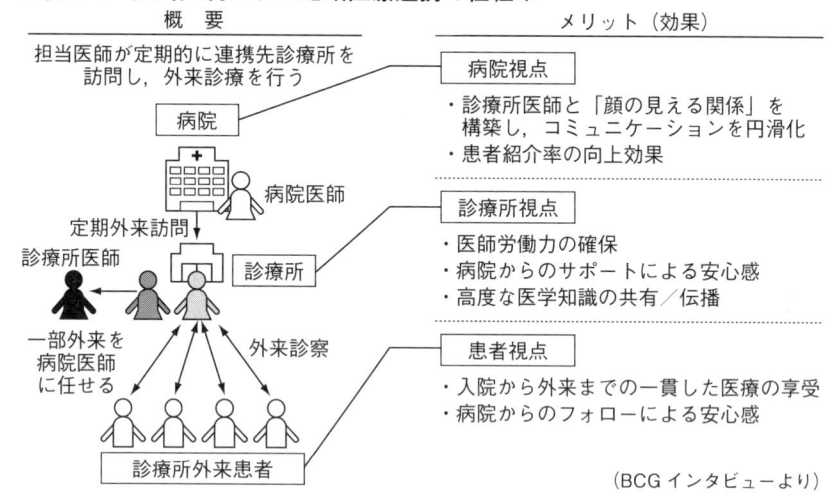

概　要

担当医師が定期的に連携先診療所を訪問し、外来診療を行う

病院／病院医師／定期外来訪問／診療所医師／一部外来を病院医師に任せる／外来診察／診療所／診療所外来患者

メリット（効果）

病院視点
・診療所医師と「顔の見える関係」を構築し、コミュニケーションを円滑化
・患者紹介率の向上効果

診療所視点
・医師労働力の確保
・病院からのサポートによる安心感
・高度な医学知識の共有／伝播

患者視点
・入院から外来までの一貫した医療の享受
・病院からのフォローによる安心感

（BCGインタビューより）

ローを行う。

　つまり、通常行われているような、地域連携室に窓口担当医師が任命され、その医師がすべての紹介患者の受け入れを担当するパターンとは異なる。すなわち、連携先診療所ごとに窓口担当医が1人ずつ存在し、病院全体では複数の医師が、受け入れ窓口を務めることになる。

　この仕組みにも、第5章で紹介した、救急担当医や病棟管理の輪番制と同様の利点がある。窓口担当医がそれぞれ、紹介患者の受け入れについて、各診療科と調整しなければならない大変さを自ら経験することで、他の担当医からの紹介患者受け入れ要請に対して、積極的に協力しようという意識が醸成されるのである。

出張外来診療を可能にするために

　この仕組みをうまく機能させるには、いくつかの条件を満たす必要があ

る。

　第一に，担当医が定期的に連携診療所に外来訪問できる時間的余裕があることが大前提となる。医師不足で救急紹介患者の受け入れが十分にできていない病院では，まずは受け入れ体制を整備することを優先すべきである。その後，地域医療連携室を中心にした連携先診療所に対する働きかけの結果として紹介される患者を，確実に受け入れていくことに注力すべきである。

　また，病院における医師不足が，医師に外部診療所への定期外来訪問を認めていることに起因していると思われる場合には，訪問先診療所との連携実績を再評価する必要がある。連携実績が不十分と評価された場合には，担当医が紹介患者受け入れ窓口として機能し，より積極的に診療所から患者紹介を促せるよう，診療所との関係強化を図るべきである。外来訪問の機会を，医療連携の観点から「無駄遣い」としない工夫が求められるのである。

地域連携パスの作成

　地域医療連携を円滑に進めるうえで重要なもう1つの条件は，連携先診療所も巻き込んで地域連携パスを作成し，それに基づいて患者への対応を行うことができる環境を整えることである。

　病院内で作成されるクリニカルパスに加えて，退院後の検査，服薬指導，再入院が必要な場合の基準などを含めた標準プロセスや，病院と連携先診療所の間の役割分担を明確にする。これによって，紹介・逆紹介がより円滑に行われ，患者にとっても最適な医療サービスの提供が可能になる。

　現在，国の医療政策の一環として，脳卒中やがんなど特定の疾患を対象にした地域連携クリニカルパスの作成・利用が評価され，診療報酬上の加算対象とされていることから，各地域において連携パスの作成が進んでいる。診療報酬の評価対象かどうかは別にして，こうした取り組みを今後ま

すます拡充していくことが，地域医療連携を促進するうえで重要である。

地域連携パス作成の4つのステップ

地域連携パスの作成に当たっては，地域医療機関の多くの関係者を巻き込むことが必要となり，多くの時間と労力を要する。具体的には概ね4つのステップを経て作成していくことになる（図表6-5）。

最初のステップは，地域ネットワークの構築である。連携パス作成の対象となる疾患について，連携を行う医療機関等でまずはネットワークを形成し，パス検討の母体を構築することが必要だ。ネットワークの形成に当たっては，疾患別・機能別等の研究会や勉強会，病院運営協議会など，既存の基盤を活用するとよいだろう。

第2のステップは，治療方針と達成目標の合意である。連携パスは施設間で一貫した診療計画である必要があるため，ネットワークに参加する各医療機関が，治療方法，術後のリハビリテーションの方法など，具体的な方針について合意しなければならない。また，統一化された治療方針によって，達成したい目標を設定する。特に退院基準や在院日数は必須事項となる。

図表6-5 地域連携クリニカルパス作成のステップ（例）

地域ネットワークの構築	治療方針と達成目標の合意	連携パスの具体的な作成	検証方法の構築
・パス検討の母体となる医療機関のネットワークの形成 　－既存のネットワーク活用も考慮（疾患別・機能別等の研究会）	・一貫した診療計画の合意 ・達成目標の設定 　－退院基準 　－在院日数	・連携施設間で共有すべき項目が記載されたオーバービューパスの作成 ・地域連携クリニカルパスの作成	・バリアンス分析方法の確立 ・ネットワーク参加者による定期会合の場の設置

第3のステップは，連携パスの具体的な作成である。急性期病院，専門病院，近隣診療所，介護事業者など関係者で検討会を形成し，連携施設間で共有すべき事項が記載されたオーバービューパスを作成することが，まず必要だ。そのなかで各医療機関の役割分担を明確にし，オーバービューパスに基づいて，患者向けに付帯事項も記載された地域連携クリニカルパスを作成するのである。

　第4のステップは，検証方法の構築である。連携パスの活用による連携医療の質の向上を図るには，その検証のためにバリアンス（パスアウト）分析を行うことが必要となる。そのために必要な情報を定義し，その収集を行うシステムの構築が求められる。さらに，そうしたバリアンス情報を定期的に評価し，必要に応じてパスの修正を行うために，ネットワーク参加者による定期会合の場も設置する必要がある。

　このように，地域連携クリニカルパスの作成には大変な労力を要する。とはいえ，国の医療政策として整備・拡充が求められている課題であり，何よりも，地域医療連携に関与する医療機関の経営改善，医療の質の向上につながる取り組みであるため，今後ますます積極的に進めていくべきである。

4. 改善効果の早期創出のために

　本章で紹介した，連携診療所別の担当医制による地域医療連携強化の仕組みは，病院，連携先診療所，患者のいずれにもメリットをもたらす。

地域医療連携強化がもたらす利点

　まず病院にとっては，前述のとおり，確実な患者紹介元・逆紹介先を確保することで，患者数の増加，病床利用率の向上，在院日数の短縮の効果

が期待できる。

連携先診療所にとっては，病院から医師の外来訪問を受けることで，必要な医師数を確保でき，高度な医学知識の共有・伝播も期待できることに加え，病院から退院後のフォローを必要とする患者の確保が可能になるというメリットがある。

患者にとっても，入院から外来まで一貫した医療サービスを享受でき，病院からフォローしてもらえることによる安心感を得ることができる。

連携強化を可能にする3つのポイント

これまで述べてきたように，地域医療連携強化に向けた取り組みには多くの労力がかかり，効果を実現するまでに時間を要する。日々の病院経営や診療行為などで多忙をきわめるなかで，病院内外の多くの関係者を巻き込む取り組みは，どうしても優先順位を下げがちである。地域連携強化委員会と称して，地域医療連携室が事務局となり，各部門から代表者を定期的に集めて会合を重ねる病院をよくみかける。しかし，参加者の多くが日々の業務の合間を縫って片手間で参加する状態では，なかなか議論が進まないものである。

こうした状況を打破するためには，次のようなことが肝要である。まず，何よりも病院長自らが強く関与すること（コミットメント）。次に，具体的な目標と時間軸を設定すること（マイルストーン）。そして，地域連携室等から専任の人的資源を十分投入し，その他の参加者の役割・責任を明確化すること。

こうした当たり前の取り組みを愚直に進めることが，地域連携強化により大きな改善効果を早期に実現することにつながるのである。

Chapter 7

病院改革に向けた提言4:
「総合」病院から「尖り」の
ある病院へ進化を遂げよ！

1. 病院イコール「総合」病院は，世界の常識ではない

わが国の200床以上の病院を見た際に改めて気づかされる事実がある。その多くがいわゆる「総合」病院として経営されているということである。

図表7-1は，病床規模別に見たわが国の一般病院の診療科設置状況であ

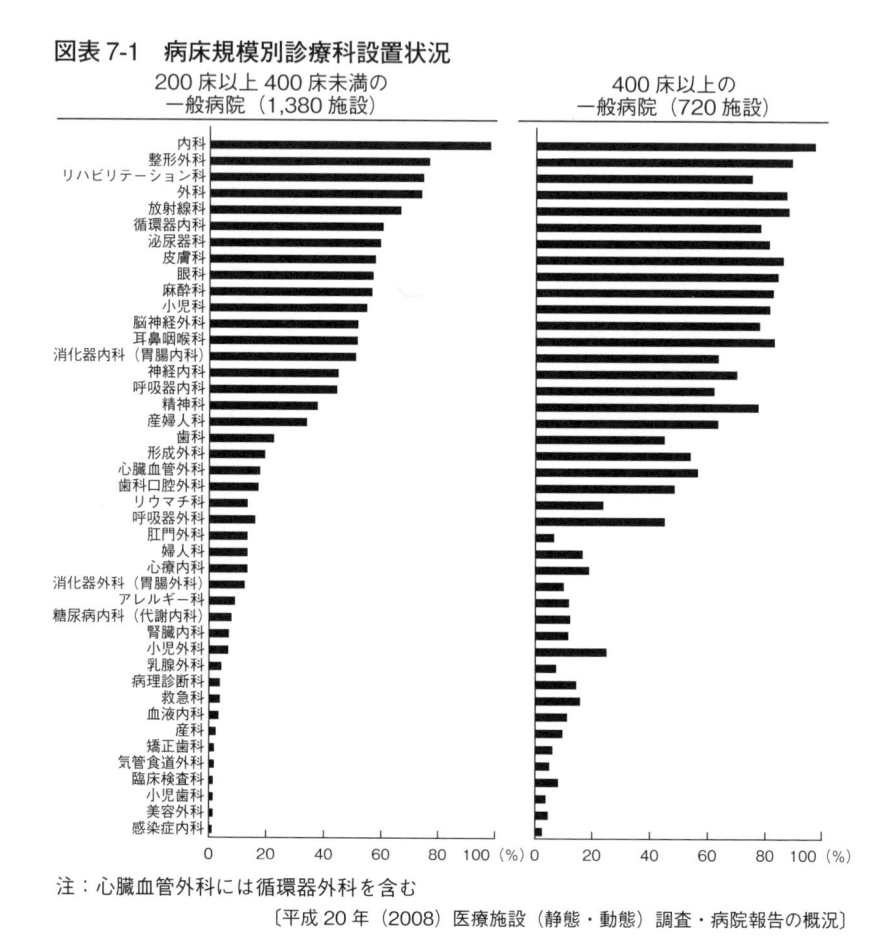

図表7-1　病床規模別診療科設置状況

200床以上400床未満の一般病院（1,380施設）／400床以上の一般病院（720施設）

診療科：内科、整形外科、リハビリテーション科、外科、放射線科、循環器内科、泌尿器科、皮膚科、眼科、麻酔科、小児科、脳神経外科、耳鼻咽喉科、消化器内科（胃腸内科）、神経内科、呼吸器内科、精神科、産婦人科、歯科、形成外科、心臓血管外科、歯科口腔外科、リウマチ科、呼吸器外科、肛門外科、婦人科、心療内科、消化器外科（胃腸外科）、アレルギー科、糖尿病内科（代謝内科）、腎臓内科、小児外科、乳腺外科、病理診断科、救急科、血液内科、産科、矯正歯科、気管食道外科、臨床検査科、小児歯科、美容外科、感染症内科

注：心臓血管外科には循環器外科を含む

〔平成20年（2008）医療施設（静態・動態）調査・病院報告の概況〕

る。200床以上400床未満の中規模施設でも，内科はもちろんのこと，循環器内科，整形外科，外科から，眼科，皮膚科，耳鼻咽喉科，精神科に至るまで，実に幅広い診療科を有する施設が半数以上を占めていることがわかる。400床以上の施設になると，この傾向はますます顕著になり，いわゆる主要な診療科を網羅的に設置している施設が60％以上を占めている。

このことは，改めて統計を見るまでもなく，日本人の日常的な生活感覚では，半ば常識と感じられるかもしれない。すなわち，いわゆる「病院」というものは，どのような診療科も備えているものなのだと。

諸外国における診療領域別の施設新設・配置規制

しかし，諸外国に目を転じてみると，病院イコール「総合」病院ではないことが，常識である国が多い。図表7-2は，先進諸外国の医療計画制度の比較を示したものである。これを見ると，ドイツ，フランスおよびオーストラリアでは，病床数規制に加え，診療領域別の施設新設・配置規制が存在する。つまり，ある施設が，例えば循環器内科を設置したいと考えても，地域内で循環器内科の供給が過多である場合には，それは認められないということである。

こうした国では，（地方）政府が，地域ごとの需要に合わせて，特定の診療科に高い専門性を有する施設が，必要に応じて配置されるよう計画する。したがって，ある程度の病床規模を有する施設であっても「総合」病院であるとは限らない。むしろ，循環器内科を中心とする専門病院，がん領域に特化した専門病院，周産期医療に高度な専門性をもつ病院といった形に分化している場合が多い。

日本では病床数しか規制されていない

これに対し，わが国の制度面の状況はどうだろう。日本では1986年に，

図表7-2 各国の医療計画制度の比較

	制度の主目的	病床		医療機器		病院施設
日本	・病床数の偏在防止 ・医療コストの増大抑制	病床数に関する規制あり	・国が定める基準に基づき、都道府県ごとに基準病床数を算定。基準値を超えるぶんの増床を許可しない	数量規制なし		配置規制なし	・病床数の観点から、新設に対する規制あり ・ただし、診療領域ごとの配置バランスに関する規制はなし
米国	・医療コストの増大抑制		・36州において、増床に対する規制が存在 "Certificate of Need(CON) Program"	数量に関する規制（投資制限）あり	・一部の州にて、MRI等高額機器を対象とした規制あり		・CON Programをもつ州の多くで、病床数の観点から、施設新設に対する規制あり
ドイツ	・医療コストの増大抑制 ・医療資源の最適配分		・地方政府による増床規制が存在		・地方政府により、MRI等高額機器を対象とした規制あり ・ただし、民間医療機関が自費投資をする場合を除く	病床数の観点からの（新設）数量規制のみならず診療領域ごとのバランスを考慮した配置規制が存在	・領域に応じ、地方政府による規制の対象
フランス	・医療コストの増大抑制 ・医療資源の最適配分		・地方政府による増床規制が存在		・地方政府による数量規制が存在		・領域に応じ、地方政府による規制の対象
オーストラリア	・医療コストの増大抑制 ・医療資源の最適配分		・地方政府による増床規制が存在 ・ただし、民間施設が多い高齢者向け療養病床は国が直接規制		・国および州政府により、MRI等高額機器を対象とした規制あり		・州政府の医療計画において、民間医療機関も含めた領域に応じた施設配置を策定

(American Health Planning Association 資料、BCG調査より)

地域ごとの病床数の偏在や全国的な病床数の過多を防ぐことを目的に，基準病床数制度が導入された。それ以来，都道府県ごとに算定された基準病床数を超える施設の新設や増床ができない仕組みが存在する。しかし，診療科ごとに施設新設や配置を規制することまでは行われていない。

基準病床数制度の例外として，がんや循環器疾患など特定の専門病床を，一般的な基準病床数を超えて整備することができる規定は存在するが，あくまで病床の総数に対する基準緩和であり，診療領域ごとの計画的な配置という観点はもたない。

こうした制度的な背景を踏まえても，いわゆる総「総合病院」化は，わが国に特徴的な現象なのである。ところで，わが国に特徴的な総「総合病院」化現象は，私たちの生活や病院経営に対して，どのような意味をもっているのであろうか。

2. 総「総合病院」化現象と医療サービスの質

まず，医療サービスの質の観点から考えてみたい。「総合」病院が当たり前になってしまっている日本では，患者の立場から考えても，「せっかく病院にかかるのだから，いろいろな診療領域の専門家がいるほうが何かと安心」とする向きがあるかもしれない。

確かに，600床を超える大規模な病院においては，さまざまに専門特化した多くの診療科が1つの施設内で連携することにより，患者の幅広いニーズに応える医療を有機的に提供する使命を負い，実現している例も多い。しかし，こうした大規模な病床数を誇るのは，わが国でも限られた数の施設であり，多くの病院は200〜400床の中小規模の病床数で運営されている。

ところが，こうした中小規模の施設においても，その多くが幅広い診療科を網羅する「総合」病院であるのが，わが国の特徴であることは，先に

述べたとおりである。これらの施設では，本当に総合病院として質の高い医療サービスが提供されているのであろうか。

中小規模の「総合」病院の実態

図表7-3は，A県の県庁所在市内および同市周辺にある主要な4つの公的病院における疾患領域別の取り扱い症例数を，DPCにおける疾患大分類（MDC：major diagnostic category）ごとに分析したものである。これを見ると，疾患領域によって，施設間の取り扱い症例数に大きなばらつきが存在していることがわかる。

図表7-3　4施設における疾患領域別の取り扱い症例数

MDC分類 分類名	コード	施設A 徒歩移動圏内	施設B 自動車移動約10〜15分	施設C 自動車移動約20分	施設D
合　計	—	4,891	3,990	3,305	6,355
乳房系	09	158	3	43	12
小児科系	14・15	295	80	274	250
産婦人科系	12	593	166	335	405
循環器系	05	271	590	77	1,808
耳鼻咽喉科系	03	223	272	52	352
眼科系	02	393	5	17	80
皮膚科系	08	120	26	16	59
神経系	01	360	170	204	355
呼吸器系	04	419	516	511	587
消化器系	06	786	1,008	867	1,130
筋骨格系	07	480	167	204	172
内分泌系	10	153	70	108	136
腎尿路系	11	380	314	229	257
血液系	13	143	168	118	156
外傷・熱傷・中毒	16	76	354	160	489
精神系	17	2	1	4	5
その他	18	39	80	86	102

（厚生労働省「平成21年度第3回診療報酬調査専門組織・DPC評価分科会」資料，BCG分析より）

例えば，乳房系疾患について，施設Aでは半年間で158症例の取り扱いがあるのに対し，施設Bでは同じ半年間での取り扱い数は，わずか3症例である。同様に，眼科系および皮膚科系について見ると，施設Aでは半年間に，それぞれ393症例，120症例と相当数を取り扱っているのに対し，施設Bおよび施設Cにおける取り扱い数は，数症例から30症例とごくわずかである。

循環器系を見てみると，いずれの施設も一定程度の取り扱い数はあるものの，なかでも施設Dの取り扱い数は，半年間で1,808症例と群を抜いている。

これら4施設は，いずれもいわゆる「総合」病院として運営されている病院であるが，実際には施設によって，あまり「盛んではない」疾患領域が存在する状況が見受けられる。

実態から想像される質の低下

ここで想像してみていただきたい。果たして，ある疾患領域での年間取り扱い数がわずか20症例にも満たないような施設において，本当に質の高い医療サービスが提供されているのであろうか。

一方で，同じ疾患領域において年間1,000を超える症例数を取り扱っている施設があるとしたら，医療行為におけるさまざまな経験値は，後者の施設のほうが圧倒的に高くなるのは当然であろう。逆に，前者の施設が提供する当該疾患領域での医療サービスの質は，相対的に低い可能性があるとはいえないだろうか。

もう1つ例を取り上げよう。**図表7-4**は，B県の大学病院を含む主要4施設における難治性疾患の取り扱い症例数をまとめたものである。難治性疾患であるため，4施設合計での取り扱い症例数自体が，半年間で100症例に満たないものが多い。そのなかでも比較的多くの疾患について，大学病院が症例を取り扱っている場合が多い状況が見受けられる。しかし，一

図表7-4　4施設における難治性疾患の取り扱い状況

主な難治性疾患名	MDC分類 MDCコード	MDC分類 疾患名	大学病院比率(%)	代表疾患における症例数 4施設計	代表疾患における症例数 大学病院	代表疾患における症例数 施設E	代表疾患における症例数 施設F	代表疾患における症例数 施設G
多発性硬化症	010090	多発性硬化症	100	6	6	0	0	0
肺動脈性肺高血圧	040260	原発性肺高血圧	100	6	6	0	0	0
難治性ネフローゼ症候群	110260	ネフローゼ症候群	67	15	10	0	2	3
重症筋無力症	010130	重症筋無力症,その他の神経筋障害	63	8	5	0	0	3
パーキンソン病	010160	パーキンソン病	62	13	8	1	3	1
正常圧水頭症	010200	水頭症	62	13	8	2	1	2
再生不良性貧血	130080	再生不良性貧血	53	15	8	2	2	3
下垂体機能低下症	100260	下垂体機能異常症	50	10	5	2	3	0
突発性拡張型心筋症	050065	拡張型心筋症	40	10	4	3	0	3
急性膵炎	060360	急性膵炎(膵嚢胞を含む)	36	14	5	6	0	3
クローン病	060180	クローン病等	15	26	4	15	1	6
突発性難聴	030428	突発性難聴	11	65	7	29	0	29
原発性免疫不全症候群	130150	原発性免疫不全症候群	0	1	0	0	1	0

(注) 大学病院以外の3施設に取り扱い実績があり、その件数が5例以下
ある年の7～12月期の退院患者を対象

(難病情報センター「臨床調査研究分野の対象疾患 (130 疾患) 一覧表」, 医学通信社「DPC 点数早見表－診断群分類樹形図と包括点数・対象疾患一覧〈2008 年 4 月 /2009 年 4 月増補版〉」, 東京医科歯科大学川渕研究室資料, BCG 分析より)

方で，他の3施設においてもわずか数症例ながら，取り扱いがみられる。

　このような難治性疾患については，特に高い専門性が必要とされるにもかかわらず，数少ない症例が，近隣の施設間で分散しているのが現状である。各施設ともに，それぞれの難治性疾患を取り扱うのにふさわしい専門家が従事しており，十分な治療経験が蓄積されているのであろうか。

　ご留意いただきたいのは，A県，B県の例とも，各施設がきわめて近接した地域に並存しているということである。各施設が遠方に位置しているのであれば，いかに取り扱い症例数が少なくとも，対応する診療科を掲げて患者を受け入れることも，病院としての1つの使命であろう。しかし，これらの例では，互いに近接した施設であるにもかかわらず，それぞれがほぼ全方位的に診療科を設置しており，その結果として，一部の施設にお

いては取り扱い症例数がきわめて少ない領域を抱えた状態となっている。

こうした状況では，「総合病院」の一部の診療科のなかには，医療サービスの質が必ずしも高水準ではないものがあると，疑わざるを得ないのではないだろうか。

3. 総「総合病院」化現象と病院経営

次に，総「総合病院」化現象が病院経営に与える影響について考える。

第2章で考察したように，日本の病院は，高固定費ビジネスである。特に，第2章図表7-5で示した赤十字病院の400床未満の施設では，固定費の割合が8割を超えている。こうした収益・コスト構造の背景に，次のような問題が存在していることはすでに述べた。

まず，病床数の規模にかかわらず総合病院として経営することにより，一定数の医療スタッフを確保しなければならず，結果的に人件費がきわめて高い水準となること。さらに，わが国は診療報酬制度で全国一律に価格が固定されているのに加え，多くの病院が医療サービスを差別化できていないがゆえに，規模の小さい病院では相対的に患者を集めきれず，収益性が悪化しやすいということである。

この総「総合」病院化が病院経営に与える影響と，先に述べた医療の質の問題は，実は表裏一体のものである。自他ともに認める得意な診療領域がある場合，患者は，できればそのような診療科を掲げる病院で治療を受けることを望むであろうから，そのような施設では，自然と症例数が集まる結果となる。すると，その施設における当該領域での経験値はますます高まり，さらに質の高い医療サービスの提供へとつながるとともに，施設内での運営上のノウハウも蓄積されるため，効率的でコスト競争力の高い運営も可能になる。

コストに見合う収益を見込めない

　一方,「総合」病院を標榜してはいるが,特段「尖った」領域がない施設の場合,それでも医療サービスの質というものは,一般的に患者からは見えにくいものなので,一定程度の患者は来る。しかし,このような施設では,図表7-3で見たように疾患領域によっては取り扱い症例数がごく少数にとどまってしまう。

　これでは,せっかく「総合」病院として広範な診療科を掲げ,それぞれの科に最低限必要な医療スタッフや医療機器を確保していても,こうしたコストに見合うだけの収益が見込めないばかりか,運営ノウハウを蓄積する機会にも恵まれないため,運営コストという観点からも競争力を確保できない。

　しかも,もともと症例数が少ない領域を複数の近接した施設で分散して扱っている場合は,状況はさらに悪い。つまり,各施設ともに十分な収益を上げることができず,「とも倒れ」となり,当該地域にはその領域の診療科がなくなってしまうという状態も起こりうるのだ。

　一般には医療サービスの質が見えにくいとはいえ,中長期的には,領域ごとに評判の立つ施設のほうに患者が引き寄せられていくのが摂理というものであろう。つまり,特定の大規模施設を除いては,「総合」病院として特段の得意領域をもつことなく,少数の分散した症例数を扱い続けるということは,患者にとっての医療サービスの質を確保できないだけでなく,病院経営にとって持続可能な健全性を欠く危険性が高いといえる。

4. 総「総合病院」化現象と財政

　最後に,総「総合病院」化が,わが国の財政に与える影響についても考察しよう。

わが国で，1986年に基準病床数制度が導入されたことは先に述べた。その目的は，地域による病床数の偏在を防ぐこととされているが，過剰な病床数の存在により入院医療費の増大が助長され，ひいてはわが国の財政を圧迫することを防ぐために，総量を規制することにある。

基準病床数制度については，後発の民間医療機関の柔軟な参入や自由競争を妨げるものとして，制度導入以来，その是非が議論の対象ともなっているところである。しかし，本制度導入から7年後の1993年をピークに，一般病床数は減少へと転じており，本制度が，総量規制としては一定の成果を上げていると言うことができるだろう。

実は，病床数を規制する制度は諸外国でも一般的に存在する。先の**図表7-2**を見ていただくと，欧州やオーストラリアに並び，米国でも多くの州で病床数規制が敷かれていることがわかる。

医療機器の過剰設置が生む無駄

しかし，日本にはないが，これらの国々に共通して存在する規制として，MRI等の高額な医療機器を対象とした投資制限がある。民間医療機関が公的な医療費の対象外で医療機器を整備する場合は規制の対象外となるが，基本的に非消耗品である高額医療機器を設置する場合は，規制の対象となる。

なかでも，ドイツ，フランスおよびオーストラリアでは，この医療機器規制と，先に述べた診療領域ごとの施設新設・配置計画とが相互に作用して，どの医療機関でも，自由に広範な診療領域において高額な医療機器を設置することを妨げている。

これに対し，日本では病床数規制は存在するものの，医療機器の設置に関する規制や，診療領域ごとの施設新設・配置規制は存在しない。「総合病院」化は，このような制度を背景に，わが国に脈々と根づいてきた。実際，日本ほど，どの病院に行ってもMRIが置かれている国も少ないだ

ろう。マクロ的にみると，明らかに過剰投資である。それは国民医療費によって賄われているのであり，財政面からも改善余地がある状況ととらえることができる。

5.「尖り」重視の病院経営からの学び

　ここまで，わが国に特徴的な総「総合病院」化現象，および，それが医療サービスの質，病院経営，そして財政に与える影響について見てきた。もちろん，すべての総合病院が悪いというわけではない。600床を超える大規模な病院における，高水準の医療サービスと経営効率を伴った総合病院経営は，地域の複雑な医療ニーズに応えるうえでも，歓迎されるべきものであろう。

　しかし，中小規模の施設で，「総合」病院を標榜するがゆえに，経営基盤が脆弱な場合や，質の高い医療サービスが提供できていない場合は，脱「総合病院化」によって進化を遂げることを，真剣に検討する価値があるのではないか。

　過疎地域において周囲に一定規模の病院が存在しないなかで，総合病院を運営している中小規模の施設には，地域医療計画に基づく要請上，どんなに経営が難しくても，診療科を絞り込むことが許されない状況におかれている施設も存在する。しかし，地域ごとに医療機関の配置をつぶさに見ていくと，本当の意味で「総合病院でなければ地域の医療ニーズに応えられない」という状況におかれている施設は少ない。実際には，多くの中小規模の施設が，そのような地域の医療ニーズに直結しない理由で，「総合」病院を標榜しているのが実情のようである。

　うがった見方ではあるかもしれないが，そうした施設のうち一部には，医師の供給を受けている医局の意向に従った形での診療科設定をすることに重点がおかれ，必ずしも地域における医療施設のあり方として，最良の

診療科設定をしているとは言い切れない場合も見受けられるのである。

診療領域を特化することで収益を上げている病院

「総合」病院的な運営とは対極的に，あえて一部の診療領域を磨き上げることで，経営面の好循環を生み出しているエクセレント・ホスピタルも存在する。

地方都市近郊に位置する，ある400床規模の病院では，循環器科に集中して強みを構築することで，地域の他医療機関に比べて圧倒的な競合優位性を確立している。病院長は次のように話している。「当初から循環器だけに特化しようとまで考えて経営に当たってきたわけではありませんが，総合病院にとって1つの核となる循環器は，どこの施設にとっても重要なだけに，競争も激しい診療領域です。だとすると，その循環器で特別な強みを発揮できるようになることが，ひいては施設全体の経営を押し上げていくのではないかと考えて，循環器科の強化に努めてきました」。

人材強化

この施設では，強い循環器科をつくるために，さまざまな経営努力を行っている。例えば，医局依存からの脱却。都会にあるとはいえないこの施設において，安定的な医師の供給源を確保するという観点からは，医局との関係を強化するという方向もありえた。しかし，次の2つを狙いとして，特定の医局への依存からの脱却を図った。1つは，医局の意向にとらわれない，現場のニーズにあった診療科運営を実現することである。もう1つは，限られた供給源からではなく，全国から最も優秀な人材を集めることも，競合優位性の高い循環器科をつくるうえで重要と考えたのである。

医局に依存せずに人材を獲得するには，優秀な人材にとって魅力的な職場環境を提供しなければならない。この施設では，医師や看護師の成長の

ためのサポートが，施設経営のなかでも最優先で行われている。院内の研修制度の拡充はもちろん，さまざまな資格獲得のための支援，例えば勉強会の催行や資格取得を目指す職員のための勤務時間の配慮なども行っている。

また，医薬品の治験を増やすことで，意図的に経験量を増やすといった取り組みも行っている。結果的に現在では，全国から集まってきた人材が全体の約半分を占め，活気のある施設経営が行われている。

徹底的な症例数の獲得

人材強化とともに，この施設で重点的に取り組んできたのが，徹底的な症例数の獲得である。その根幹にあるのは，「絶対に断らない」紹介患者の受け入れである。特に厚い人材を擁する循環器科では，それが徹底している。一見病床が足りないようにみえても，臨床的に退院可能かどうか丹念にチェックをかけて，早期退院可能な患者がいれば，そこに新しい紹介患者を入れる。こうした努力をすべての医療スタッフが行うことで，当該施設の循環器科における紹介患者受入率を100％を維持している。

このような取り組みは1人ひとりの医療スタッフに負荷がかかるが，この施設では，全医療スタッフがこれらの重要性を十分に理解しているので，皆，積極的に実施していると，病院長は胸を張る。同時に，優秀な人材がいるからこそ多くの症例数を獲得できるともいえるし，多くの症例経験を積めることを期待して優秀な人材が集まるともいえる。まさに好循環が生まれているのである。

その結果は明白である。第3章の**図表3-1**にある，症例数が最も多い施設Bが，この施設である。標準化の進んだ医療の実現。これは偶然ではなく，やはり累積経験量の賜物であるといえよう。

6. 自院の比較優位を分析せよ

　専門の「尖り」を磨くという観点で、自院の現状はどうなのか、どの診療分野を強化するのが望ましいのか、と考えることが重要なのである。施設や病床数をデザインするうえで、さまざまな規制や医局との関係に縛られがちな病院経営においては、こうした検討が十分行われない場合も多い。しかし、他産業の企業経営と同様、やはり自院の競合優位性を客観的に分析することが必要である。

分析：3つの視点

　この分析には、次の3つの基本的な視点をもって当たるといい。

① **自院内で強みのある診療分野はどれか。**
② **地域内の競合と比較した場合に、自院に強みのある診療分野はどれか。**
③ **地域における患者ニーズの大きい診療分野はどれか。**

　図表7-5は、ある政令指定都市に存在する400床未満の施設Xの分析例である。20の診療科を有する「総合」病院である施設Xは、開設以来の赤字経営に苦しんでおり、院長が陣頭指揮をとって地域連携などにも努力してきたものの、抜本的な経営改善には至っていないという状況である。この周辺には、施設Xのほかに、規模の大きい施設が4つあり、そのなかでも比較的歴史の浅い施設Xは、競合負けしている感があるとのことだった。
　この施設Xについて、上の3つの視点から分析を行ってみた。
　図表7-5①は、自院における診療科別の稼動額を見たものである。稼動額では、消化器内科、整形外科、心臓血管外科の3科が突出しており、現

図表 7-5　自院の競合優位性分析の例

① 自院内

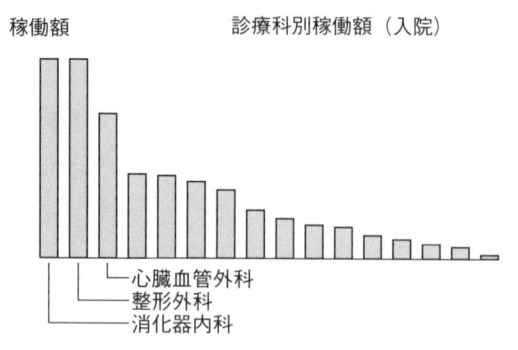

稼働額　　　　　診療科別稼働額（入院）

　　　　　心臓血管外科
　　　　　整形外科
　　　　　消化器内科

② 対競合

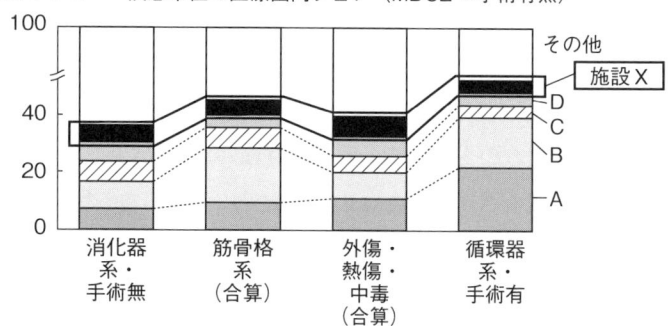

構成比（％）　疾患単位の医療圏内シェア（MDC2 ×手術有無）

その他
施設 X
D
C
B
A

消化器系・手術無／筋骨格系（合算）／外傷・熱傷・中毒（合算）／循環器系・手術有

③ 対患者

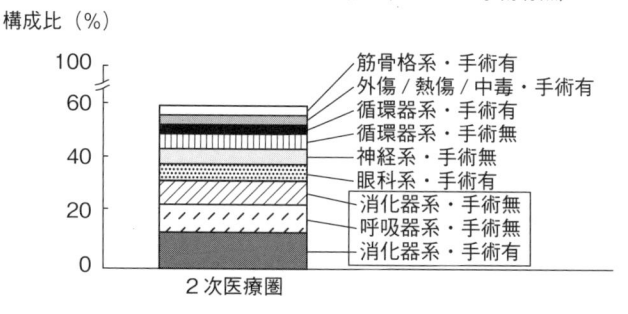

構成比（％）　医療圏内疾患構成比（MDC2 ×手術有無）

筋骨格系・手術有
外傷／熱傷／中毒・手術有
循環器系・手術有
循環器系・手術無
神経系・手術無
眼科系・手術有
消化器系・手術無
呼吸器系・手術無
消化器系・手術有

2 次医療圏

（日本赤十字社資料，厚生労働省 DPC 評価分科会資料，BCG 分析より）

状では自院内での強みのある診療分野といえる一方,20もの診療科のうち約半数は,きわめて稼動額が小さい状況であることがわかった。

図表7-5②は医療圏内において疾患区分(DPCコードのMDC2)ごとに医療機関のシェアを見たものである。これを見ると,例えば「消化器系・手術なし」は,医療圏内での上位シェアが施設Xも含めて拮抗しており,今後の取り組み次第で競合優位性を築くことができそうに見受けられる。一方,「筋骨格系」では,医療圏内での上位シェアがすでに固定しており,施設Xがこれから圧倒的な競合優位性を築き上げるのは比較的難しいようにみえる。

図表7-5③は医療圏における患者の疾患区分(DPCコードのMDC2)ごとのポートフォリオを見たものである。構成比が比較的大きい疾患区分に着目して,施設Xがフォーカスすべき診療分野を検討する必要があることは言うまでもない。このなかでは,「消化器系・手術有」「呼吸器系・手術なし」,「消化器系・手術なし」が比較的患者数が多く,地域のニーズに合致する診療分野である可能性が高い。

これらの考察を踏まえると,施設Xでは,消化器内科を1つの核として,診療科の再編を進めていくというのが,1つの方向性としてみえてくるように思われる。

7.「尖り」経営への進化に向けたチャレンジ

施設Xの分析はほんの一例に過ぎない。現在は「総合」病院として運営されていても,実際には診療科ごとに強み弱みのばらつきがあり,競合優位性を確立するには,診療科の再編を進めることが必要な中小規模の施設は,数多くあるだろう。

しかし,どのような診療科構成とするかは,病院経営のきわめて高いレベルでの課題であるとともに,医局に連なる多くの施設にとって,柔軟な

意思決定の難しい事項でもある。診療科の構成は，人材の確保および育成，そして，医局・院内人事に直結するからである。このような課題は，少なくともボトムアップの改善運動だけでは解決が難しく，院長による強いリーダーシップが不可欠である。

　第4章以降，病院改革に向けた提言について述べてきたが，そのなかで最も難しく，かつ時間を要する改革が，この提言4であろう。しかし，困難で時間を要する改革であるからこそ，院長自らが早急に着手して，この「尖り」経営への進化を促進しなければならないといえるだろう。

　幸い，DPCの導入により，競合する他施設と自院とを診療・疾患領域ごとに比較・分析できるようになった。この機会をとらえて，競合優位性の観点から，また，地域の患者ニーズに真に応える観点から，尖るべき領域が何かを見極めることを始点として，着実に改革に着手していただきたい。

Chapter 8

病院改革に向けた提言 5：
「在院日数」と「新入院患者数」
を必ず含む KPI を設定し，
モニターせよ！

1. 病院経営改革に向けた医業収支メカニズム

　ここまで4章にわたり，本質的な病院経営改革に向けた提言について述べてきたが，本章では，こうした病院経営改革を継続的に実行していくために有効な経営ツールを紹介する。

　まず，病院経営改革を成功に導く医業収支のメカニズムについて簡単に復習しよう。病院というビジネスは，固定費の比率がきわめて高い事業構造となっている。このような事業において，抜本的な収支改善を図るための定石は，固定費を削減するか，売上を増大させるかである。

変動費削減の効力は弱い

　したがって，現在多くの病院で行われている後発薬への切り替えや集中購買等による薬剤費の削減，ペーパーレスや消灯等の節約運動など，いわゆる変動費の削減は，やらないよりはましであるものの，抜本的な経営改善を図るうえでは大きな効力をもちにくい。これが，病院ビジネスの第1の特徴である。

　なお，600床を超える大規模な病院においては，すでに規模の経済が効いているため，固定費負担の割合は中小規模病院に比べると低く，したがって，変動費の削減も一定の効果を上げやすいということは，第2章で述べたとおりである。

固定費削減そのものの困難

　病院ビジネスの第2の特徴は，固定費比率の高い事業における収益性向上の定石の1つである固定費削減という手法が，少なくとも短期的にはとりづらいということである。

病院の収支に重くのしかかる固定費のなかでも，大きな割合を占めるのが人件費であることは言うまでもない。しかし，国際的に見ても医師1人当たりの患者数がきわめて多く，また，勤務医への報酬が比較的低く抑えられている現状を踏まえると，医療スタッフの人数を減らす，または，給料を減らすといった形での人件費の抜本的な削減は，短期的には難しい。

売上増の鍵は「在院日数」短縮と「病床利用率」向上

　3つ目の特徴が，DPCという仕組みの導入によって，病院経営の方向性を大きく左右する入院収益の単価を改善するうえで，明確な方向性が規定されていることである。

　前述のとおり，固定費削減という定石を採用しづらいわが国の病院事情を踏まえると，もう1つの手段である売上の増大を図ることが，病院の収支改善にとって必須となる。DPC制度の下では，対象とされる診断群ごとに，基本的には在院日数を短縮化する方向で1日当たり診療報酬が設計されている。このため，在院日数の短縮が入院収益の病床当たり1日当たり単価を改善する効果をもたらすのである。

　病床数や年間利用日数は基本的に固定なので，この「在院日数」と「病床利用率」が，入院収益を改善するうえで重要な2つの変数ということになる。

2. KPI 設定の Do's & Don'ts

　この2つの重要な変数を改善させるために，KPI（key performance index：重要業績評価指標）を設定せよ，というのが本章の提言である。どのようなKPIを設定すべきなのかという話に入る前に，まずKPIについて説明しておこう。

KPIとは何か

多くの民間企業経営において，KPIの設定・管理が行われているが，そもそもKPIの目的は大きく分けて2つある。

第1に，経営者が自らの組織の経営の現状を把握するとともに，経営改善を図るうえで必要な目標を設定し，管理することである。第2に，経営者と現場スタッフとの間で，同じモノサシで経営を見ることで一貫したコミュニケーションを図ることである。

これらの目的に照らした場合，世の中の「KPI」には，必ずしも妥当ではないと思われる例も見受けられる。KPIを設定するうえで留意すべき点は，以下の4点である。

① 収支メカニズムに直結
② 少数の重要なものにフォーカス
③ 明確な目標設定
④ 実行可能なアクションに直結

収支メカニズムに直結

KPIは，それぞれの事業や企業の収益性改善に有効なメカニズムに直結した指標を選ばなければ，経営上の意味をもたない。当たり前のことのように聞こえるかもしれないが，これがずれている場合が，しばしば見受けられる。

病院経営の例で言うと，200床規模で固定費比率がきわめて高い施設において，変動費の1つである薬剤費の削減をKPIとして掲げてみても，前述の収支メカニズムの特徴を鑑みれば，経営改善を図るうえで有効性が低い，ということである。

少数の重要なものにフォーカス

「うちには，30個ものKPIがあります」と胸を張る経営者がいるが，こうした組織で，これらのKPIが有効に機能している例はまれである。

前述のとおり，KPIは経営者だけのものではなく，現場スタッフとの重要なコミュニケーション・ツールの1つである。単に，数多くのKPIを設定し，記憶させればよいというものではなく，実際にKPIの改善のために，納得感を得て動いてもらわねばならないのである。すなわち，30個ものKPIのそれぞれが，一体どのように，実質的な経営改善にかかわるのかを理解できなければ，納得性は醸成されない。

実際には，全スタッフに30個ものKPIを間違いなく記憶させること自体，無理があるだろう。KPIは，本当に重要なもの，すなわち，上述した経営改善メカニズム上，最も効果の高いものに絞り込んで設定するべきである。

明確な目標設定

経営改善を図るうえで，当面ターゲットとすべき状態があるはずである。例えば企業であれば，5年以内に業界内売上トップ3に入るといった目標，また，赤字を抱える病院の例でいえば，3年以内に赤字をゼロにするといった目標である。

KPIはこうした経営上の目標を実現するためのツールであるから，それぞれのKPIについても，対応する目標水準，および実現時期を明確に設定する必要がある。

実行可能なアクションに直結

立派なKPIに合理的な目標水準を付して設定しても，それが現場のア

クションにつながらなければ意味がない。しかし実際には，KPIは設定しているものの掛け声だけに終わってしまい，現場のスタッフからみると，自分たちの日常的な行動の何をどのように変えることが，このKPIの目標水準を実現することなのかが明確にされていない事例が多い。

すなわち，KPIを設定する際には同時に，現場において実行可能なアクションを具体的に提示することが必要である。

3. 病院経営改革に向けた2つの重要KPI

それでは，病院経営改革を推進するために設定するべきKPIとはどのようなものか。前述の「KPI設定の大原則」に照らし，ごく少数の重要なものに絞り込むとすると，筆者らがお勧めする「必須KPI」は，「在院日数」および「新入院患者数」の2つということになる。

必須KPIの1：在院日数

特に400床未満の病床規模の病院において入院収支を抜本的に改善するためには収益の改善が肝要であり，そのために最も有効なドライバーの1つが「在院日数」であることは，すでに述べてきたとおりである。わが国の平均的な在院日数は，OECD（経済協力開発機構）諸国のそれと比較してきわめて長いのが現状である。

在院日数をKPIの1つとして設定するということは，各施設として，平均在院日数を短縮する方向で目標設定を行うということである。

第4章において，現在のDPCおよび診療報酬制度の枠組みを踏まえると，全体の約75%の疾患群については，DPCコードごとに経済的観点からの最適な在院日数が存在するということを述べた。DPCコードごとに明確な時間軸を設定したクリニカルパスを策定し，管理が行われている一

部の病院施設を除けば，多くの施設において，平均在院日数は各疾患の（経済的）最適在院日数を上回っているのが現状である。

まずは DPC ごとの最適在院日数の設定から

したがって，在院日数を KPI として設定する際には，まず当該施設における主要な疾患それぞれについて，DPC ごとに（経済的）最適在院日数を特定することが必要となる。そのためには，第 4 章の**図表 4-1**(p.62) で示したような分析が必要になる。

すなわち，経済的最適在院日数の発生パターン別に，出来高払いの対象となる手技にかかわる診療報酬，それ以外の包括払い部分の 1 日当りの診療報酬と，主に薬剤投与などの変動費の各日の発生状況などを分析し，累積収支が最大化するポイントを特定する。複雑なように感じられるかもしれないが，まずは各施設の既存のクリニカルパスに基づく診療報酬，および変動費の発生状況に基づいて，初期的なシミュレーションを行ってみるとよい。

さらに，薬剤投与のパターンや手技を実施するタイミングを変更してみることにより，累積収支が最大化するタイミングが前後する。これらのシミュレーションと，医学的見地から見た最適な診療・治療プロセスを勘案して，DPC ごとの目標在院日数を設定するとよいだろう。

病院経営改革のための KPI として設定すべきものは，施設全体としての平均在院日数である。DPC ごとの目標在院日数が設定されれば，施設全体として目指すべき平均在院日数の目標値は，DPC コードごとの患者数で，加重平均を求めることで算出できる。

必須 KPI の 2：新入院患者数

在院日数と並び，病院の入院収益を改善するうえで重要な要素は，「病

床利用率」である。これはもちろん，高水準であるほど，入院収益の増大に貢献する。

では，第2のKPIとして病床利用率を設定すべきではないかと思われるだろうが，実は，筆者らは病床利用率をKPIとして設定することはお勧めしない。その理由は，以下のとおりである。

なぜ「病床利用率」ではなく「新入院患者数」か

在院日数の短縮化と病床利用率の向上は，ともすれば背反する関係にあると捉えられがちで，実際に多くの病院で経営者や現場のスタッフが誤解しているのであるが，実はこの2つは両立しうる変数であるということは，すでに述べたとおりである。このため，KPIが現場スタッフへのコミュニケーションを前提とした，わかりやすさを求められるものであることを踏まえると，「誤解されやすいもの」をKPIとして設定することは，お勧めできないのである。

代わりとなるものとして，筆者らは「新入院患者数」を，2つ目のKPIとして設定することをお勧めしたい。新入院患者数の増加は病床利用率の改善に直接貢献する要素であり，さらに，病床利用率に比べ，現場が具体的に何をすればよいのかを明快に方向づけしてくれる，優れた指標であるからである。

前述のように病床利用率は，ともすれば第1のKPIである在院日数の恣意的な延長によっても，指標単体としては改善されうる。これに対し，新入院患者数は，在院日数に左右されることはなく，あくまで日々の入院患者の新規受け入れ数を増大させることによってしか改善されない。

このようなアクションの方向性の明快さは，先に述べたKPI設定の留意点でも述べたとおり，きわめて重要である。

「サブKPI」としての救急患者数

　この第2のKPI,「新入院患者数」を改善するためにとるべきアクションを,個々の病院の現状の課題に応じてさらに明確にする観点から,サブKPIを設定することもできる。

　第5章で触れたように,施設によっては,救急患者の受け入れ要請があるにもかかわらず断ってしまっている例がある。このような施設では,新入院患者数を押し上げるためのサブKPIとして,「救急患者数」を設定することをお勧めしたい。診療科間の連携が不十分であるがゆえに救急患者の受け入れ要請を断っているような施設では,そのもととなっている診療科間連携を早期に改善し,救急患者を常に柔軟に受け入れられる体制を構築しなければ,救急要請も次第に競合施設へと移っていき,結果的に新入院患者の獲得機会を他施設に譲ることになってしまう。

　したがって,この課題に着目した救急患者数をサブKPIとし,救急要請を100%受け入れることを目的として設定する。これにより,新入院患者数を改善するうえでの障害を解消するために有効なアクションの方向性を,明確に定義できるのである。

「サブKPI」としての紹介患者数

　一方,救急患者の受け入れはすでに十分できている施設の場合,「紹介患者数」をサブKPIとして設定することができる。

　第6章で触れたとおり,院内のさまざまな連携が十分に行われている施設については,地域内の他の医療機関との役割分担・連携を,さらに踏み込んで進めることに,大きな意義がある。多くの施設で行われているような,院長や地域連携室のみを通じた取り組みを超えて,現場の医師も巻き込んで行うのである。こうした取り組み等を通じて,紹介患者の徹底的な受け入れを推進していくことが,新入院患者数の向上のために有効である。

図表 8-1　KPI および目標値設定の考え方

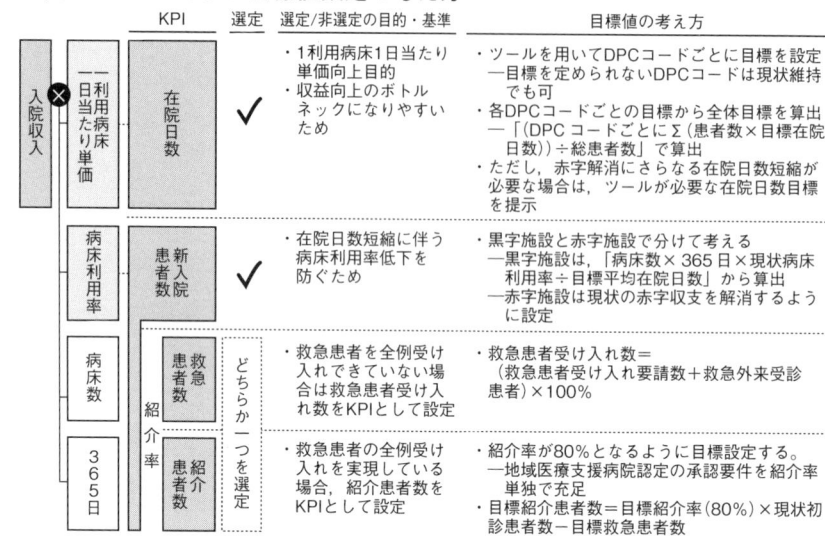

	KPI	選定	選定/非選定の目的・基準	目標値の考え方
入院収入 × 一利用病床一日当たり単価	在院日数	✓	・1利用病床1日当たり単価向上目的 ・収益向上のボトルネックになりやすいため	・ツールを用いてDPCコードごとに目標を設定 　―目標を定められないDPCコードは現状維持でも可 ・各DPCコードごとの目標から全体目標を算出 　―「(DPCコードごとにΣ(患者数×目標在院日数))÷総患者数」で算出 ・ただし，赤字解消にさらなる在院日数短縮が必要な場合は，ツールが必要な在院日数目標を提示
病床利用率	新入院患者数	✓	・在院日数短縮に伴う病床利用率低下を防ぐため	・黒字施設と赤字施設で分けて考える 　―黒字施設は，「病床数×365日×現状病床利用率÷目標平均在院日数」から算出 　―赤字施設は現状の赤字収支を解消するように設定
病床数	救急患者数	どちらか一つを選定	・救急患者を全例受け入れできていない場合は救急患者受け入れ数をKPIとして設定	・救急患者受け入れ数＝ 　(救急患者受け入れ要請数＋救急外来受診患者)×100%
365日	紹介率 患者紹介数		・救急患者の全例受け入れを実現している場合，紹介患者数をKPIとして設定	・紹介率が80%となるように目標設定する． 　―地域医療支援病院認定の承認要件を紹介率単独で充足 ・目標紹介患者数＝目標紹介率(80%)×現状初診患者数－目標救急患者数

(BCG 分析より)

　ここまで述べてきた KPI，および目標値設定の考え方を一覧にまとめたものが図表 8-1 である．

　現場でのわかりやすさや取り組みの徹底を考慮し，設定する KPI はサブ KPI を含めて3つまでとする．サブ KPI は施設ごとの課題に応じて，いずれか1つを選択する．また，あくまで収支の改善が目的であるので，それを達成するために必要な水準の目標値を設定する．

　これらを原則として，ぜひ KPI を有効な経営改善ツールとして活用していただきたい．

4. 実行とモニタリングこそが鍵

　「在院日数」と「新入院患者数」の2つの必須 KPI，および施設の抱える

課題に見合ったサブKPIを設定しても,それらが病院経営改善のための血の通ったコミュニケーション・ツールとして活用されなければ,意味がない。KPIを設定してはいるものの,実質的な経営改善につながっていない例も多く存在するが,それらの施設の失敗の原因は,実はここにある。

KPIは設定して終わりではない。KPIの目標値を達成するための具体的なアクションが実行されること。また,その実行状況をモニタリングすることにより,さらなる改善アクションを特定し,促進していくこと。こうした活動こそが重要なのである。

KPIの運用サイクルには,①データ分析,②共有・改善策検討,③改善策策定・実行,という3つの要素がある。

要素1:データ分析

設定したKPIごとに,目標値に対する実績値を集計・分析するのがデータ分析プロセスである。例えば在院日数では,月次で,施設全体・診療科別・DPCコード単位で,目標値に対する達成・乖離状況や,対前年同月比で見た状況を分析する。新入院患者数については,やはり月次で,施設全体および診療科別の実績を,対目標値・対前年同月比で分析する。

ここで重要なのは,全体を「見える化」すること,および施設全体目標を達成するうえでボトルネック(障害)になっていそうな部分(診療科ごとの課題など)を特定することである。これを実現するには,例えば医事課のような部署が施設全体のデータを一括して,客観的に分析することが適切であろう。

KPIごとに目標値に対する達成・乖離状況を分析する際には,**図表8-2**で示したようなダッシュボードを活用すると便利である。ダッシュボードの利点は,全体像と問題のありかを一覧できることにある。

目標に未到達のKPIや診療科が多く存在する場合にも,一様に同じ重みで改善努力をするのではなく,改善による施設全体への影響の大きさに

図表 8-2　KPI ダッシュボード：平均在院日数の例

平均在院日数：全体／診療科
（2010 年 3 月）

			実績		目標値	乖離状況			
			当月 （日）	前年同月 （日）	（日）	対前年同月		対目標値	
						幅（日）	率（%）	幅（日）	率（%）
診療科	診療科全体	●○○	14.7	14.9	14.0	▲0.2	▲1.3	＋0.7	＋5.0
	消化器内科	●○○	12.2	13.1	12.5	▲0.9	▲6.9	▲0.3	▲2.4
	呼吸器内科	●○○	19.2	20.2	19.5	▲1.0	▲5.0	▲0.3	▲1.5
	循環器内科	○○●	8.6	8.3	8.0	＋0.3	＋3.6	＋0.6	＋7.5
	神経内科	●○○	25.2	26.3	26.0	▲1.1	▲4.2	▲0.8	▲3.1
	脳神経外科	●○○	23.3	24.0	23.5	▲0.7	▲2.9	▲0.2	▲0.9
	心臓血管外科	●○○	20.2	21.0	20.5	▲0.8	▲3.8	▲0.3	▲1.5
	整形外科	●○○	11.4	12.3	12.0	▲0.9	▲7.3	▲0.6	▲5.0
	呼吸器外科	●○○	14.2	15.0	14.5	▲0.8	▲5.3	▲0.3	▲2.1
	小児科	●○○	13.7	14.2	14.0	▲0.5	▲3.5	▲0.3	▲2.1
	産婦人科	●○○	12.8	13.5	13.0	▲0.7	▲5.2	▲0.2	▲1.5

青　黄　赤

（BCG データベースより）

応じてメリハリをつけて，特に力を入れて取り組むべき課題に重点的に取り組むことも，このプロセスにおいて重要である。

要素 2：共有・改善策検討

　次に，集計した実績値と目標値の乖離状況を，経営層から現場スタッフまでが共有し，その原因の特定と改善策の検討を行うプロセスが必要である。

　施設によっては，すでに在院日数などを診療科別に分析し，各診療科がその改善の対策を練っているところもある。しかしながら，施設全体での改善運動として取り組んでいくためには，診療科に閉じた分析・対策検討ではなく，診療科を横断して，どこに課題があるかを冷静に見つめる必要がある。それも，目標値に未到達の診療科を責めるのではなく，同じ施設のなかでも実績が上がっている診療科を「ベストプラクティス」として取

り上げて，他科への展開につなげるなど，工夫を促すために共有すべきものと捉える必要があろう。

　そのような形で分析結果が共有された後，目標未到達のKPIがある診療科については，未到達の原因を特定し，それを改善するための具体的な対策を策定する。

　未到達の原因の特定は，現場でのアクションの改善に直結する具体的なものであるべきだ。例えば，在院日数が目標に未到達である場合，「そもそも，標準プロセスが未整備またはスタッフ間で共有されていない」ためなのか，「標準プロセスは整備されていても，要員や病床管理の具体的なスケジュールへの落とし込みが不十分」なためなのか，といったことを見極めることが肝要である。

　さらに，仮に標準プロセスが要員やスケジュールに落とし込まれていないといったことが判明した場合でも，それが患者の入退院計画が事前に十分可視化された状態で組まれていないことが問題なのか，それともスタッフにおけるスケジュール運用に課題があるのか，といったレベルにまで掘り下げて，未到達の「真因」を特定することが重要である。このレベルでの真因特定ができていれば，具体的なアクションとしての対策を講じることは比較的容易なはずである。

　なお，Appendixに，こうした真因特定と対応する改善策の例を示したチェックリストとフローチャートを掲載しているので，参照していただきたい。

● 要素3：改善策策定・実行

　最後に，決定した改善策について，実行およびモニタリングを行うプロセスがある。

　これは，いったん診療科単位で検討された改善策を経営層と合意し，施設全体として責任をもって取り組むと同時に，決定された改善策実行の進

捗状況およびその効果について，経営層も含めて定期的に見ていくということである。

KPI の運用サイクル

図表8-3に，これらを1つのサイクルとしてまとめた全体像を示したが，このサイクルを継続的に回していくことによって初めて，経営改革が「絵に描いた餅」ではなく，現実のものになる。

あるエクセレント・ホスピタルでは，在院日数と新入院患者数の2つをKPIとして定めており，特に新入院患者数については，毎朝の朝礼で全スタッフに前日の実績値と当日の予定値を共有している。数年前から始まっ

図表8-3　KPI 改善に向けた実行およびモニタリングのサイクル

		1. データ分析	2. 共有／改善策検討	3. 改善策策定／実行
担当者／対象者	各指標共通	医事課	全医療スタッフ（共有） ・医事課から各職場代表者に一覧表を回付 診療科部長（改善策検討）	経営陣，職場代表者（議論） ・院長，副院長，事務長，各診療科部長など 診療科部長（実行責任）
タイミング／頻度	平均在院日数	毎月第1週 ・前月の実績を集計	データ分析の翌日に共有	毎月第2週 ・平均在院日数データ集計の翌週
	新入院患者数		月初に改善策を策定 ・翌週の経営会議で議論 日々の状況を共有（稼働確認と合わせて）	
の共場有			部・診療科内会議 ・カンファレンス，朝礼など	経営会議
タスク／アウトプット	各指標共通	・月次の実績を分析 　―KPIダッシュボードを作成 　―施設全体，診療科単位 　―平均在院日数は上記に加え，DPCコード単位も分析 ・ベンチマーク指標との比較により乖離幅を算出 ・ベンチマーク指標未達項目を特定	・対象期間の実績を共有 ・（目標未達項目がある場合）改善策を策定 　―各診療科部長が責任者となり策定	・各診療科が策定した改善策を議論，合意 ・各診療科部長は指標改善を経営陣にコミット ・以降，改善策の進捗状況を経営会議にて報告・議論

（BCG データベースより）

たこの取り組みによって，現在ではどのスタッフにも，新入院患者数がどの水準を割ると，改善に向けてアクションを起こさなければいけないかという感覚が染みついているという。

　例えば，病床を管理する看護師長は，新入院患者数が低迷気味と感じると，改めて早期退院によって空床化できる病床がないかを各病棟に確認し，救急や紹介患者を受け入れる際のボトルネックにならないように指示出しをしている。

　経営改革とは，この病院の例のように，経営層が明確な経営指針と強いコミットメントを示しつつ，現場スタッフがそれを自らの日常のアクションと結びつける形で十分に理解し，改善し続けることによって実現するのである。

5. 医療機関に向けた5つの提言のまとめ

　第4章から本章まで，医療機関に向けた5つの提言を紹介してきた。

提言1：クリニカルパスで診断・治療プロセスを標準化せよ！
提言2：複数診療科・病棟にまたがった人・病床・設備の全体最適利用の仕組みをつくれ！
提言3：地域内医療機関の連携，役割分担を明確にせよ！
提言4：「総合」病院から「尖り」のある病院へ進化を遂げよ！
提言5：「在院日数」と「新入院患者数」を必ず含むKPIを設定し，モニターせよ！

　最初の3つの提言は，場合によっては，まず診療科ごとに工夫して取り組むことも可能，または有効なものである。一方で，提言4と5は，いずれも病院長等経営トップが強いリーダーシップをもって取り組まない限

り，各診療科の枠内では機能し得ないものである。

　提言4は，スタッフ全体に広げて議論する前に，まず経営層がしっかりと戦略的な方向性を見定める必要がある。時間軸的にも，1～2年で急激に成果を得られるものではないが，かと言って，自院に閉じた問題ではないだけに，いつまでも先延ばしにしていると，医療圏内のダイナミズムのなかで自院だけが取り残されるという危険性もある。検討自体は早期に着手すべきだろう。

　一方，提言5は，実際の取り組み開始までに特に時間を要するものではない。ただし，経営層だけでなく，現場まで広く深く浸透させていくことが重要であること，また，短期的な取り組みに終わるのではなく，継続してこそ成果を得られるという意味で，やはり息の長い取り組みになるだろう。さらに，すべての提言は結局のところ，2つの必須KPIの改善という形となって現れる。

　これまで紹介してきた5つの提言の大きな方向性は，従来は必ずしも「常識」ではなかったが，本質的な病院経営改革を実現するカギとなるものである。これらの提言を参考に，新たな病院経営改革に着手する医療機関が増え，ひいてはわが国の医療の質と効率の同時改善が進むことを期待したい。

Chapter 9

医薬品・医療機器産業に向けた提言

ここまで，わが国の医療機関が直面している経営課題と，課題解決に向けた処方箋について述べてきた。本章では，医療機関を重要顧客としている医薬品・医療機器に関連するメーカーや卸企業が今後考慮すべきことについて，考えてみよう。

1. B2Bビジネスの基本は，顧客の経済性の理解

　納入は終わっているのに，納入価格が数か月から1年近く先まで決まらない「未妥結・仮納入」問題。購入した医薬品を医療機関が返品する際に，中身を一部抜き取って返品するなどの問題。医療機関と医薬品・医療機器メーカーや卸業の間には，普通の業界では考えられない「商慣行」が存在する。

　医療機関のグループ化や共同購入などの進展によって購入サイドの交渉力が増していることや，メーカーや卸業間の競争が激化していることを原因に，「仕方がない」と考える向きもあるが，本当にそうなのだろうか。

　いずれも事実だと思うが，それはこの業界に限った話ではない。食品業界であれば，顧客である食品スーパーやコンビニエンスストアの集約化，グループ化はもっと進んでいる。家電業界であれば，量販店の集約度は医療機関の比ではない。

一方的な商慣行が成り立つ理由

　メーカー間の競争が激しい原因として，他業界と比べてメーカー数が多いことをあげる向きもある。確かに，従来は収益性がきわめて高かったため，メーカー数が多いということは医薬品・医療機器業界の特徴ではある。しかし，製品ごとの競争を考えると，実際に競争している相手はせいぜい3～4社ではないだろうか。また，医薬品卸業では，すでに大手3～4社

に集約が進んでいるのはよく知られているとおりだ。

購入サイドの交渉力の向上や，販売サイドの競争激化が，医薬品・医療機器業界特有の問題ではないとすると，一体何が原因で一方的な「商慣行」が成り立ちうるのだろうか。複合的な要因によるとは思うが，あえて雑音を遮断し，答えを1つに絞り込むとすると，それはメーカーや卸のビジネスモデルが何十年も変わっていないことにあるとはいえないだろうか。

プロ対プロの商売がB2Bビジネス

医薬品・医療機器産業と医療機関のビジネスは，消費者相手のものではなくプロ対プロの商売，すなわちbusiness to business (B2B) ビジネスである。B2Bビジネスで勝つ定石は，顧客の経済性の理解に基づいて，相手のビジネス・プロセスに深く入り込んでいくことである。

具体例をあげて考えてみよう。自動車部品メーカーであれば，完成品メーカーの設計段階から関与しなければ，満足な収益が上げられないことはよく知られているとおりだ。設計段階からかかわることで，完成車の仕様を提案したり，その仕様に合致したパーツを作り込んだり，さらには単品としてのパーツ供給を超えてモジュールレベル（ダッシュボード周辺すべてなど）で供給する。

こうした活動を通じて，完成車メーカーの製造プロセス効率化に貢献でき，パートナーとして認められ，ひいては安定的なビジネスが期待できるようになる。逆に，それができないパーツメーカーは，単なるサプライヤー（供給者）として扱われ，調達プロセスのなかで価格競争を余儀なくされ，コスト競争力がなければやがては淘汰されてしまう。

医薬品・医療機器業界を考えてみたときに，自動車部品メーカーと同じレベルで，医療機関の経済性を理解し，彼らのビジネス・プロセスに深く関与し，改善に向けた提案をしているメーカーや卸企業はどのくらい存在するだろうか。現状の医療機関と医薬品・医療機器関連企業との関係が一

方的になっているのは，医療機関側にも問題なしとはしないが，B2Bビジネスの原則を踏襲しないサプライヤー側にも問題があるといえるのではないか。

　厳しい言い方のようだが，顧客のビジネス・プロセスの一部を構成するほどの関与もなく，また競合優位性も少ないB2Bビジネスが価格で勝負するしかないのは，経済原則どおりなのである。

2. 医療機関に貢献する切り口1： 診断・治療プロセス効率化

　わが国医療機関の大半を占める400床以下の急性期病院では，薬剤費や診療材料費を削減して，変動費を低下させても，医業収支（一般企業の営業利益に相当）を改善する効果が高くないことは，第2章で述べたとおりである。むしろ，「在院日数の短縮」と「病床利用率の向上」により，医業収益（一般企業の売上に相当）を増加させるほうが，結果として収支改善につながる。ここに，医薬品・医療機器関連企業が，医療機関の経済性を理解したうえで改善提案するチャンスが潜んでいる。

「在院日数の短縮」と「病床利用率の向上」にいかに貢献できるか

　第4章で，全疾患の75％に経済的側面から見た最適在院日数が存在することを述べた。しかしながら，DPCを採用している大半の医療機関では，そもそも最適在院日数が存在することがあまり理解されていない。医療機関に対してその数値を提示すること自体が，医薬品・医療機器関連企業がつけられる第1の付加価値になるだろう。

　仮に最適在院日数がわからなくても，DPC制度下における入院期間ごとの診療報酬をみれば，なるべく在院日数を短くして，病床回転率を上げ

たほうがよいことは，病院経営者ならば誰でもわかっていることだ。しかし，どのように診断・治療プロセスを改善して，在院日数の短縮に結びつけていったらよいかというところまで理解している経営者は少ない。

　そこで，自社が取り扱う薬剤や機器が対象とする疾患について，自社品を用いることで在院期間の短縮につながることを証明できたらどうだろうか。これができれば，医療機関の診断・治療プロセスに深く関与することができ，かつ，彼らの経済性を高めることで，医薬品・医療機器関連企業として最大の価値を付けられるだろう。

　事実，抗がん剤や感染症関連の薬剤では，効果の発現が早いために回復を早められるものや，術後の感染症発生リスクを抑えられるため在院日数短縮につながるものがあると聞く。自社の薬剤を活用して，在院日数削減を実現している医療機関の実績やクリニカルパスを具体的に提示できれば，説得力が非常に高まるはずである。当該医療機関との勉強会を立ち上げるなどの手段も有効だろう。

3. 医療機関に貢献する切り口2： ボトルネックの解消

　第5章で，CTやMRIなどの医療機器，手術室，カテーテル室などが診療科別に管理されているため，そこが診断・治療プロセス上のボトルネックとなり，機器や施設が空くまで待たなければいけないという「アイドルタイム」が発生していることに触れた。

　例えば，循環器内科と放射線科それぞれで心臓カテーテル室を管理しているが，放射線科のカテーテル室は空いているのに，循環器のほうが満杯で手技が行えないという事例が発生している。カテーテル室くらい診療科間で融通しあえばよいのではと思われるだろうが，問題はそんなに簡単ではない。診療科ごとに仕様が異なる機器を使っているため，他診療科のスタッフでは対応できないことが多々あるのである。

エクセレント・ホスピタルでは，こうした事態に備え，なるべく汎用機に切り替えて，診療科間で施設や機器を共通に使えるようにしていることは，すでに述べたとおりである。医療機器メーカーや卸業者は，こうした医療機関の潜在的ニーズを汲み取って，汎用機への切り替えや，医師やコメディカルの機器トレーニングを進めていく余地があるだろう。

　また，すでに行われ始めていることだが，医薬品・医療機器卸業では，病院内の薬剤や機器の在庫・物流を管理する，医療機器メーカーであれば術式に合わせて医療機器・用具のパッケージを作り医療機関側のミスや作業上の負担を軽減する，といったやり方で，プロセス改善に入り込んでいくことも考えられるだろう。

4. 医療機関側の変化

　ここまで読まれて，本当にこのような提案が可能なのか，効果があるのか，と疑問に思われる読者も多いだろう。筆者らの考察からは，そうした心配や疑念を払拭し，製薬・医療機器企業関係者の背中を押すような，医療機関のニーズが浮かび上がってきている。経営改善に向けた提案が組織内部からは出にくいことから，医療機関経営者は，外部からの提案に耳を傾ける素地が十分あり，むしろ，それを強く期待している関係者も少なくない。

　実際，今回の実地調査のなかでも，病院長や事務長から次のような声が聞かれた。「製薬メーカーや医療機器メーカーは，毎週のように私たちのところに来て，私たちの病院のこともある程度は理解してくれているはずです。しかし，自社製品を売ることにばかり集中しているようにみえます。なぜ，外部の視点からプロセスや収益性改善に向けた提案をしてくれないのでしょうか。今回，あなたがたから受けたような提案を，日々病院に来てくれるメーカーや卸からも行ってもらえるとありがたいのですが」。

経営サイドへの働きかけ

　この際に留意すべきは，こうした自社製品を使ったプロセス改善の提案は，従来の顧客とはまったく違う層に対して行う必要があることだ。つまり，医薬品メーカーであれば，これまでは医療機関の医師に対して個別にアプローチし，自社製品の処方増を働きかけてきたことだろう。もちろん，大手医療機関であれば，自社製品の採用に当たって，薬事審議会メンバーに対する働きかけも行ってきただろう。しかし，当該製品を使用する個々の医師に対する働きかけが主だったのではなかろうか。

　しかし，これまで述べてきたとおり，特にDPCを採用している医療機関では，最適在院日数を実現するためのクリニカルパスを院内で作成し，運用していくことが経営効率改善に不可欠である。こうした判断をするのは，個々の医師というよりは，院長，事務長，診療科部長，薬剤部長など，医療機関の経営サイドに属する人たちである。

　したがって，自社品を使ったクリニカルパスの改善，すなわち経営効率改善の提案は，従来のように個々の医師にするのではなく，病院経営者に対して行っていく必要がある。

　こうした状況下では，今までのような，担当患者数が多い医師個人をターゲットとして医薬情報担当者（MR：medical representative）が攻略する「人海戦術」では，効果が薄いだろう。果たしてどれだけの製薬企業内の営業支店長や所長，MRが，病院長や診療科部長，薬事部長，ましてや事務長を攻めているだろうか。医療機関内の意思決定者の変化を正しく理解し，そこへ適切なアプローチを行っていく必要がある。

医師の個別的な「意思決定」は低下する

　さらに意思決定者についていえば，個々の医療機関のなかでの意思決定を超えた，さらに大きな変化が起こることも予想される。一部の疾患にお

いては，薬剤の意思決定に対する診療所の医師の関与は限定的になる可能性が出てきている。

先に述べたように，在院日数が最適化されるということは，多くの場合，現在よりも入院日数が短くなることを意味する。つまり，これまでよりも不安定な状態で患者が退院し，診療所などでフォローすることが求められるようになるだろう。実際，在院日数を急速に短縮した米国では，手術後の抜糸をする前に退院し，近隣の在宅看護センター等で，適宜抜糸を受けるというプロセスに変わっているそうだ。

こうした患者に対しては，前述のように地域の中核病院と近隣の診療所等の間で地域連携パスがつくられ，それに則った治療パスが診療所で実行されるようになるだろう。すると，診療所では従来のように，自分の好みの薬剤を自由に処方するのではなく，中核病院との取り決め（地域連携パス）に従った治療・処方が求められることになる。

例えば，脳梗塞で入院して早期退院する患者に対して，診療所の医師は，急性期で処方された抗血小板薬などの薬剤とまったく同一の薬剤を処方し続けることになるであろう。事実，厚生労働省も，特定疾患については，地域連携パスを設定し，それに応じた治療を行っている病院や診療所に対して，診療報酬上の加算を付している。また，対象疾患も増やしていく方針だと聞く。

看護師や薬剤師の「意思決定」の増加

逆に，医学的に高度な判断を求められない，比較的治療プロセスのパターンが固まっている診断・治療行為については，医師以外の看護師や薬局に実質的な意思決定権限が移行していく可能性がある。事実，2013年からの特定看護師制度の導入が検討されている。この制度下では，プロセスが固まっているような治療行為については，一定の経験と知見を有する看護師に，実質的な意思決定権限が移管されていくことになる。

また，特許切れを迎えた製品やその後発薬の選択については，薬剤師の権限が増していくと考えられる。現在の処方箋の形態を見ても，処方医が後発医薬品への切り替えを明確にノーと処方箋に書かない限り，先発にするのか，後発にするのかの意思決定は，現状でも薬剤師が患者に尋ねることに委ねられている。

　このように考えていくと，少し極端な言い方に聞こえるかもしれないが，薬剤を選択する実質的な決定権限をもつ医師は，日本全国25万人の医師のうち，一部の層に限定されていく可能性もある。

5. メーカー・卸業者にとっての「変化」

　まったく業界は異なるが，製品売り切りビジネスから脱皮し，顧客の事業プロセスや経済性の改善という価値を届けることに成功した事例の1つとして，ある外資系メーカーの航空機エンジンビジネスがあげられる。

航空機エンジンサプライヤーの例から

　同事業はかつて，顧客である航空会社のコスト削減と，メーカー間競争の激化により，収益性が毎年下落していた。しかし同社は，ビジネスモデルを大きく変えることで，飛躍的な転換を実現した。エンジン単体を売る「製品売り切りビジネス」から「ソリューションを提供するビジネス」に転身した。すなわち，航空会社に対して自社製エンジンが空を飛んで稼動している時間だけ課金する，時間単位での課金モデルに変え，航空会社にとっての経済性を大幅に向上させるという新たな価値を提案したのである。

　航空会社からみると，整備や補修時などのお金を生んでいないアイドルタイムには費用が一切かからないこの提案は，非常に魅力的だった。おりしも，格安航空会社や新興国のナショナルフラッグキャリア（その国を代

表する航空会社）が台頭しつつあり，航空会社の投資負担抑制ニーズにも応えることができた。これにより同社はトップシェアを獲得し，収益性も大きく改善した。また，顧客のビジネス・プロセスに深く関与することで，製品そのものの性能（整備に時間がかからないような構造等）も向上するという効果まで得られたのである。

　ただし，このようなパラダイムシフトを目指して，医療機関のプロセス改善につながる提案を，徒手空拳で行うのは無理があるのも事実だ。医薬品・医療機器産業が医療機関への提案力を強化するためには，以下の4つの能力を高める必要がある。

① 顧客（＝意思決定者）を正しく理解し，そこへのアプローチを強める。
② 医療機関の経済性を理解し，経営改善のツボを把握する。
③ 自社品の医療経済上の価値を証明する。
④ メディカル機能を強化する。

能力1：顧客の理解とアプローチ

　前述のとおり，医薬品や医療機器購買に当たっての意思決定者が変わりつつある。これまでのように，国内の医師25万人が，それぞれ自分自身で処方薬を選択するのではなく，医療機関内でクリニカルパスを決定する権限のある人たちが，実質的な最終決定権を有するようになると予想される。このような状況においては，製薬企業や医療機器メーカーは個々の医師に対する「人海戦術」をどれだけ実施しても，売り上げにつながらないケースが増えるだろう。

　病院内の，あるいは病院外も含めて，一体，誰が医薬品や医療機器の購買を最終的に決めているのか，正しく見極める必要がある。意思決定にかかわっていない医師にどれだけ面会しても，どんな意思決定が行われているかを正しく理解することはできない。

上記の②〜④の内容を提案し，病院長や診療科部長，薬剤部長や事務長に相談してもらえるような存在になる必要がある。実際に意思決定に影響を及ぼす人たちとやりとりをするなかで，誰が意思決定者なのか，意思決定基準も含めて正しく把握できるようになるはずである。

能力2：医療機関の経済性の理解と経営改善のツボの把握

　繰り返しになって恐縮だが，B2Bビジネスで勝つための定石は，顧客の経済性の理解に基づくビジネス・プロセス改善の提案だ。逆にいえば，顧客の経済性がどうなっているかもわからずに，B2Bビジネスはできない。

　果たして，製薬企業のMRや医療機器企業の営業の方々は，自分が担当している医療機関の経済性について，どの程度理解しているだろうか。公営病院の収支状況は「地方公営企業年鑑」に公表されている。一般病院でも「医療経済実態調査報告」で大まかなことはわかる。このような資料を基に，何が当該機関の経営改善に向けたツボなのかを読み解くことが，提案に向けた第一歩である。

　そこまでわからなくても，中規模以下の病院ならば，在院日数削減と病床利用率向上がツボである可能性が高い。顧客医療機関の在院日数や病床利用率が，他施設と比べてどうなっているのか。それは診療科ごとにどう異なるのか。また，その背景にはどういった原因があるのか。こうしたことを考え，どういう提案ができるかを検討してみることが肝要である。

能力3：自社品の医療経済的価値の証明

　前述の「診断・治療プロセス効率化」という切り口の狙いは，自社製品を導入してもらうことで，在院日数削減等によって収益性を改善し，医療機関とサプライヤーが互いに利益を得られる「ウィン・ウィン」の関係になることにある。つまり，究極的には，自社品の医療経済上の価値を証明

する能力を高めることが求められている。

これまで医薬品・医療機器メーカーが医療機関に示すデータといえば，治療・延命効果や安全性に関するものであった。これらに加えて，今後は，自社品がもたらす経済的価値を示すデータを収集し，分析する能力が重要になる。いわゆるヘルス・エコノミクスである。

本当の意味での医療経済上の価値の証明には，臨床データの収集と，専門家による分析が必要になる。これは，後述のように中長期的に必須の能力となるが，短期で習得できるものではない。しかし，短期的にもできることはある。

例えば，最適在院日数の実現を通じた経営改善に努め，かつ，自社製品のシェアが高い病院を選んで，自社製品がどのような価値を生んでいるのかを具体的に調べてみることをお勧めする。「効果の発現時期が早い」，「副作用のリスクが低いため，次の診断・治療ステップに進みやすい」などの理由で自社製品をクリニカルパスに組み入れてくれている病院があれば，そこに突破口がある。そのパスの内容と採用理由を具体的に研究して，その研究結果を他施設での提案内容に活用すれば，自社製品を採用する病院を拡大できる可能性がある。

能力4：メディカル機能の強化

さらに言えば，診断・治療プロセスに関する議論を深めるには，MRなどの営業担当者に折衝を任せるのは，限界があるかもしれない。

収集したデータや分析結果を，出版や講演などを通じて発信し，医療機関と具体的に議論することを念頭に，実際に医学・医療に深く関与できる資源を強化することが，必要になるだろう。

6. 患者価値の向上をわが国医療システム改革の共通指標に

　前章まで，わが国医療機関の経営課題と，その解決の方向性を検討してきた。本章では，それらの医薬品・医療機器関連産業にとっての意味について考えてみた。

　これらの考察を通じて，わが国医療システム上の大きな課題が1つみえてきた。それは，医療に携わるさまざまな担い手が，異なる目標・目的をもって動いており，利益が一致していないということである。単純化してしまうと，医療機関は患者の治療や延命効果，安全性を上げることを究極の目的とし，医薬品・医療機器メーカーは自社品の売上を上げることを目標とし，政府や保険者は医療費総額の削減を目指すといった具合だ。医療の主な担い手が異なる目標を目指して動いているようでは，患者価値の向上にはつながらない。

DPC の本来の意図を生かす必要性

　本書のなかでも，DPC が導入されたことで医療機関が変動費削減に奔走し，病床利用率アップのために在院日数を延ばす，という必ずしも収支改善につながらない行動をとっていることを見てきた。

　しかし，DPC の本来の目的の1つは，個別症例の違いによって比較しにくかった治療プロセスを，合併症の有無や基本的な治療方法によって区分することで，横比較できるようにすることだったはずだ。これにより，疾病ごとに「ベストプラクティス」を抽出し，最も安価に，最大の効果を得る治療方法をみつけられるようになることが期待されたのである。その意味で，DPC は画期的なインフラであった。患者にとっての費用負担と，それにより得られる治療効果という2つの指標を踏まえた，患者にとっての価値（投資対効果）を高めることにつながるはずだったのである。

DPCインフラの本来的価値を生かすには，次のようなことが重要だ。まず，治療結果のばらつき，治療プロセスと手法の違い，の両面を見て，ベストプラクティスを洗い出す。そして，疾病タイプごとに病院の枠を超えて，ベストプラクティスを学びあい，患者にとっての価値の最大化に向けて，一種の改善を続けていくことである。

　現在わが国でも，欧州諸国で行われているような，医療技術とその効果の判定（HTA：health technology assessment）を行う機関が導入され，薬剤や医療機器の医療経済上の効果により，保険償還の内容に差をつけることが検討され始めている。その際には，患者にとっての価値を指標として，医療機関への診療報酬や薬価が決定される仕組みが導入されることを切望する。

　加えて，患者にとって価値ある薬剤は，市販からの年数に関係なく高く評価され，価値ある治療方法を提供する医療機関が相応の報酬を得ることが，わが国医療費の投資対効果と医療の質向上につながるだろう。

Chapter 10

わが国医療機関の
グローバルな競争力
向上に向けて

1. 病院経営におけるマクロ的視点の導入

　第8章までの各章において，個々の医療機関が医業収益を改善することによって経営改善を図るための提言を述べてきた。また第9章では，医薬品や医療機器といったメーカーの視点に立って，新たな付加価値提供の方向性について提言を行った。

　ここまでの考察を通じて，筆者らは，個々の医療機関やメーカーといったミクロの視点から一歩引いて，よりマクロ的な観点からの検討を加えることによって，わが国における医療機関の競争力向上と「医療の価値」向上に向けた示唆が得られるのではないかという考えに至った。

地域医療計画の見直し，「見える化」による質向上

　1つ目の示唆は，第7章で述べた「尖り」重視の病院経営と脱総合病院について，個々の医療機関の努力により達成できることを超えて，複数の医療機関による協働や行政までも巻き込むことによって実現できることがありうるということである。具体的には，地域医療計画をその地域における需要に即した形で見直し，病床数をはじめとする医療インフラの規模を最適化するとともに，地域内で提供される医療の専門性を，領域ごとに高めていくという考え方である。

　2つ目は，医療機関，医薬品・医療機器メーカー，保険者，行政そして患者といった医療にかかわる各ステークホルダーの思惑の違いを超えて，「見える化」を推し進めていくことによって，医療の効率性だけでなく質を高め，患者にとっての「医療の価値」向上を実現できるのではないかという考え方である。

　以下では，上記2つの視点に基づき，筆者らの現状認識，検討の方向性，今後の課題について，事例を交えつつ述べていきたい。

2. 医療計画の抜本的見直しによる地域医療の最適化

　第7章で,「『総合』病院から『尖り』のある病院へ進化を遂げよ」という提言を行った。地域において真に求められる総合病院としての機能を一部の大規模な医療機関に任せ,中小規模の病院を中心とするその他の医療機関では,より領域専門性を明確にした医療サービスを提供していく。こうした取り組みにより,医療の質,病院経営,財政のいずれの観点からも改善できる余地があるのではないかということを述べた。

　その実現に向けて,各医療機関が単独でも取り組むことのできる方策として,次の2つをあげた。1つは,特定の医局に依存しない自由で専門性の高い医療人材の獲得と育成を行うこと。もう1つは専門性を高めようとする領域を中心に,累積症例数がクリティカルマス,すなわち,提供する医療サービスの質が一気に跳ね上がる分岐点に達する量まで,徹底して患者受け入れに努めることである。そして,実際にこうした施策に取り組んでいる,エクセレント・ホスピタルの事例を紹介した。

　しかし,「尖り」をつくるために各医療機関が単独でできることは,上述のような方法に限られており,残念ながらこれらは,脱「総合病院化」のための必要条件ではあっても,十分条件ではない。

地域医療計画の現状

　わが国では,多くの地域において,需要に比べて病床数が過多であり,隣接する複数の医療機関が領域別の棲み分けをするような仕組みもないため,各医療機関の個別最適と地域の全体最適が必ずしも一致していない。このような状況下では,個々の医療機関が努力を行っても,地域での役割分担が不十分であることから,領域別の競合優位性を確立しきれない,あるいは,地域の患者にとって必要なレベルの医療サービスが十分に提供さ

れない，といった課題が残りうる。

　こうした課題に対応するためには，個々の医療機関が個別に方策を講じるだけでなく，地域の全体最適を実現するような医療計画の構築を行う必要があるだろう。

　わが国では，医療法第30条の4に基づき，都道府県が医療計画を策定することとされている。これまでに何度か見直しが図られてきたが，現在の医療計画の主な機能は，基準病床数の設定を通じた病床の量的規制と，4疾病5分野における医療サービス提供の確保・強化といえるだろう。すなわち，地域医療の全体最適を実現するための基礎的なフレームワークは，すでに存在している。

　しかしながら，結果としての現状を見ると，以下のような課題があげられる。

　第1に，依然として病床数が過剰であるということ。筆者らが行った試算に基づくと，**図表10-1**のように，現在の一般病床（90万床）のうち，約20万床は実患者数に比べて物理的に過剰である。中長期的な超高齢化による一般病床への需要増を考慮しても，わが国の平均在院日数の短縮余地を念頭におくと，既存の一般病床数はなお過剰な水準である。

　第2に，すでに触れたとおり，同一医療圏内で「総合」病院的な医療機関が競合しているがゆえに，各医療機関の経営効率が低下しているということ。

　第3に，その結果もあってか，多くの医療機関において，高額な医療設備が実需に比べて過剰に備えられていること。

　第4に，「総合」病院が乱立しているため，各病院における疾患ごとの症例数が分散してしまい，患者側からみると，本来受けられるべきサービスに比べて，十分に質の高い医療サービスが得られていない可能性がある，という問題が存在すること。

　すなわち，患者，医療機関，行政のいずれにとっても解決されるべき課題があるというのが，現状なのである。

図表 10-1　患者数と病床数のギャップ

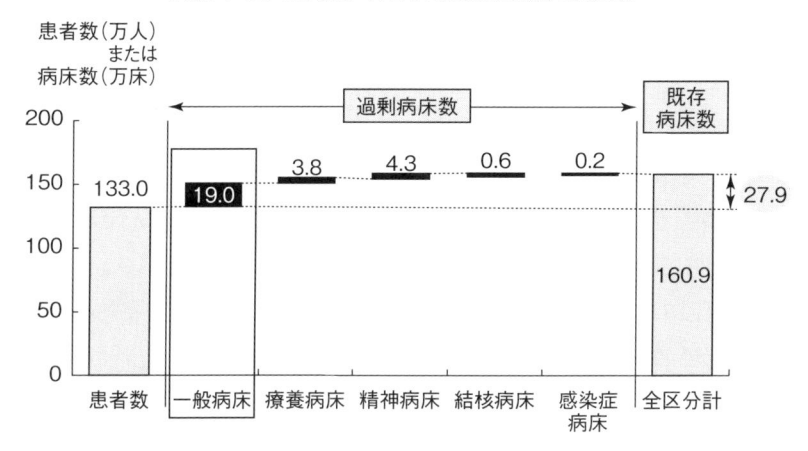

病院[1]における患者数[2]（1日平均在院患者数）と病床数

患者数（万人）または病床数（万床）

	患者数	一般病床	療養病床	精神病床	結核病床	感染症病床	全区分計
	133.0	19.0	3.8	4.3	0.6	0.2	160.9

過剰病床数／既存病床数　27.9

[1] 結核診療所を含む精神科病院と一般病院
[2] 精神科病院の患者数は一般病院の精神病床患者数と合算して算出

注：病床数は 2008 年 10 月 1 日基準，患者数は 2008 年数値

(厚生労働省『平成 20 年医療施設調査』，同『平成 20 年病院報告』，同『平成 20 年患者調査』，BCG 分析より)

地域医療計画の見直しの方向性

　では，上記のような現状を課題として捉えた場合，これらを克服するために，どのような見直しが必要だろうか。端的に言うと次の2つを，地域医療計画のなかで実現させていくことである。1つは，医療機関の設置主体の違いを超えて，地域ごとに領域別需給を一致させていくこと。もう1つは，医療機関相互の強みを見極めつつ役割分担を明確化させていくことである。

　このことをより具体的に検討するため，筆者らはX県を例とした医療提供体制の再編を検討する機会を得た。

3. X 県の医療提供体制の再編

　まず，X 県の医療提供体制の現状について簡単に紹介したい。X 県は，全国的に見ても人口当たり病床供給数が高く，平均在院日数も長めである。一般に，病床の「供給が需要を誘引する」現象は「レーマー効果」と呼ばれているが，図表 10-2 のとおり，わが国の人口当たり病床数と平均在院日数を県別に見ると，確かに両者の間に相関がみられる。なかでも X 県は，グラフ右上に位置しており，人口当たり病床数が多く，平均在院日数も長いことがわかる。

　X 県の一般病床数は約 6,500 床であるが，このうち実患者数を需要とみなした場合に物理的に過剰と考えられるのが約 1,100 床。さらに在院日数を短縮することにより削減可能な病床数が約 650 床あるとみられ，合理的な需給バランスの観点から見ても，病床供給数が高い状況が確認できる（図表 10-3）。

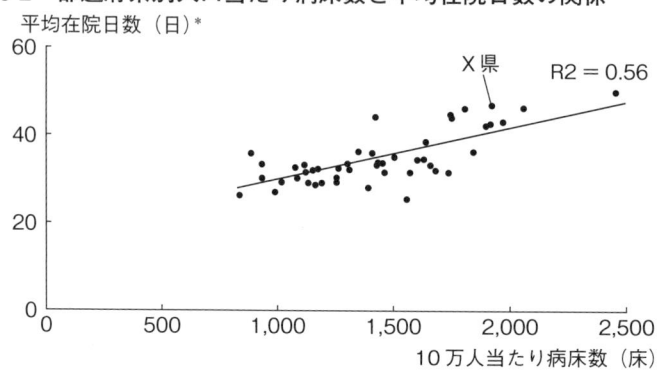

図表 10-2　都道府県別人口当たり病床数と平均在院日数の関係

＊各都道府県の年齢構成を全国のものと同一に補正。

（厚生労働省『平成 20 年患者調査』，総務省『人口推計（平成 20 年 10 月 1 日現在）』，厚生労働省『平成 20 年地域保健医療基礎統計』，BCG 分析より）

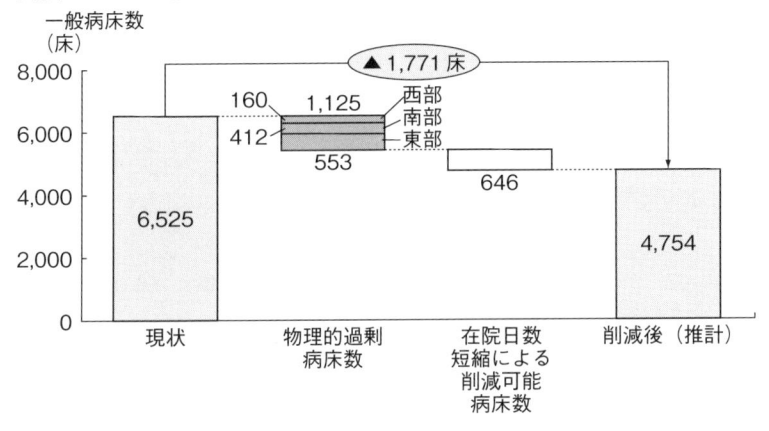

図表 10-3　X 県の一般病床数の現状と過剰病床数推計

一般病床数
（床）

- 現状：6,525
- 物理的過剰病床数：160（西部）、1,125（南部）、412、553（東部）
- 在院日数短縮による削減可能病床数：646
- 削減後（推計）：4,754
- ▲1,771 床

（厚生労働省『医療施設調査』，同『平成 20 年患者調査』，X 県資料，BCG 分析より）

一方，これらの病床を提供する医療機関の体制を見ると，X 県の医療機関は，100 床未満の施設が全施設の約 5 割を占めており，全国対比でも小規模な医療機関の占める割合が高い（**図表 10-4**）。この傾向は公立病院のみを取り出しても同様であり，規模の観点のみから見ると，地域の拠点となりやすい医療機関は限定的であるように見受けられる。

さらに，病床利用率が低迷している公立病院も存在することを踏まえると，経済合理性の観点から，地域全体の病床数，施設ごとの病床数とも，見直し余地が存在している。

X 県の現医療計画における医療圏を前提とした場合に，3 次医療圏，2 次医療圏の中核を担うと考えられる 4 施設（X 大学病院および県立 3 病院）の医療提供体制について，さらに詳細を見てみよう。

図表 10-5 は，上記 4 施設の診療科の体制，患者数および常勤医師数の現況である。県立病院 P や Q では，脳神経外科，小児科，産婦人科などの診療科があることを公称しているものの，患者数と常勤医師数から医療提供状況を推測するかぎり，必ずしも十分な提供体制となっていないであ

図表 10-4　X県における病床規模別施設構成

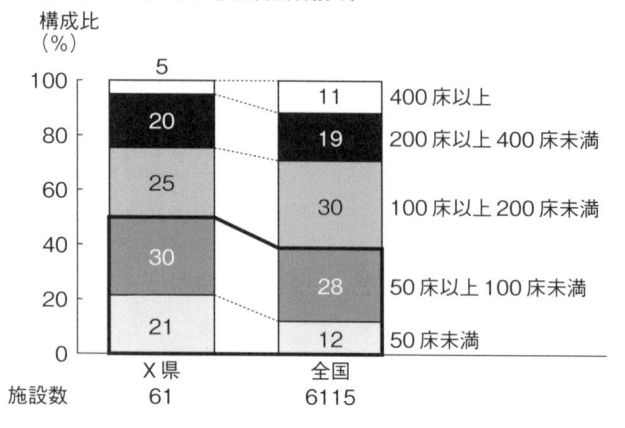

病床規模	X県	全国
400床以上	5	11
200床以上400床未満	20	19
100床以上200床未満	25	30
50床以上100床未満	30	28
50床未満	21	12
施設数	61	6115

注：一般病床を有する病院を対象。施設規模の区分に当たっては，当該施設の全病床を対象。2008年10月1日時点。

（厚生労働省『平成20年医療施設調査』，BCG分析より）

ろう診療科が存在している。ただし，これらの診療科についても，X大学病院や県立病院Oを含めた連携により，十分な医師数を確保したうえで医療サービスを提供していく余地はあるように見受けられる。

　上記のようなX県の現状に対して，どのような改善の方向性がありうるのか，以下の3つの点について，検討を行った。

　①3次医療圏単位で見た高度先進医療の集約
　②2次医療圏単位で見た主な医療機関の間の役割分担
　③既存の2次医療圏単位の見直しも含めた抜本的な病床需給調整

その1：3次医療圏単位で見た高度先進医療の集約

　第1章でも，「私のかかりつけ病院は東大病院です」という笑えない冗談のような会話がありうるのが，わが国の医療の特徴の1つであるということを紹介した。本来，大学病院のような医療機関が提供するべき医療サー

図表10-5 X大学病院およびX県立3病院の医療提供体制の現況

標榜診療科 □常勤医師が不在	X大学病院 患者数 (人/日)	X大学病院 医師数 (人)	県立病院O 患者数 (人/日)	県立病院O 医師数 (人)	県立病院P 患者数 (人/日)	県立病院P 医師数 (人)	県立病院Q 患者数 (人/日)	県立病院Q 医師数 (人)
内科	—	—	42.6	9	44.8	5	31.8	3
呼吸器内科	42.4		41.1	5	22.7	2	—	—
消化器内科	32.6		41.8	7	5.9	1	—	—
循環器内科	21.7	38	30.5	6	6.8	1	—	—
腎臓内科	10.4							
内分泌・代謝内科	6.9							
血液内科	25.8							
神経内科	9.8	5						
外科	—	—	48.9	8	22.4	2	11.8	3
食道・乳腺甲状腺外科	20.3							
呼吸器外科	10	18						
消化器・移植外科	52.1							
小児外科	5.2							
心臓血管外科	10.4	5	9.0	2				
脳神経外科	34.1	9	24.5	4	25.4	2	0.0	0
整形外科	39.9	10	46.8	4	37.7	4	23.8	3
形成外科	11.9	6	3.9	2				
精神科	35.2	10	46.9	7				
小児科	42.6	10	6.8	5	0.3	1	0.0	0
皮膚科	14.5	9	2.2	1	0.0	0		
泌尿器科	22.7	10	21.8	3	8.0	2		
産婦人科	43.6	13	11.1	3	2.0	1	0.0	0
眼科	24	9	0.1	1	0.7	1	—	—
耳鼻咽喉科	26.3	8	13.4	3	0.0	0	0.0	0
放射線科	15.4	10	2.4	5	0.0	1	—	—
麻酔科	0.5	10	0.0	4	0.0	1		
歯科	20.4	110	0.0	1				
合計	578.7	290	393.8	80	176.9	24	67.4	9

(X県・X大学病院資料より)

ビスは，診療所が提供する医療サービスとは，明確に異なるべきである。大学病院は，比較的汎用的な医療の提供を行わない代わりに，高度に専門性を有する症例を集中的に取り扱うことによって，それらの疾患に罹患している患者を救う役割を担うべき機関である。

　高度先進医療を要する症例を特定機能病院，すなわち，X県の事例ではX大学病院に集約することによって得られるメリットは2つある。

　1つ目は，高度に専門性を有する症例が複数施設に分散してしまうことを回避することにより，医療の質および効率性の低下を防ぐことができる。つまり，医療資源をより有効に活用することができるという点である。

　2つ目に，逆に大学病院が現状取り扱って「しまって」いる，より汎用的

な医療を他施設に委譲することにより，他施設における当該領域の累積取扱症例数が増加し，各施設における医療の質および効率性も高まるという点があげられる。まさに，一挙両得である。

第7章で取り上げた**図表7-4**はこの県の事例であるが，本来，特定機能病院である大学病院に集約してもよさそうな難治性疾患の症例が，近隣の公立病院D, Eや公的病院Fに分散している状況を示している。ただでさえ症例数が少ない疾患を複数施設に分散させて，医師や施設としての累積経験量が分散してしまうよりも，集約してこそ，より高質な医療サービスの提供が実現されやすいのではないか。

ただし，どのような疾患をどの施設に集約させるかは，個々の医療機関による取り組みのみで決定・実現できるものではなく，医療計画などの大きな枠組みを通じて，的確な役割分担へと導いていくべきであろう。

その2：2次医療圏単位で見た主な医療機関の間の役割分担

X県の場合，現在の2次医療圏のなかでもX市街地を中心とする東部医療圏では，X大学病院に加え，公立ならびに公的病院等地域医療の中核をなす医療機関が隣接している。西部医療圏と南部医療圏では，それぞれ県立の一病院がその役割を果たしている。そこで，東部医療圏における医療機関の間の役割分担のあり方と，西部・南部医療圏において考えられる方向性とを分けて検討した。

図表10-6は，東部医療圏に存在するX大学病院，公立病院O・Rの3施設について，疾患領域ごとの取扱症例数，各領域の代表疾患における症例数，オペレーション効率性を比較したものである。

第7章でも，領域ごとの取扱症例数の比較に基づき，役割分担の方向性を示唆した。取扱症例数に合わせ，この表に示すように平均在院日数やその標準偏差といった指標に着目すると，オペレーション効率化，医療の標準化の観点から，各施設間の役割分担を見直す意義が大きいことがわかる

図表 10-6　診療領域別症例数と代表疾患におけるオペレーション効率性の比較

	MDCに対応する診療科内の最多疾患		X大学	県立O	病院R	
相対的に県立Oの優位性が低いとみられる疾患領域	乳房系疾患（09）	合計症例数[1]	158	3	43	X大学／県立Oの一体化により効率化可能？
	乳房系	症例数[2]	81	2	13	
	乳房の悪性腫瘍	平均在院日数	6.1	17.5	10.1	
	090010xx9700xx	標準偏差	6.5	—	4.2	
	小児系疾患（14・15）	合計症例数[1]	295	80	274	
	小児科系	症例数[2]	14	29	78	
	ウイルス性腸炎	平均在院日数	10.9	6.8	3.7	
	150010xxx0xx	標準偏差	7.9	4.2	2.3	
	産婦人科系疾患（12）	合計症例数[1]	593	166	335	
	産婦人科系	症例数[2]	68	20	23	
	卵巣・子宮の悪性腫瘍	平均在院日数	3.9	4.6	7.9	
	120010xx99x30x	標準偏差	3.9	0.9	6.1	
相対的に病院Rの優位性が低いとみられる疾患領域	循環器系疾患（05）	合計症例数[1]	271	590	77	効率性、標準化の観点からも病院Rでの役割を見直し？
	循環器系	症例数[2]	28	233	15	
	狭心症	平均在院日数	10.1	2.5	3.7	
	050050xx9910xx	標準偏差	4.3	1.4	1.8	
	耳鼻咽喉科系疾患（03）	合計症例数[1]	223	272	52	
	耳鼻咽喉科系	症例数[2]	4	55	17	
	前庭機能障害	平均在院日数	4.8	3.4	5.6	
	030400xx99xxx	標準偏差	3.7	1.8	3.3	
	皮膚科系疾患（08）	合計症例数[1]	120	26	16	
	皮膚科系	症例数[2]	14	8	10	
	急性膿皮症	平均在院日数	10.4	10.1	18.0	
	080011xx99xxx	標準偏差	7.0	4.5	18.5	

1. 各施設の全体症例件数にMDC別構成比を乗じて算出（ある年の7〜12月の退院患者を対象）。
2. 代表的疾患は対応する診療科における各施設合計件数が最多のものを用いた（ある年の7〜12月期の退院患者を対象）。

（東京医科歯科大学川渕研究室資料，BCG分析より）

だろう。

　こうした役割分担を実現するには，施設を超えた診療科の統廃合を行う必要がある。診療科と医師の増強による医療の質と効率性の向上は，すでに述べてきたとおり，医療機関の経営改善にもつながる。公立病院O・Rでは，設置主体が異なるものの，これを超えた再編を行っていくことは，公立病院の経営支援に対する財政負担を軽減する観点からも，真剣に検討すべき課題である。

　一方，X県における南部医療圏は，大小医療機関がひしめく東部医療圏とは様相が異なる。X県南部は山間部が多く，人の移動効率が低いが，圏

域としては広い．県立病院Qは，このような特徴をもつ地域における拠点としての役割を果たすべき施設である．

しかしながら，**図表 10-7** で同病院の現況を見ると，取扱症例数がきわめて少ない領域が存在することがわかる．特に，小児科や産婦人科については，**図表 10-5** でも見たとおり，常勤医師も不在であり，地域の拠点病院として医療提供体制を強化していく必要がありそうだ．

こうした診療領域については，南部医療圏の地域特性を踏まえると，施設間統廃合を推進すればよいというわけではないだろう．むしろ，施設をこの地域に存続させたうえで，例えば，県立病院Oとの人的な連携を強化していくことはできないか．相対的に県立病院Oが強いと思われ，かつ緊急性の高い症例がしばしば発生する小児科，産婦人科などの領域については，県立病院Oから医師を派遣する．耳鼻咽喉科や皮膚科など比較的緊急性の低い診療科については，県立病院Oに委譲する．こうした連

図表 10-7 県立病院 Q の領域別取扱症例数

	MDC分類 分類名	コード	件数[1]（半年間） 県立O	県立Q
相対的に県立Qの優位性が高いとみられる疾患領域	耳鼻咽喉科系	03	272	17
	血液系	13	168	9
	皮膚科系	08	26	9
	小児科系	14・15	80	16
	産婦人科系	12	166	1
県立O/Qともに優位性が低いとみられる疾患領域	乳房系	09	3	10
	精神科系	17	1	3
	眼科	02	5	0
その他	消化器系	06	1,008	122
	呼吸器系	04	516	101
	外傷・熱傷・中毒	16	354	90
	神経系	01	170	44
	循環器系	05	590	38
	内分泌系	10	70	33
	筋骨格系	07	167	30
	腎尿路系	11	314	27
	その他	18	80	7
	合計	―	3,990	557

オプション①
当該5領域に対し，県立Oから県立Qへ医師の派遣を実施
・特に，耳鼻咽喉科系，小児科系，産婦人科系は常勤医師が不在

オプション②
当該5領域は県立Qから県立Oへ委譲
・年間取扱い症例件数は50件未満であり，南部地域においては，当該領域に関し，県立Qへの医療ニーズは相対的に低い．

オプション①／②共通
南部医療圏内の近隣施設に委譲
・県立Oにおいても取扱い症例数は少ない．

1. 各施設の全体取扱い症例数にMDC分類別構成比を乗じて算出．ある年の7～12月期の退院患者を対象．
（厚生労働省『2009年第3回診療報酬調査専門組織・DPC評価分科会資料』，BCG分析より）

携と分担が有効ではないだろうか。

その3：既存の2次医療圏の見直しも含めた抜本的な病床需給調整

　上述の検討は現在の医療圏を前提とするものであったが，最後に，医療圏の再編を含めた抜本的な見直しについて検討する。

　詳細を述べる前に，医療圏の見直しまでも含む病床需給調整を検討しようとする意義について，確認しておきたい。

　わが国の一般病床数が，物理的な観点から，また現状の在院日数の長さから見て過剰であるということはすでに述べたとおりであるが，仮に需給調整を行うことだけが目的であれば，何も医療圏の考え方まで見直す必要はない。医療圏の再編も含めて考えようとする背景には，わが国の医療機関の多くが，中小規模病院に至るまで「総合」病院的な運営を行っているがゆえに，医療の質と効率性に悪影響を及ぼしている可能性を踏まえ，脱「総合病院化」を図ることが必要であるという考え方がある。そのためには，真に総合病院としての運営が必要な医療機関を地域ごとに特定し，他の医療機関との質的な役割分担を考慮しながら，病床数という量的調整を行っていく必要がある。医療圏の見直しはこのためのものである。

　では，どのような考え方で，病床需給調整と脱「総合病院化」を進めていけばよいのか。筆者らは，以下の4つの基本方針で当たることが望ましいと考えている。

① 現在の2次医療圏に代わり自動車移動30分圏内を最小単位の新医療圏とし，病床需給を一致させる。
② 新医療圏ごとに，住民が日常的医療サービスにアクセス可能な医療提供体制を確立する。
③ 新医療圏内における病床過剰分は，既存病院の統廃合・減床で対応する。
④ 「総合病院指定」「統廃合対象」以外の存続施設は，専門性を強めた特徴ある病院づくりを志向する。

① 自動車移動30分圏内を最小単位とする新医療圏

　X県の場合，現在の2次医療圏が，東部I，II，西部I，II，南部I，IIと6つ設定されている。しかし，自動車移動30分圏内を1つの医療圏と捉えると，8つの新医療圏が設定できる。この新医療圏ごとに，社会的入院を排除し，また平均在院日数の合理的な範囲での短縮効果も加味したうえでの，必要病床数を算出する。

② 新医療圏ごとの医療提供体制確立

　当該エリア内に，地域医療支援病院として機能する総合病院を1施設，設置・特定する。総合病院の特定に当たっては，総合病院として運営するのに耐える病床規模の施設が望ましい。

　第7章でも述べたとおり，病床規模の小さい施設にとっては，総合病院としての体裁を整える，すなわち，多くの診療科にわたって各科に高額な医療機器も含めた設備を整えることは，固定費比率の上昇につながり，病院経営を圧迫しがちだからである。

　なお，特定機能病院については，高度医療の研究・教育を担うという観点から，住民の日常的医療を担う目的と別に，総合病院として維持することが求められるだろう。

③ 新医療圏内における既存病院の統廃合・減床

　総合病院として特定された施設の病床数が，当該新医療圏における必要病床数に満たない場合は，総合病院の病床規模は基本的に現状維持とし，その他の病院については統廃合や減床，無床診療所化を進める。この際，多数の小規模な有床病院を併存させるよりは，ある程度まとまった規模の病床をもつ施設にまとめていくほうが，施設ごとに医師やクリティカルマスの症例数を確保していくうえで望ましいであろう。

　一方，総合病院として特定された施設の病床数が，すでに当該新医療圏の必要病床数を上回っている場合は，総合病院についても減床を行うとと

もに，その他の病院については，基本的に無床診療所化を進めていくことで，需給を一致させる。

④ 専門性を強めた特徴ある病院づくり

②の「新医療圏ごとに，住民が日常的医療サービスにアクセス可能な医療提供体制を確立する」において，総合病院として特定されなかった施設は，非総合化を図る対象となる。先に県立病院同士の役割分担について述べたとおり，診療領域ごとの取扱症例数や医師の勤務状況を踏まえ，「強み」があると考えられる施設に診療科ごと委譲していく。

一部の診療科を失うことで，当該施設は総合病院ではなくなる一方で，比較的強みのある領域に経営資源を集中させ，十分な症例数（患者）の獲得に努めていくことにより，「尖り」のある病院へと進化を遂げるのである。

今後の課題

以上の地域医療計画見直しの考え方を取り入れ，実行に移そうとした場合の最大の課題は，各医療機関の設置・運営主体の相違の克服である。個々の医療機関が「尖り」のある医療サービスの提供を行おうとしても，単独の努力には限界がある。しかし，複数の医療機関にまたがって，役割分担や連携，さらには統廃合を行うには，設置・運営主体の違いを乗り越えた抜本的な調整が必要になる。

地域ごとの医療機関の存続は，その地域における政治的な意味合いをもつことも多く，同じ公立病院であってさえ，県立病院と市立病院の間の役割分担や統廃合は，一般的に想像する以上に困難な課題である。しかしながら，わが国の医療計画においては，諸外国の医療制度との比較から見ても，診療領域ごとの資源配分機能を導入する余地がある。

これを有効に働かせるには，設置・運営主体の違いを超えた地域の医療計画として，全体最適を目指す仕組みの導入が必要であると考えられる。

例えば，全国規模，または地域ごとに病院経営機構を作って公立病院や公的病院をその傘下に置き，機構が「持株会社」として傘下病院の間の資源配分を行うことも，抜本的な改革の一案である。

4. バリューベース・ヘルスケアによる医療システム改革の可能性

　第4章で，在院日数の目標を明確に組み込んだクリニカルパスを整備し，院内のプロセスを標準化することによって，経済的な観点から見た在院日数の最適化を推進することができ，ひいては入院収入の向上につながるということを述べた。本書は主に，病院経営戦略に関する示唆を述べることを目的としており，個々の施設の収支改善のための方策を述べればそれでよしとすることもできる。

　しかしながら，本書冒頭で述べたとおり，わが国の医療システムの現状について改めて考えると，「光」と「影」の部分が存在する。「光」の部分で言えば，患者がフリーアクセスでいつでも好きな医療機関にかかることができ，国民皆保険制度を取りながらも，これまでのところは比較的低い財政負担で賄い，しかも国民の平均寿命は世界一という素晴らしい成果を生み出してきた。

　その一方で「影」の部分では，赤字の健康保険組合が続出し，個々の医療機関の多くも赤字に苦しむという二重の赤字現象が存在している。また，病院勤務医師らの過酷な勤務条件の下，わが国が世界に誇ると思われた医療の質までも，じわりじわりと悪影響を受けつつあるという懸念がある。さらに，本格的な高齢化時代を迎え，現状のままの総「総合病院」体制では，十分な医療の質を担保できないばかりか，その非効率さゆえに早晩医療費負担が困難になる恐れが強い。

各ステークホルダーの思惑の違いが生む医療システムの矛盾

　個々の医療機関の収支の問題から，もう少しマクロに目を転じると，このような問題を生み出している本質的な課題がみえてくる。それは，医療とは本来患者が主体であるべきにもかかわらず，実際にはさまざまなステークホルダーが複雑にかかわっており，各ステークホルダーが患者価値とは異なる思惑をもって動いているということである。

　例えば，病院の医師であれば投資対効果にかかわらず，治療や延命効果を上げることを最大の目的とし，診療所の医師であれば，それに加えてなるべく多くの診療報酬がとれる診療行為を行うインセンティブが働いている。医薬品・医療機器メーカーは自社品の売上最大化に奔走し，政府や保険者は診療報酬や薬剤費総額の削減を目指す。

　各ステークホルダーの立場からは，それぞれに合理性があることかもしれないが，こうした方向性の違いが医療界全体としての利害の不一致を生み出し，結果的に現在の医療システムの矛盾となって現れていると考えられる。

　実は，こうした課題はわが国だけが抱えるものではない。欧米では，医療コストの増大に対する懸念が強まるなかで，医療コストの削減と医療の質保証の双方を同時に実現する方策を探るため，医療経済性の概念を取り入れて診療行為や薬剤の保険償還の是非を決定する health technology assessment（HTA）といった方策が導入されてきた。しかしながら，**図表10-8（図表1-4の再掲）** で明らかなように，各国とも GDP の上昇に比べ，医療コストは急激に上昇し続けており，少なくとも医療コストの削減には成功していない。

　日本においては，医療コストの上昇スピードこそ，他欧米諸国に比べると若干緩やかであるものの，先進各国のなかでも GDP の低成長またはマイナス成長が際立っている。すなわち，医療コストの上昇を経済が支えきれなくなっているのである。

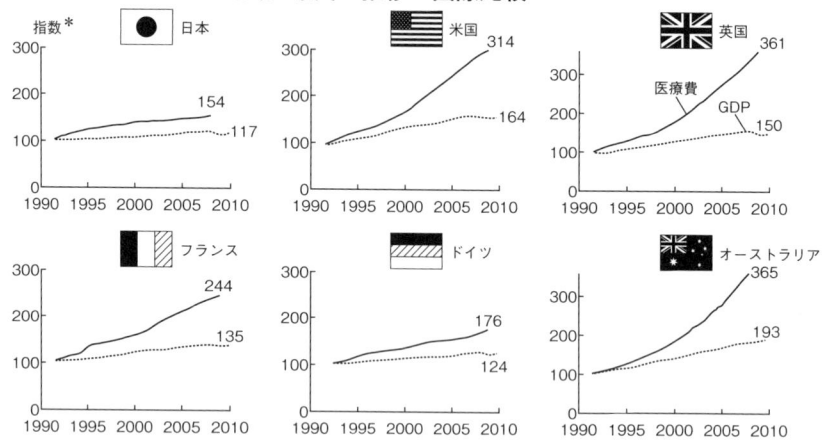

図表 10-8　GDP と国民医療費の推移の国際比較

指数* ● 日本　　　　　　　　　米国　　　　　　　　　英国
　　　　　　　　　　　　　　　　　　　314　　　　　　　　　　　　　361
　　　　　　154　　　　　　　　　　　　　　　　　　医療費　　GDP
　　　　　　　117　　　　　　　　164　　　　　　　　　　　　　　150
1990 1995 2000 2005 2010　　1990 1995 2000 2005 2010　　1990 1995 2000 2005 2010

　　　フランス　　　　　　　　ドイツ　　　　　　　　オーストラリア
　　　　244　　　　　　　　　　176　　　　　　　　　　　　　　365
　　　　　135　　　　　　　　　　124　　　　　　　　　　　　　　193
1990 1995 2000 2005 2010　　1990 1995 2000 2005 2010　　1990 1995 2000 2005 2010

＊ドイツは 1992 年，ほかの国々は 1991 年を 100 とする。
〔OECD Health Date 2009, Economic Intelligence Unit, GBE (Gesundheitsberichterstattung des Bundes), Centers for Medicated & Medicated Services, INSEE (Institut National de la Statistique et des Etudes Economicques), Office for National statistics UK. BCG 分析より〕

バリューベース・ヘルスケアが示唆する見直しの方向性

　では，わが国を含めた各国が直面する，マクロ経済的観点から見た医療システムの課題に対処するには，どのような方向性が考えられるだろうか。筆者らは，スウェーデン政府と BCG が共同で進めている取り組みであるバリューベース・ヘルスケア（VBHC：value based health care）から，重要な示唆が得られると考えている。

その1：患者価値への価値基準の統一

　第1のポイントは，医療にかかわるすべてのステークホルダーの行動規範を，患者価値（value）に軸足を据えるということである。
　図表 10-9 に示すように，医療界における現在の価値基準は，従来から

図表10-9 パラダイムシフトの方向性

| 1980年以前 | 1980年 | 1990年 | 2000年 | 2010年 |

Scientist　　　　　　有効性と安全性

　　　　　Administrator　　コスト効率

　　　　　　　　　　Clinicians　患者にとっての価値

$$患者にとっての価値 = \frac{医療サービスの結果}{コスト}$$

・サービス投入量ではなく，治療結果で測定
・患者自身の価値による判定
・医療ケアサイクル全体を通しての視点

の有効性と安全性という科学的視点に，医療コストの増大という社会問題を反映したコスト効率性の追求ということが加わっている。一方，コスト効率性の追求のためのさまざまな財政的方策を導入しているにもかかわらず，医療コスト増大は抑制されていない。そこには，医療に携わる各ステークホルダーが個別の利益を追求する結果，必ずしも全体最適が実現されるとは限らないという課題が存在している。

バリューベース・ヘルスケアにおいて重視するのは，その名称の由来でもある「患者価値」志向へとパラダイムシフト，すなわち考え方を変化させることである。これは，医師をはじめとするグループが最も重視してきた医療サービスの成果だけではなく，患者が支払う対価に対する成果，すなわち医療の投資対効果を基軸に考えるという概念である。

各ステークホルダーが，価値基準を「患者価値」に揃えるとはどういうことか。例えば医療機関ならば，医療サービスの成果や医療サービス提供にかかるコストをバラバラに見るのではなく，どれだけのコストをかけてどれだけの成果をあげたのかを，総合的に考慮することを意味する。第4章でも触れたが，あるエクセレント・ホスピタルは，他医療機関との比較考量を通じて，クリニカルパスを継続的に進化させている。同様の取り組

みを行っている他の医療機関との比較や先進事例の共有により，できるだけ短い在院日数，できるだけ低い診療材料費や薬剤費で，最高の治療成果をあげることを追求しているのである。まさにこれは，患者価値重視の発想である。

患者価値が価値基準となることによって，保険者の立場でみると，診療報酬のあり方を大きく変える可能性が生じてくる。わが国を含めて従来の診療報酬は，医療サービスの投入量に応じた形で支払われてきた。いわゆる「出来高払い(fee for service)」と呼ばれる考え方である。

しかしながら，この考え方は医療サービスの成果を十分に考慮していない。そこで，医療サービスの成果を考慮した「fee for performance」という考え方が徐々に浸透してきている。一例は，英国のNational Institute for Health and Clinical Excellence(NICE)に代表される「比較有効性研究(CER：Comparative Effectiveness Research)」である。これは，医療サービスの投入量ではなく，それによって生じた成果(例えば薬剤投与による延命期間の経済的価値)に見合う診療報酬を支払うことで，医療サービスの成果とコストの両面を結びつける考え方である。

一方，このような保険者の姿勢や診療報酬のあり方の変化は，これまで単純に自社製品の売上最大化を目的としてきた医薬品・医療機器メーカーにとって，大きな脅威となる。なぜならば，莫大な研究開発費を投じて市場に送り出そうとする製品も，保険償還の支払い対象とならなければ，医療機関における採用・使用は期待できず，投資を回収するだけの売上を望めないからである。

そこで，メーカーとしては，研究開発の資源配分を，医療サービスの投資対効果を大きく向上させる可能性の高い製品にフォーカスするようになるだろう。また，治療成果を保証する形での対価・サービス設定を行う仕組み(risk-sharing contract)を導入することで，前述のような保険者の姿勢の変化に応えようとする動きも生じつつある。

政府には，患者価値に軸足を置いた各ステークホルダーの活動を可能に

するような制度変更やインフラ整備が求められることになろう。

その2：データ整備と「見える化」

　患者価値への価値基準の統一を推進し，全体最適を実現していくうえでも重要なポイントであるが，各医療機関における治療成績・コスト・プロセスをデータとして整備・蓄積し，かつ，それらを多くの医療機関がデータベースとして共有し，「見える化」する必要がある。

　スウェーデンでは，1973年に国による「レジストリー」という仕組みを開始した。レジストリーとは，患者情報，治療成績，診断治療プロトコルなどを含むデータベースのことで，経年的に蓄積されている。2007年時点で，全医療機関が参加し，患者についても96％をカバーしているという，先進国中，最も充実した医療データベースを構築しているといえるだろう。

　スウェーデンにおけるレジストリーの発展が注目される背景には，レジストリーの発展とともに，医療の質向上とコストの低減とが同時に実現されてきたという事実がある。

　図表10-10は，スウェーデンにおける小児急性リンパ性白血病と診断された患者の生存率の経年変化を示したものである。10年生存率は，1973年に国によるレジストリーが開始される以前はわずか5％であったが，レジストリーの開始以降，急激に改善し，1992年から2001年の間に診断された患者では84％に至っている。

　図表10-11は，同じく小児急性リンパ性白血病と診断された患者の5年生存率の経年推移と，各年代における治療プロトコルの発展をあわせて示したものである。生存率は1973年に国によるレジストリーが開始されて以降，急速に上昇しているが，それと治療プロトコルの固定化，すなわち標準化が無縁ではない様子がうかがえる。

　レジストリーの導入がこうした経年変化にプラスの影響をもたらしていることは，図表10-12からも示唆される。これは，白内障における施設別

図表10-10 小児急性リンパ性白血病と診断された患者の生存率の経年変化

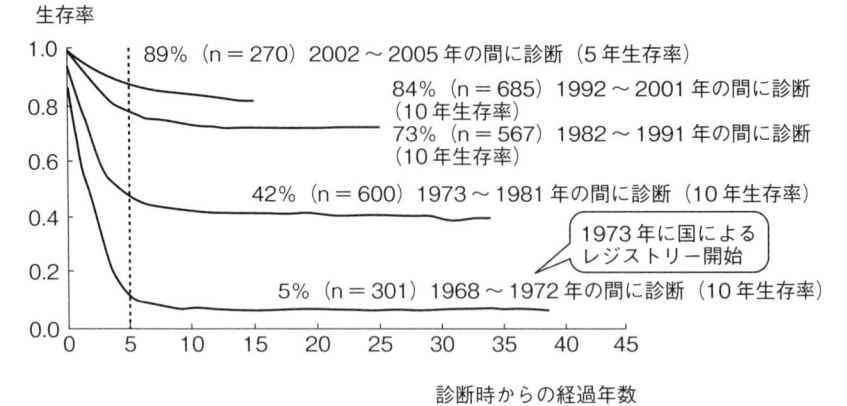

89%（n = 270）2002～2005年の間に診断（5年生存率）
84%（n = 685）1992～2001年の間に診断（10年生存率）
73%（n = 567）1982～1991年の間に診断（10年生存率）
42%（n = 600）1973～1981年の間に診断（10年生存率）
5%（n = 301）1968～1972年の間に診断（10年生存率）

1973年に国によるレジストリー開始

診断時からの経過年数

（スウェーデン小児がん科レジストリーレポート，スウェーデンがん基金，BCGインタビューより）

図表10-11 小児急性リンパ性白血病の治療プロトコルと患者生存率の改善

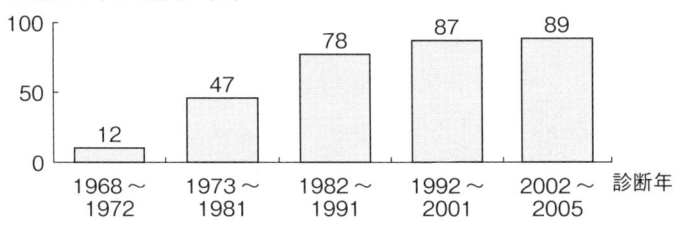

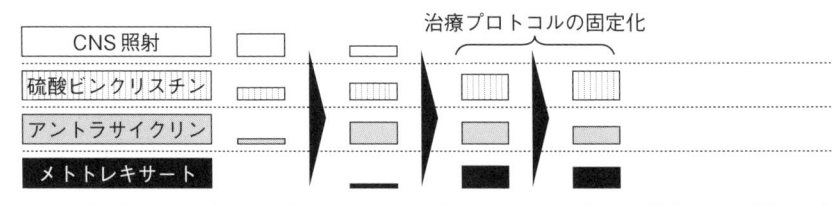

小児急性リンパ性白血病と診断されたスウェーデンの5年生存率の推移

診断後5年の生存率（%）

診断年	生存率
1968～1972	12
1973～1981	47
1982～1991	78
1992～2001	87
2002～2005	89

治療プロトコルの固定化

CNS照射
硫酸ビンクリスチン
アントラサイクリン
メトトレキサート

（スウェーデン小児がん科レジストリーレポート，スウェーデンがん基金，BCG分析より）

図表 10-12　医療施設別 手術後屈曲異常データの推移

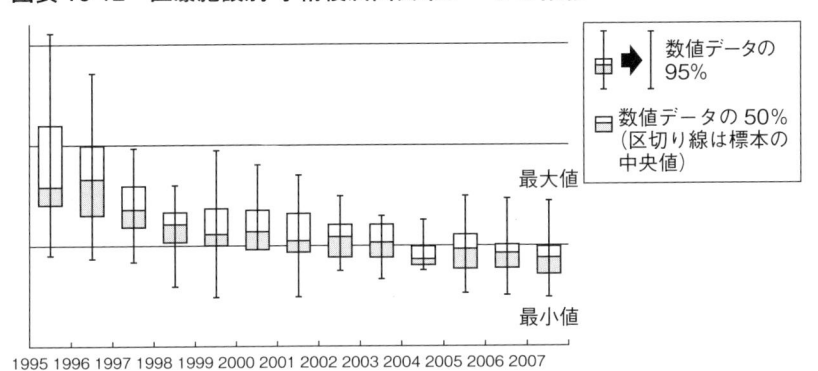

凡例：
■→ 数値データの 95%
□ 数値データの 50%（区切り線は標本の中央値）

最大値
最小値

1995 1996 1997 1998 1999 2000 2001 2002 2003 2004 2005 2006 2007

注：患者個人の診断ごとの視力の度数の変化の平均値を測定。

（スウェーデン白内障レジストリーレポート 2007 年，BCG 分析より）

手術後屈曲異常データの推移であるが，データの中央値が経年で改善（低下）している。同時に，施設によるばらつきを示す数値データの 50％部分，95％部分の大きさが低減していることがわかる。

　これらは，レジストリーの発展を契機とした持続的改善の歴史を物語っている。つまり，まずレジストリーの発展が，医療施設間での医療成果の開示比較を促進し，競争意識の醸成，および治療プロトコルの相違の分析が可能となる。それが，プロトコルの精緻化，見直しなどにつながり，その結果，臨床業務の継続的改善，すなわち医療成果の向上を実現する，という好循環が生まれている。

　さらに，スウェーデンでは，医療の質の向上とともに，コストの低減効果が実証されている。**図表 10-13** は，スウェーデンの国立評議会が定めるクオリティ・インデックスと人口当たりコストとの相関関係を県別に見たものである。クオリティ・インデックスの高い県すなわち医療成果の高い県ほど，人口当たりコストを抑制できている状況であることがわかる。これは，体系的な医療の質の改善活動により，医療コストの削減にも成功

図表 10-13　スウェーデンの県別 医療の質とコストの関係

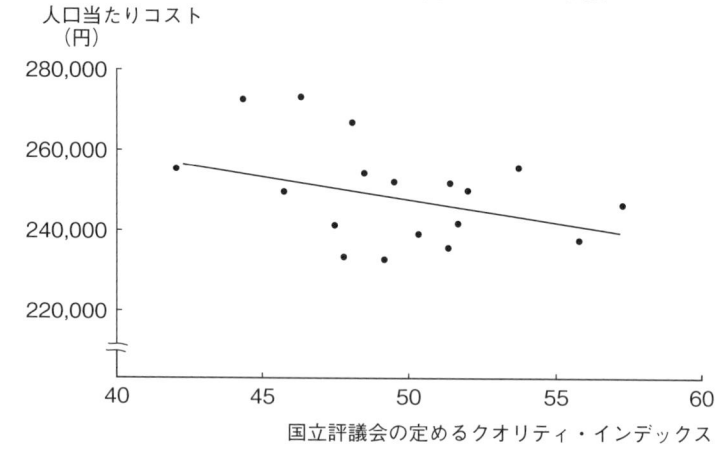

人口当たりコスト（円）

[散布図：横軸「国立評議会の定めるクオリティ・インデックス」40〜60、縦軸220,000〜280,000円。右下がりの回帰直線。]

（Quality and Efficiency in Sweden Health Care : Regional Comparisons 2008, Swedish Association of Local Authorities and Regions (SALAR), BCG 分析より）

しているという証拠であり，まさに医療成果とコストの両面を考慮するバリューベースの考え方で改革を行ってきた成果である。実際，スウェーデンでは，こうした改善活動により，患者当たり年間コストの1〜3％の低減を実現している。

　ここではスウェーデンにおけるレジストリーの発展とその成果に関する事例を紹介したが，このような医療データの整備と「見える化」という考え方は，「患者価値」への価値基準の転換と合わせて，わが国の医療システムの課題に対する解決への糸口となるのではないだろうか。

　わが国の医療システムは，医療に携わる各ステークホルダーが自身の異なる利害を求めて奔走するために，マクロ的にはさまざまな矛盾を抱える状況に至っている。バリューベース・ヘルスケアの考え方を導入したシステム改革を検討することは，医療の質もコストも犠牲にすることなく，むしろその改善を図りながら全体最適を実現するために，大きな意義があると考えられる。

バリューベース・ヘルスケアの課題

　わが国において，仮に日本版バリューベース・ヘルスケアの可能性を検討しようとした場合に，ボトルネックになるのは何か。大きく2つの課題がある。

　第1に，IT（情報技術）インフラの問題である。DPCの導入により，個別症例の違いによって比較しづらかった診断・治療プロセスを，合併症の有無や基本的な治療方法で区分することで，横比較ができるようになった。したがって，DPCの仕組みを最大限活用すれば，疾病ごとにベストプラクティスを抽出し，最も安価に最大の治療効果を得ることのできる治療方法を探ることや，患者価値を高めることが可能なはずである。

　現に，まだ数は少ないものの，このような試みを実践しているエクセレント・ホスピタルも存在する。しかしながら依然として，DPC導入の目的を財政抑制という観点でしか捉えていない医療機関や専門家が多いのも現実である。

　一方，現在のDPCでは，経済合理性を追求できない疾患群が存在することもまた，事実である。したがって，DPCの経済性を改善するとともに，本来の目的に照らして対象疾患を拡大することで，DPCを，患者価値に着目した改善活動を推進するうえでの意味あるITインフラへと高度化することが，1つの方策として考えられる。

　さらに，スウェーデンにおけるレジストリーの発展を参考にするならば，治療成績やプロセスに関するデータを蓄積する仕組みが不可欠である。わが国でも，電子カルテの普及・汎用化は進んでいるが，単なる電子化による合理化・効率化にとどまらず，データベースとして集中して蓄積することによって，蓄積されたデータの深い分析を通じて，医療の質の継続的改善へとつなげるべきであろう。

　実際，スウェーデンにおいてレジストリーの比較開示を実現するに当たり，個々の医療機関の治療結果を曝してしまうのではないかという懸念の

声もあった。しかし，こうした懸念よりも，従来得ることのできなかった多様な医療機関の臨床経験に基づく重要な情報や，その分析結果の活用による臨床業務の改善を重視したことで，現在の医療の質とコスト両面での改善が実現したのである。

残念ながらわが国では，DPC データは個人情報保護の観点から電子的に集中してデータベース管理されていないため，分析が事実上不可能である。また電子カルテの情報ともつながっていないため，入院前の病歴や退院後の経過とも照合した分析ができない。こうした基本的な診療情報データベースを国として構築することは，わが国医療機関の競争力と医療の質を高め，ひいては医療費の効率的活用に不可欠のインフラをつくることにつながる。またやや脱線するが，このようなデータベースは，わが国の臨床研究のインフラ整備のうえでも重要である。新しい医療技術を最適の患者にいち早く届け，その効果を検証することが容易になるため，医療イノベーション実現に資するだろう。

第 2 に，患者価値を価値基準にした改革を進めるには，診療報酬もバリューベースへと転換を図る必要がある。現在は，どの医療機関，どの医師にかかっても，同じ診療・治療項目であれば同じ対価を払う，すなわち，診療報酬は「平等」に設定されている。しかし，医療機関や医師によって，特定の疾患に関する経験や技術に大きな差がある場合であっても，診療報酬がまったく同じであるということが，果たして本当に「平等」なのだろうか。

むしろ，医療成果に見合ったコストを支払うような仕組みが確立されてこそ，医療機関は，質の高い医療サービスの提供を追求するようになり，真に患者価値に立脚した医療の実現につながるのではないだろうか。

おわりに

　簡単な算数をしてみよう。
　わが国の国民医療費総額は，2010年度は36.6兆円。前年に比べて，約1.4兆円増加している。日本の国内総生産額（GDP）は，2010年度で約479兆円。これに潜在成長率0.2％を掛けると，9,400億円。したがって，今後も医療費がこれまでと同じペースで増加するとしたら（実際には，何もしなければ，高齢化に伴って増加ペースは加速する），経済成長で医療費増分を賄うことはできないのだ。実際には，医療費のみならず年金など他の社会保障関連給付も増加するので，社会保障給付の増加に，財政だけでなく経済そのものが耐えられなくなる。つまり，医療費の効率化は，わが国にとって，努力目標ではなく，必達目標である。

　これに対して，大きく2つの観点からの反論があることは承知している。1つめは，わが国の医療費がGDP比で見て欧米先進国と比べて低いことや，医療の質に対する国民の満足度が高いという，わが国医療の良い面を強調した議論だ。両方とも事実なのだが，だからといって，上にあげた財源の問題は解決しない。
　もう1つは，これ以上医療費削減をしようものなら，地域医療が崩壊するという反論だ。一定の説得性はあるが，これは護送船団方式ですべての医療機関に対する診療報酬を上げる理屈にはならない。2010年度の診療報酬改定では，病院に対する診療報酬を中心に上方改定が行われたが，これによって改訂前から収益状況に余裕があった大規模医療機関までが潤っていると聞いている。周辺に他医療機関が存在しない，本当に地域医療に必要不可欠な医療機関は，個別に特定することができる。これらの医療機関は，診療報酬改定ではなく，国や地方からの運営交付金などの別のスキームで支援すべきではないだろうか。
　つまり，医療の質を上げながら，医療費の効率を上げていくことは，わが国医療を維持するために必要不可欠のことであり，そのことの是非を議論するのは不毛だと思う。むしろ，効率化に向けた実行に移るべき時にきているのではないだろうか。

　本書を通じて，赤十字病院へのプロボノ・プロジェクトでの経験をベースに，

病院経営の効率化，さらには医療費の効率化について，ボストン コンサルティング グループ（BCG）としての見解をまとめてきた．企業経営はともかくとして，医療経営については経験が浅い筆者らなので，至らない点なども多々あろうと思う．少しでも読者の皆さんの参考になったら幸いだが，ぜひ忌憚のないご意見もいただきたいと思う．読者諸兄姉とともに，わが国の医療の質と効率の向上への取り組みを高度化させていけたらと願う次第である．

　末筆になるが，本書を執筆するに当たっては，実に多くの皆さんにお世話になった．筆者らの医療経営への門戸を開いていただき，本書執筆にあたって終始議論につき合っていただいた東京医科歯科大学医療経済学教室の川渕 孝一先生．プロジェクトのチャンスをいただいた日本赤十字社事業局の山田 史前事業局長，冨田 博樹事業局長，安江 一係長．さらに，本書の企画を実現していただいたエルゼビア・ジャパン株式会社ヘルスサイエンスの布川 治社長，小澤 貴男取締役CFO兼書籍事業部長，書籍事業部の吉田 玲美さん，同社『Monthlyミクス』の沼田 佳之編集長．筆者らの執筆スピードが鈍りがちなのを常に叱咤激励してくれたBCGの満喜 とも子さん．そして，赤十字病院のプロボノ・プロジェクトへの投資機会を作ってくれたBCGのパートナー，ならびにヘルスケア・プラクティスの仲間たちにも，この場を借りて，感謝の言葉を述べさせてもらいたいと思う．

2012年6月　東京にて
筆者代表　植草　徹也

Appendix

3つの提言

真因	提言
I. 標準化の度合いが不十分	**提言1：クリニカルパスの定義と実行保証の仕組みづくり** 1-①クリニカルパスをDPCコードごとに定義する 1-②クリニカルパスで、経済的観点からの最適在院日数目標を設定する 1-③在院日数目標に合わせて、入退院の前後も含めた病日ごとの標準プロセスを、クリニカルパスおよび地域連携パスで定義する 1-④標準プロセスを実行するため、患者入退院計画を可視化し、医療スタッフの稼働時間を日次調整する
II. たこつぼの存在による部分最適化	**提言2：複数診療科や病棟および各医療機関にまたがった仕組みづくり、設備の全体最適利用の仕組みづくり** 2-①救急紹介患者受入を徹底するためには、各科の受入担当責任医の明確な定義、実効性の担保、モニタリングを行う 2-②複数病棟の病床管理情報を統括して判断できる病床管理者を、各病棟看護師から輪番制で任命する 2-③複数診療科にまたがる診療機器、手術室・カテーテル室等の予約、使用状況を統括して見て判断できる管理者を、それぞれ担当技師、病棟/放射線看護師から輪番制で任命する 2-④担当医師が連携先診療所に外来定期訪問することを通じて緊密な病診連携を実現する（ただし、現状、自院に謝絶が発生している施設を除く）
III. 経営視点の未浸透	**提言3：在院日数および新入院患者数の2つを必ず含むKPI*の設定とモニタリング** 3-①在院日数、新入院患者数の2つの必須KPIに加え、紹介率向上のためのサブKPI*を各施設の課題に応じて設定する 3-②在院日数は月次で、新入院患者数は日次で共有、モニタリングし、低迷時の解決策実行責任を各診療科部長にもたせる

*Key Performance Index=主要業績評価指標

各施設の現状の課題に合わせ、取り組むべき提言をチェックリストで特定
提言1〜3に係る自己診断用チェックリスト：提言1

自己診断項目
（1つでも該当する場合には、右記の提言項目について取り組む）

自己診断項目	主な該当部署	該当有無	取り組んで頂きたい提言項目
1 (a) DPCコードごとに在院日数の分布を見ると大きなばらつきが存在する	各診療科部長	□	1.①〜④
1 (b) 同一DPCコードについて、自院の平均在院日数が他施設の平均在院日数より長くなっている	各診療科部長	□	1.①〜④
1.1 診療科によってはクリニカルパスを設定していない場合がある	各診療科部長 / 医事課	□	1.①
1.1.1 クリニカルパスが設定されているDPCコードは、100件未満である		□	1.①
1.1.2 自院で十分な取り扱い実績があり、他施設ではクリニカルパスが設定されているが、自院では設定されていないDPCコードが存在する		□	1.①
1.1.3 1つのDPCコードに対し、適用対象の差異が明確ではない複数のクリニカルパスが存在している。入院プロセスの一部のみを取り出したクリニカルパスが存在する		□	1.①
1.2 在院日数が明確に定義されていないクリニカルパスが存在する	各診療科部長 / 各診療科部長	□	1.②
1.2.1 クリニカルパスに定義された在院日数を決定する際に参考にしているのは、臨床医の見地のみである		□	1.②
1.2.2 経済的観点からの最適在院日数の設定が、クリニカルパスを設定している全DPCコードについて、必ずしも明確ではない		□	1.②
1.3 同一DPCコードに該当する患者について、医師によってもクリニカルパスの使用比率が異なる	各診療科部長	□	1.③
1.3.1 同一診療科内であっても、クリニカルパスによって在院日数の指示抽出が異なる		□	1.③
1.3.2 主なDPCコードに対応する在院日数を知らない、定義よりも長い医師またはコメディカルが存在する		□	1.③
1.3.3 患者・患者家族の要望に沿う退院日が流動的になる傾向がある		□	1.③
1.3.4 クリニカルパスによっては、以下のいずれかに該当するものがある		□	1.③
・適用基準が明文化されていない			
・入院前に実施すべきクリニカルパス適用外の場合の対応について、必ずしも明確ではない			
1.3.5 クリニカルパスを実施するべき診療行為、そのタイミング（入院予定日からの起算日数）、およびアウトカムが明文化されていない		□	1.③
1.3.6 退院後に実施すべき診療行為が、必ずしも明文化されていない		□	1.③
1.4 スケジュールが過密なため、今以上の在院日数短縮や新入院患者受入の増加は難しいと感じる医療スタッフが多い	各診療科部長 / その他部門長	□	1.④
1.4.1 主なDPCコードに該当する患者数や新入院患者数が患者家族、施設数などの配合（医療スタッフのスケジュール等）により異なる		□	1.④
1.4.2 診療行為のタイミングによって退院日のスケジュールが異なる患者（曜日による）がいる場合がある		□	1.④
1.4.3 患者の入院プロセスに該当する医療スタッフのスケジュールを、入院前に必ずしも事前に対応できていない傾向がある		□	1.④
1.4.4 患者の入退院プロセスに実施する医療スタッフを必要に合わせて差配できる職員（役職者等）は特に決まっていない		□	1.④

Appendix 181

提言1~3に係る自己診断用チェックリスト：提言2

取り組んで頂きたい提言項目

自己診断項目
(1つでも該当する場合には、右記の提言項目について取り組む)

自己診断項目	主な該当部署	該当有無	取り組んで頂きたい提言項目
2.1 (a) 救急紹介患者の謝絶事例が発生している	各診療科長／地域医療連携室	□	2-①
2.1 (b) 近隣の競合施設と比較し、救急紹介患者の受入実績が少ない		□	2-①
2.1.1 救急紹介患者受入の際に、担当診療科を決めかねる症例が少なからず存在する		□	2-①
2.1.2 診療科によっては、救急紹介患者入担当医師が明確でない場合がある		□	2-①
2.1.3 診療科によっては、救急紹介患者受入の謝絶事由が異なっている		□	2-①
2.1.4 救急紹介患者の受入を謝絶することのできる基準が明示されていない		□	2-①
2.2 診療科、病棟ごとの病床利用率のばらつきが大きい	各診療科長／病棟看護師長／医事課	□	2-②
2.2.1 全診療科、全病棟にまたがって病床の稼働調整に責任を担う管理者が不在である		□	2-②
2.2.2 診療科、病棟にまたがった全医師、全看護師、病棟にまたがった病棟種別稼働調整の経験を持っていない		□	2-②
2.2.3 全診療科、病棟における病床の稼働状況に関する情報のいずれか1つでも把握されていないものがある		□	2-②
現入院患者数			
早朝退院同時入院病床数			
入院予定患者数 (当日から2日後くらいまで)			
退院予定患者数			
空床 (午前、午後)			
2.2.4 診療科や病棟をまたぐ病床調整において、指示出し／指示受け、看護プロセス等が異なるために、困難を感じる看護スタッフが多い	病棟看護師長	□	2-②
2.2.5 病棟看護師長に対する研修は、持ち場となる病棟、診療科を中心とするものであり、病棟をまたいだ専門外研修は(ほとんど)ない		□	2-②
2.3 (a) 同一目的の診療機器であっても、診療科ごとに利用状況のばらつきが大きい	技師長	□	2-③
2.3.1 同一目的の診療機器であっても、診療科ごとに異なるスケジュールでの同時稼働を行いづらい		□	2-③
2.3.2 複数の診療科にまたがった診療機器の稼働調整に責任をもつ管理者が不在である		□	2-③
2.3.3 複数の診療科にまたがった診療機器管理者は、複数診療科連携にまたがった診療機器の稼働調整の経験をもっていない		□	2-③
2.3.4 同一目的の診療機器であってもスペックが大きく異なる		□	2-③
2.3 (b) 診療科にまたがる手術室・カテーテル室の利用調整のばらつきが大きい	手術室・カテーテル室看護師長	□	2-③
2.3.5 診療科が異なると手術室・カテーテル室の利用スケジュールの同時確保を行いづらい		□	2-③
2.3.6 複数の診療科にまたがって手術室・カテーテル室の稼働調整に責任をもつ管理者が不在である		□	2-③
2.3.7 複数の診療科にまたがった手術室・カテーテル室管理者は、複数診療科の稼働調整を行う経験をもっていない		□	2-③
2.3.8 手術室・カテーテル室内の設備機器の種類・配置が診療科ごとに異なっており、医師がまたがって利用する他科の手術室活用することは困難		□	2-③
2.4 [44~46は、現状、救急、紹介に対する受入実績は100%である為に関心]	各診療科長／地域医療連携室	□	2-④
2.4.1 連携先診療所医師との関係をさらに強化したい		□	2-④
2.2.2 紹介件数をさらに増加させたい		□	2-④
2.2.3 逆紹介、転院を加速化したい		□	2-④

提言1～3に係る自己診断用チェックリスト：提言3

自己診断項目	主な該当部署	該当有無	取り組んで頂きたい提言項目
（1つでも該当する場合には、右記の提言項目について取り組む）			
3.1 収支改善に向けた行動目標について、必ずしも以下のうち、いずれか1つでも共通認識がもたれていない			
3.1.1 収支改善に向けて重要な以下のうち、いずれか1つでもKPI（指標）として設定されていない（DPCコードごと、および施設全体）	経営陣	□	3-①
・在院日数目標			3-①
・新入院患者数目標			
3.1.2 各KPI（指標）ごとの目標値設定において、以下のすべてを満たしていない		□	3-①
・単年施設			
・DPCコードごとに経済的観点からの最適在院日数も勘案した上で、その加重平均値として施設全体の在院日数目標を設定			
・在院日数短縮後も病床利用率を低下させないための新入院患者数目標を設定			
・赤字施設			
・DPCコードごとに経済的観点からの最適在院日数を勘案した上で、赤字解消に資する水準にまで施設全体の在院日数目標を設定			
・赤字解消に資する水準にまで新入院患者数目標を設定			
3.1.3 収支改善に向けて現場スタッフが取り組むべき指標が4つ以上存在する		□	3-①
3.2 収支改善に向けてKPI（指標）を設定しても、状況（数値および行動）が変わらないように見える			
3.2.1 収支改善に向けて設定したKPI（指標）に関する目標達成度について検証する頻度は月1回よりも少ない	経営陣/各診療科部長	□	3-②
3.2.2 収支改善に向けて設定したKPI（指標）に関する目標達成度について、診療科やDPCコードごとの検証までは行っていない		□	3-②
3.2.3 検証結果が、必ずしも全診療科部長や経営陣に共有されていない		□	3-②
3.2.4 診療科によっては、目標未達成時における改善策検討・実行の責任者が明確に決められていない		□	3-②
3.2.5 目標未到達時の原因がわからない		□	3-②
3.2.6 目標到達時の具体的な改善策がない		□	3-②

Appendix 183

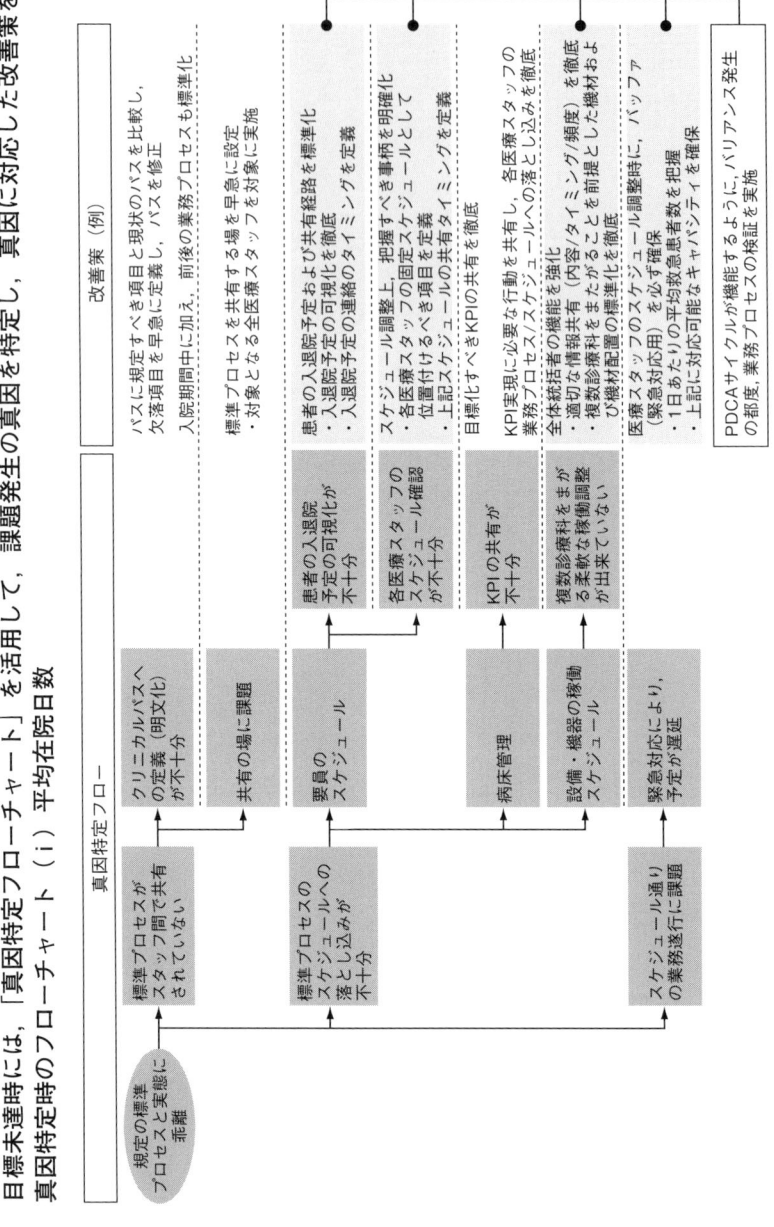

目標未達時には、「真因特定フローチャート」を活用して、課題発生の真因を特定し、真因に対応した改善策を策定

真因特定時のフローチャート (i) 平均在院日数

真因特定フロー

- 規定の標準プロセスと実態に乖離
  - 標準プロセスがスタッフ間で共有されていない
    - クリニカルパスの定義（明文化）が不十分
    - 共有の場に課題
  - 標準プロセスのスケジュールへの落とし込みが不十分
    - 要員のスケジュール
      - 患者の入退院予定の可視化が不十分
      - 各医療スタッフのスケジュール確認が不十分
    - 病床管理
      - KPIの共有が不十分
    - 設備・機器の稼働スケジュール
      - 複数診療科をまたぐ柔軟な接續調整が出来ていない
  - スケジュール通りの業務遂行に課題
    - 緊急対応により、予定が遅延

改善策（例）

- パスに規定すべき項目と現状のパスを比較し、欠落項目を早急に定義し、パスを修正
- 入院期間中に加え、前後の業務プロセスも標準化
- 標準プロセスを共有する場を早急に設定
- 対象となる全医療スタッフを対象に実施

- 患者の入退院予定および共有経路を標準化
  - 入退院予定の可視化を徹底
  - 入退院予定の連絡のタイミングを定義
- スケジュール調整上、把握すべき事柄を明確化
  - 各医療スタッフの固定スケジュールとして位置付けるべき項目を早急に定義
  - 上記スケジュールの共有タイミングを定義
- 目標化すべきKPIの共有を徹底
- KPI実現に必要な行動を共有し、各医療スタッフの業務プロセス/スケジュールへの落とし込みを徹底

- 全体統括者の機能を強化
  - 適切な情報共有（内容/タイミング/頻度）を徹底
  - 複数診療科をまたがることを前提とした機材おょび機材配置の標準化を徹底
- 医療スタッフのスケジュール調整時に、バッファを必ず確保
- 1日あたりの平均救急患者数を把握し、上記に対応可能なキャパシティを確保

- PDCAサイクルが機能するように、バリアンス発生の都度、業務プロセスの検証を実施

真因特定時のフローチャート (ii) 新入院患者数

救急受入率

救急受入率 100%未達

真因特定フロー

- 要員に課題（担当医が不在）
  → 医療スタッフの稼働スケジュールに課題
  → 担当医選定プロセスに課題（三遊間に埋没）
- 病床に課題
- 設備・機器に課題

改善策（例）

- 医療スタッフのスケジュール調整時に、緊急対応用のバッファを必ず確保
  - 1日あたりの平均救急患者数を把握
  - 上記に対応可能なキャパシティを確保
- 救急患者の受入科を調整する救急担当医を必ず配置
  - 輪番制で各診療科が担当
- 受入側の診療科ごとに、担当責任医をあらかじめ受入科を決定
  - 受入側が埋没する疾患は、あらかじめ受入科を決定（三遊間に埋没）
- 病床管理機能強化
  - 1日あたりの平均救急搬送者数を把握
  - 救急搬送者用病床数を常時確保
  - 実行担保策として早期退院可能者の把握を徹底
- 設備・機器管理機能強化
  - 施設全体の設備・機器利用スケジュールを可視化
  - 救急対応（バッファ）を考慮した管理ルール/対応プロセスを策定

紹介率

紹介患者数が目標未到達

真因特定フロー

- 救急受入率と同様のフロー
- 紹介患者の受入率に課題（100%未満）
- 紹介患者数自体に課題
  → 連携先の患者数自体が減少
  → 連携先の紹介患者数に占める当院シェアが減少

改善策（例）

- 連携先施設数を増加（中長期的取り組み）
  - 臨床観点に加え、自院への紹介患者数増加の観点も考慮し、稼働の高い施設を選定
- 連携先施設との「顔の見える」緊密な関係を構築
  - 紹介患者の診療報告書送付の徹底
  - 定期的に担当医が外来往診を実施
  - 他院に差別化する自院の強みを強化（中長期的取り組み）
  - 実績（症例数）積み上げ/優秀医師の確保 等

Appendix 185

索　引

欧文索引

B2B（business to business）ビジネス　138, 139, 140, 147
CER: comparative effectiveness research　170
DPC（診断群分類包括評価）　18, 22, 28, 33, 56, 58, 61, 62, 108, 110, 118, 120, 123, 126, 127, 140, 143, 149, 150, 162, 175
DPC コード　39, 56, 57, 58, 60, 61, 66, 119, 126, 127, 130, 131, 134, 180
DPC データ　20, 54, 55, 176
DPC 病院　22, 35, 49, 54, 62
fee for performance　170
fee for service　170
HTA（health technology assessment：医療技術とその効果の判定）　150, 167
KPI（key performance indicator：重要業績評価指標）　36, 50, 55, 78, 121, 123, 124, 125, 126, 127, 128, 129, 130, 131, 132, 133, 134, 135, 136, 180
QOL（quality of life：生活／生命の質）　63, 64
SPD（supply processing & distribution）　35
VBHC（value based health care）　168

和文索引

【あ】

アイドルタイム　141, 145
アウトカム（治療成績・成果）　5, 58
医介連携　88
医業収益（売上）　14, 22, 24, 26, 27, 29, 31, 38, 49, 140, 152
医業収支　28, 29, 55, 122, 140
―― の因数構造　28
―― の因数分解　29
―― 率　22, 23, 26, 28
意思決定　80, 120, 143, 144, 145, 146, 147
―― 基準　147
―― 権限　144
―― 者　143, 146, 147
医療機関の設置・運営主体　155, 165
医療経済　16, 146, 147, 148, 150
―― 性　167
―― 的価値　147
医療圏　46, 51, 72, 73, 119, 136, 154, 157, 158, 159, 160, 162, 163, 164, 165
――，2 次　118, 157, 158, 160, 163, 164
―― 内シェア　118
―― の再編　163
医療材料費　54
医療の価値　152
インセンティブ　70, 77, 78, 89, 167
院内物流システム（SPD）　35
「ウィン・ウィン」の関係　147
受け入れ拒否　72, 73, 74, 76
受け入れ担当責任医師　74, 75, 76, 84, 93
エクセレント・ホスピタル　54, 55, 56, 58, 59, 60, 63, 64, 65, 79, 80, 81, 88, 96, 97, 115, 134, 142, 153, 170, 175
オーバービューパス　101

【か】

介護報酬改定　88, 89, 92
回復期病院　63, 89
患者獲得力　46, 47, 72, 76
患者単価　70, 90, 91

患者価値　149, 150, 167, 168, 169, 170, 171, 174, 175, 176
基準病床数制度　107, 113
規模の経済　22, 23, 24, 26, 122
救急患者数　129, 130, 184, 185
救急紹介患者の受け入れ　70, 72, 73, 75, 84, 99, 129
急性期病院　12, 46, 63, 64, 101, 140
競合優位性　48, 115, 117, 118, 119, 120, 140, 153
拠点病院　162
クリティカルマス　153, 164
クリニカルパス　39, 40, 41, 44, 53, 55, 56, 57, 58, 59, 60, 63, 64, 65, 66, 67, 77, 79, 80, 84, 88, 89, 90, 92, 95, 99, 100, 101, 126, 127, 135, 141, 143, 146, 148, 166, 169, 180, 181, 184
経営視点　51, 54, 180
減価償却費　28, 29
後期高齢者保険制度　7, 8
高固定費構造　24, 36
高固定費ビジネス　22, 111
後発医薬品（後発薬）　16, 30, 35, 122, 145
後方連携　88, 89
顧客の経済性　138, 139, 147
国民医療費　6, 7, 15, 16, 114, 168
国民皆保険　2, 3, 7, 12, 166
個人情報保護　176
コスト優位性　24, 25
固定費　22, 23, 24, 26, 27, 31, 46, 47, 122, 123, 124, 164
── 比率　27, 47, 122, 124, 164
コミットメント　102, 135
コミュニケーション・ツール　125, 131

【さ】

在院日数　13, 28, 29, 30, 31, 32, 33, 34, 39, 40, 41, 44, 46, 55, 100, 126, 127, 131, 134, 135, 180, 181, 183
── 管理　57, 58
── コントロール　45
── 削減　31, 32, 36, 147
── の最適化　54, 57, 144, 166
── の短縮　33, 38, 49, 51, 63, 82, 90, 101, 123, 140, 141, 157
── 長期化　45, 50, 76, 82
最適在院日数　59, 60, 61, 62, 64, 66, 127, 140, 143, 148
材料費　29, 38, 60
サブKPI　129, 130, 131, 180
指示出し　135, 181
指示出し・指示受け　77, 80
施設を超えた診療科の統廃合　161
社会的入院　32, 63, 64, 164
収益改善のメカニズム　50
収益低下　49
重要業績評価指標（KPI）　36, 50, 55, 123
紹介患者　90, 91, 93, 94, 95, 98
── 数　90, 129, 130
── 専門窓口　92
── の受け入れ　93, 98, 116, 180
── の増加　94
紹介・逆紹介患者　94, 96
紹介率加算　89, 91
新規患者　47
── 受け入れ　32
── 獲得数　49
人件費　22, 24, 26, 27, 28, 29, 30, 31, 123
診断群分類包括評価（DPC）　18, 22
診断・治療プロセス　36, 54, 57, 58, 67, 135, 140, 141, 147, 148, 175
新入院患者数　55, 126, 127, 128, 129, 130, 131, 134, 135, 180, 183, 185
診療科間たこつぼ　42
診療材料費　28, 29, 30, 31, 35, 140, 170
診療報酬改定　88, 89, 91, 92
診療領域別の施設新設・配置規制　105, 113
ステークホルダー　152, 167, 168, 169, 170, 174
製品売り切りビジネス　145
全体最適利用　55, 77, 135, 180

早期退院勧告　80
総「総合病院化」　25, 47
ソーシャルワーカー　92, 93
ソリューションを提供するビジネス　145
損益分岐点　23, 24

【た】

退院調整　88, 89
たこつぼ　42, 44, 51, 54, 180
　——，診療科間　42
　——，病棟間　43
　——化　70, 71, 77, 81, 84
ダッシュボード　131, 132, 134, 139
地域医療計画　20, 114, 152, 153, 155, 165
地域医療支援病院　130, 164
地域医療連携　88, 89, 90, 101
　——室　91, 92, 93, 95, 99, 102, 182
地域包括連携　88, 89
地域連携　88, 89, 102, 117
　——パス　63, 64, 66, 67, 88, 99, 100, 101, 144, 180
　——室　42, 97, 98, 102, 129
治療プロトコル　171, 172, 173
定期外来訪問　98, 99
出来高払い　61, 127, 170
電子カルテ　35, 175, 176
投資対効果　149, 150, 167, 169, 170
「尖り」のある病院　55, 135, 165
特定機能病院　159, 160, 164
特定療養費　92, 93, 94

【は】

パスアウト　57, 58, 63, 67, 101
バリアンス　57, 100, 101, 184
バリューベース・ヘルスケア（VBHC: value based health care）　166, 168, 169, 174, 175
比較有効性研究（CER: comparative effectiveness research）　170

ビジネス・プロセス　139, 140, 146, 147
ビジネスモデル　139, 145
必須 KPI　126, 127, 130, 136, 180
病院経営機構　166
標準化　36, 38, 44, 48, 51, 54, 57, 58, 59, 77, 80, 81, 135, 160, 166, 171, 180, 184
標準プロセス　45, 67, 83, 99, 133, 180, 184
病床回転率　28, 38, 140
病床管理　44, 70, 76, 79, 80, 82, 84, 180, 182, 184, 185
病床需給調整　158, 163
病床数規制　105, 113
病床利用率　28, 29, 30, 31, 32, 33, 34, 46, 47, 50, 71, 91, 128, 183
　——向上　36, 38, 42, 48, 49, 51, 54, 70, 84, 90, 101, 123, 140, 147
病診連携　47, 74, 91, 92, 180
病棟間たこつぼ　43
病棟管理統括責任者　79
部分最適化　51, 54, 84, 180
フリーアクセス　5, 12, 27, 166
平均在院日数　12, 28, 33, 34, 48, 51, 127, 132, 134, 154, 156, 160, 161, 164, 184
　——の短縮　70, 90, 91, 126, 154
ベストプラクティス　66, 132, 149, 150, 175
ヘルス・エコノミクス　148
変動費　22, 23, 28, 30, 31, 38, 61, 62, 124, 127, 140
　——の削減　122, 149
　——マネジメント　30, 34, 35, 36
包括払い　61, 127

【ま】

マイルストーン　102
見える化　36, 50, 131, 152, 171, 174
無床診療所化　164, 165
メディカル機能　146, 148
面連携　88, 89
目標在院日数　127, 130
持株会社　166

【や】
薬剤費　　16, 28, 29, 30, 31, 35, 38, 54, 60, 122, 124, 140, 167, 170

【ら】
輪番制　　74, 75, 79, 80, 82, 83, 84, 98, 180, 185

累積症例数　　51, 153
レーマー効果　　156
レジストリー　　171, 172, 173, 174, 175
老人医療費　　7, 8, 9

ボストン コンサルティング グループ（BCG）
世界をリードする経営コンサルティングファームとして，政府・民間企業・非営利団体など，さまざまな業種・マーケットにおいて，カスタムメードのアプローチ，企業・市場に対する深い洞察，クライアントとの緊密な協働により，クライアントが持続的競争優位を築き，組織能力（ケイパビリティ）を高め，継続的に優れた業績をあげられるよう支援を行っている。
1963年米国ボストンに創設，1966年に世界第2の拠点として東京に，2003年には名古屋に中部関西オフィスを設立。現在世界42カ国に77拠点を展開している。
http://www.bcg.co.jp/

＜執筆者略歴＞

植草　徹也
ボストン コンサルティング グループ　パートナー＆マネージング・ディレクター
京都大学法学部卒業。南カリフォルニア大学経営学修士（MBA）。株式会社電通，BCGダラスオフィスを経て現在に至る。BCGヘルスケア・プラクティスの日本リーダー。医薬・医療機器業界，医療機関を中心に，営業改革，マーケティング，中長期戦略，M&A，PMI（統合マネジメント），研究開発などのプロジェクトを手がけている。

堤　裕次郎
ボストン コンサルティング グループ　パートナー＆マネージング・ディレクター
慶應義塾大学経済学部卒業。コロンビア大学経営学修士（MBA）。伊藤忠商事株式会社，マッキンゼー・アンド・カンパニーを経て現在に至る。BCGヘルスケア・プラクティスのコアメンバー。主に医薬・医療関係業界に対して，営業・マーケティング，組織，新興国戦略，M&A，PMIなどのプロジェクトを手がけている。

北沢　真紀夫
ボストン コンサルティング グループ　パートナー＆マネージング・ディレクター
一橋大学商学部卒業。ハーバード大学経営学修士（MBA）。BCGヘルスケア・プラクティスのコアメンバー。医薬・医療機器業界，医療機関を中心に，研究開発，マーケティング，営業改革，人事，組織などに関わる戦略策定・実行支援のプロジェクトを手がけている。

塚原　月子
ボストン コンサルティング グループ　プリンシパル
東京大学経済学部卒業。ダートマス大学経営学修士（MBA）。国土交通省，BCGニューヨークオフィスを経て現在に至る。BCGヘルスケア・プラクティスのコアメンバー。医薬・医療機器・医療機関ほかヘルスケア業界を中心に事業戦略，人事・組織・ガバナンス，営業改革などのプロジェクトを手がけている。

BCG流病院経営戦略 ─ DPC時代の医療機関経営
ビーシージーリュウビョウインケイエイセンリャク　　　　ディーピーシー　ジダイ　イリョウキカンケイエイ

2012年 6 月 25 日　　第 1 版第 1 刷発行
2017年 7 月 20 日　　第 1 版第 6 刷発行

　　　　　　　　　株式会社ボストン・コンサルティング・グループ
著　　者：植草徹也，堤裕次郎，北沢真紀夫，塚原月子
　　　　　うえくさてつや　つつみゆうじろう　きたざわまきお　つかはらつきこ

発　行　者：布川　治

発　行　所：エルゼビア・ジャパン株式会社

　　　　　〒106-0044　東京都港区東麻布 1-9-15　東麻布 1 丁目ビル
　　　　　TEL　（03）3589-5024（編集）　（03）3589-5290（営業）
　　　　　URL　http://www.elsevierjapan.com/

印刷・製本：日経印刷株式会社

©2012 Elsevier Japan KK
本書の複製権・翻訳権・上映権・譲渡権・公衆送信権（送信可能化権を含む）はエルゼビア・ジャパン株式会社が保有します。

JCOPY 〈出版者著作権管理機構　委託出版物〉
本書の無断複写は著作権法上での例外を除き禁じられています．複写される場合は，そのつど事前に出版者著作権管理機構（電話 03-3513-6969，e-mail：info@jcopy.or.jp）の許諾を得てください．

落丁・乱丁はお取り替え致します．

ISBN978-4-86034-201-2